Ana Maria Trinconi Borgatto

Mestra em Letras pela Universidade de São Paulo (USP)
Pós-graduada em Estudos Comparados de Literaturas de Língua Portuguesa pela USP
Licenciada em Letras pela USP
Pedagoga graduada pela USP
Professora universitária
Professora de Língua Portuguesa do Ensino Fundamental e Médio
Atuação em processos de formação de professores

Terezinha Costa Hashimoto Bertin

Mestra em Ciências da Comunicação pela Universidade de São Paulo (USP)
Pós-graduada em Comunicação e Semiótica pela Pontifícia Universidade Católica de São Paulo (PUC-SP)
Licenciada em Letras pela USP
Atuou como professora universitária e professora de Língua Portuguesa do Ensino Fundamental e Médio
Atuação em processos de formação de professores

Vera Lúcia de Carvalho Marchezi

Mestra em Letras pela Universidade de São Paulo (USP)
Pós-graduada em Estudos Comparados de Literaturas de Língua Portuguesa pela USP
Licenciada em Letras pela Universidade Estadual Paulista "Júlio de Mesquita Filho" (Unesp – Araraquara, SP)
Professora universitária
Professora de Língua Portuguesa do Ensino Fundamental e Médio
Atuação em processos de formação de professores

O nome *Teláris* se inspira na forma latina *telarium*, que significa "tecelão", para evocar o entrelaçamento dos saberes na construção do conhecimento.

TELÁRIS
PORTUGUÊS
6

editora ática

editora ática

Direção Presidência: Mario Ghio Júnior
Direção de Conteúdo e Operações: Wilson Troque
Direção editorial: Luiz Tonolli e Lidiane Vivaldini Olo
Gestão de projeto editorial: Mirian Senra
Gestão de área: Alice Ribeiro Silvestre
Coordenação: Rosângela Rago
Edição: Ana Paula Enes, Carolina von Zuben, Emílio Satoshi Hamaya, Lígia Gurgel do Nascimento, Solange de Oliveira, Valéria Franco Jacintho (editores) e Débora Teodoro (assist.)
Planejamento e controle de produção: Patrícia Eiras e Adjane Queiroz
Revisão: Hélia de Jesus Gonsaga (ger.), Kátia Scaff Marques (coord.), Rosângela Muricy (coord.), Ana Curci, Ana Maria Herrera, Ana Paula C. Malfa, Carlos Eduardo Sigrist, Célia Carvalho, Claudia Virgilio, Luciana B. Azevedo, Luís M. Boa Nova, Luiz Gustavo Bazana, Maura Loria, Patricia Cordeiro, Patrícia Travanca, Vanessa P. Santos; Amanda T. Silva e Bárbara de M. Genereze (estagiárias)
Arte: Daniela Amaral (ger.), Catherine Saori Ishihara e Erika Tiemi Yamauchi (coord.); Katia Kimie Kunimura, Tomiko Chiyo Suguita, Nicola Loi (edição de arte)
Diagramação: Nathalia Laia, Renato Akira dos Santos, Estúdio Anexo e Typegraphic
Iconografia e tratamento de imagens: Sílvio Kligin (ger.), Claudia Bertolazzi (coord.), Angelita Cardoso e Jad Silva (pesquisa iconográfica); Cesar Wolf e Fernanda Crevin (tratamento)
Licenciamento de conteúdos de terceiros: Thiago Fontana (coord.), Liliane Rodrigues (licenciamento de textos), Erika Ramires, Luciana Pedrosa Bierbauer, Luciana Cardoso e Claudia Rodrigues (analistas adm.)
Ilustrações: Carlos Araújo, Chris Borges, Edson Ikê, Filipe Rocha, Gustavo Grazziano, Gustavo Ramos, Jean Galvão, Mauricio Pierro, Nik Neves, Simone Matias e Theo Szczepanski
Cartografia: Eric Fuzii (coord.)
Design: Gláucia Correa Koller (ger.), Adilson Casarotti (proj. gráfico e capa), Erik Taketa (pós-produção); Gustavo Vanini e Tatiane Porusselli (assist. arte)
Foto de capa: Rachel Weill/Getty Images

Todos os direitos reservados por **Editora Ática S.A.**
Avenida das Nações Unidas, 7221, 3º andar, Setor A
Pinheiros – São Paulo – SP – CEP 05425-902
Tel.: 4003-3061
www.atica.com.br / editora@atica.com.br

Dados Internacionais de Catalogação na Publicação (CIP)

```
Trinconi, Ana
    Teláris português 6º ano / Ana Trinconi, Terezinha
Bertin, Vera Marchezi. - 3. ed. - São Paulo : Ática, 2019.

    Suplementado pelo manual do professor.
    Bibliografia.
    ISBN: 978-85-08-19314-1 (aluno)
    ISBN: 978-85-08-19315-8 (professor)


    1.    Língua Portuguesa (Ensino fundamental). I.
Bertin, Terezinha. II. Marchezi, Vera. III. Título.

2019-0103                              CDD: 372.6
```

Julia do Nascimento - Bibliotecária - CRB-8/010142

2023
Código da obra CL 742177
CAE 648312 (AL) / 648313 (PR)
3ª edição
8ª impressão
De acordo com a BNCC.

Impressão e acabamento: Bercrom Gráfica e Editora

Apresentação

Interagir, compreender as mudanças trazidas pelo tempo, conviver com diferentes linguagens e comunicar-se são desafios que enfrentamos em nosso dia a dia.

Esta obra foi feita pensando em você e tem por finalidade ajudá-lo nesses desafios e contribuir para sua formação como leitor e produtor de textos. Também tem outros objetivos: aguçar a imaginação, informar, discutir assuntos polêmicos, contribuir para aflorar emoções, estimular o espírito crítico e, principalmente, tornar prazerosos seus estudos.

O que você encontrará aqui? Textos de diferentes tipos e gêneros: letras de canção, histórias, notícias, reportagens, relatos, textos expositivos ou argumentativos, debates, charges, quadrinhos, poesia e outras artes... E muita reflexão sobre usos e formas de organizar a língua portuguesa, instrumento fundamental para você interagir e se comunicar cada vez melhor.

Além disso, há uma novidade: o acréscimo de atividades voltadas para as tecnologias digitais de informação e comunicação, que você encontrará, nesta coleção, na seção *Interatividade*.

Venha participar de atividades diferenciadas, que podem ser realizadas ora sozinho, ora em dupla, ora em grupo, ora em projeto interativo que envolve todos os alunos na construção de um produto final.

O convite está feito! Bom estudo!

As autoras

CONHEÇA SEU LIVRO

Estudar a língua portuguesa é fundamental para dominar habilidades de leitura e de produção de textos apropriadas a diversas situações comunicativas. É essencial também para que você reflita sobre aspectos linguísticos e se habitue a identificar os contextos de produção e de circulação dos gêneros textuais.

Esse estudo é proposto também para encantá-lo com a linguagem: lendo, ouvindo textos, interpretando significados, estudando os usos da nossa língua, conversando informalmente sobre música e fotografia, dando opiniões...

Abertura das unidades

As imagens de abertura e as questões que as acompanham são propostas com a intenção de aguçar sua curiosidade e convidá-lo a explorar os conteúdos das seções ao longo da unidade.

Leitura

Cada unidade concentra o estudo em um gênero textual, tendo como base o texto proposto como **Leitura**. A **Interpretação do texto** é dividida em dois momentos – **Compreensão inicial** e **Linguagem e construção do texto** – para que você possa desenvolver com mais eficiência suas habilidades de leitura.

Prática de oralidade

Essa seção conta sempre com dois momentos: **Conversa em jogo**, com questões que propõem uma troca de ideias e opiniões sobre assuntos da unidade, e **produção de gêneros orais** afinados com uma situação comunicativa proposta (debate, exposição oral, sarau...).

Interatividade

Nessa seção, presente em algumas unidades, você terá a oportunidade de interagir com tecnologias digitais e participar mais ativamente de práticas contemporâneas de linguagem: produzindo *podcasts*, *vlog*, videopoemas, *playlist*, etc.

Conexões entre textos, entre conhecimentos

A seção traz textos em diferentes linguagens verbais e não verbais, indicando relações entre o texto de leitura e muitos outros e favorecendo, sempre que possível, as relações entre língua portuguesa, outras linguagens e outras disciplinas.

Outro texto do mesmo gênero

Nessa seção, é apresentado outro texto, ou mais de um, do mesmo gênero estudado na unidade, para você interpretar, apreciar e também para ajudá-lo na produção de texto.

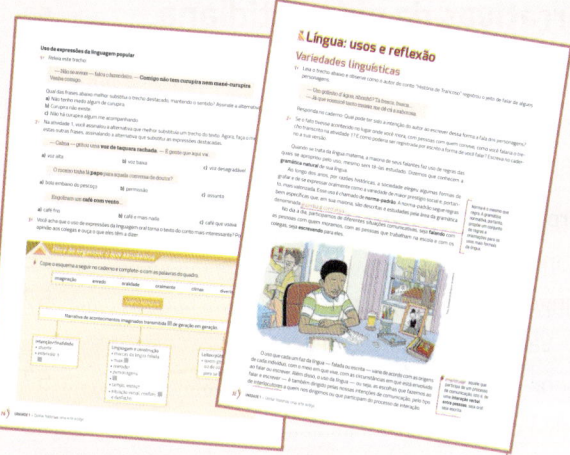

Produção de texto

Aqui você será convidado a produzir textos escritos e orais, relacionados aos gêneros estudados, com uso de roteiros que vão ajudá-lo a criar textos com mais autonomia e facilidade.

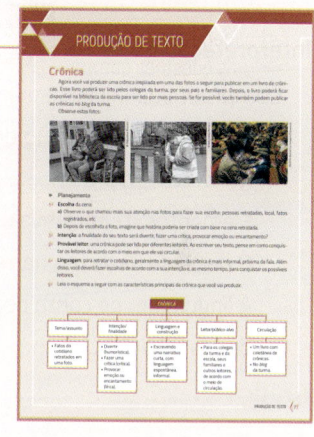

Língua: usos e reflexão

Nessa seção você estuda as estruturas linguísticas fundamentais do gênero trabalhado na unidade.
Você ainda encontra: **No dia a dia**, com foco nos usos da língua cada vez mais presentes no cotidiano do português brasileiro; **Hora de organizar o que estudamos**, que traz um mapa conceitual que vai ajudá-lo a organizar seus conhecimentos sobre os conceitos linguísticos estudados; **Desafios da língua**, em que são apresentados conteúdos de ortografia, acentuação e convenções da escrita.

Autoavaliação

Presente no final de cada unidade, o quadro de autoavaliação vai ajudá-lo a rever o que você aprendeu e o que precisa retomar.

De olho na tela
Contém sugestões de filmes que se relacionam com o conteúdo estudado na unidade.

Minha biblioteca
Apresenta indicações de leitura que podem enriquecer os temas estudados.

Mundo virtual
Apresenta indicações de *sites* que ampliam o que foi estudado.

Ouça mais
Contém sugestões de músicas ou álbuns musicais que se relacionam com o conteúdo estudado.

PROJETO DE LEITURA

Com base em uma coletânea de textos disposta ao final do livro, o **Projeto de Leitura** é um convite para você participar de atividades lúdicas e interativas.

SUMÁRIO

Introdução 10

Unidade 1

Contar histórias: uma arte antiga ... 16

Conto popular 18
**Leitura: História de Trancoso,
Joel Rufino dos Santos** 18
Interpretação do texto 21
   Compreensão inicial 21
   Linguagem e construção do texto 22
      Narrativa em prosa 22
      Elementos da narrativa 22
      O discurso direto na narrativa 23
      A linguagem no conto popular e as marcas
      da oralidade 25
Prática de oralidade 27
Conversa em jogo 27
Dramatização 27
Conexões 28
Conto popular em versos e cordel 28
Outras linguagens: Xilogravuras no cordel 29
A letra da música de raiz:
uma narrativa em versos 31
Língua: usos e reflexão 32
Variedades linguísticas 32
   A língua portuguesa no Brasil 33
      Situação comunicativa 33
      Região 35
      Grupo social 36
   Variedades linguísticas e usos da língua 36
Desafios da língua 40
   Ortografia: conceito e história 40
Outros textos do mesmo gênero 44
Conto popular em prosa e conto popular em verso 44
   **Por que o morcego só voa de noite,
   Rogério Andrade Barbosa** 44

   **Um sapo dentro de um saco,
   Marcos Mairton da Silva** 46
Produção de texto 48
Reprodução de conto popular 48
Interatividade 49
Audiobook de contos populares 49
Autoavaliação 51

Unidade 2

Narrativas da vida cotidiana 52

Crônica 54
**Leitura: Conversinha mineira,
Fernando Sabino** 54
Interpretação do texto 56
   Compreensão inicial 56
   Linguagem e construção do texto 57
      Variedade regional e marcas de
      oralidade no texto 57
Prática de oralidade 59
Conversa em jogo 59
Leitura expressiva 59
Conexões 60
Outras linguagens: Fotografia em reportagem 60
Um pouco da história das crônicas 60
O jeito mineiro de falar 61
Língua: usos e reflexão 62
Frases 62
   Tipos de frase 63
      Pontuação, expressividade e entonação da voz 63
      Frases verbais e frases nominais 65
      Frase, oração e período 67
Período composto por coordenação 69
Desafios da língua 71
   Os sons e as letras 71
Outro texto do mesmo gênero 75
A máquina da Canabrava, Mario Prata 75
Produção de texto 77
Crônica 77
Autoavaliação 79

Unidade 3

Ler e imaginar 80
Poema 82
Leitura: *Mistério de amor*, José Paulo Paes 82
Interpretação do texto 83
   Compreensão inicial 83
   Linguagem e construção do texto 83
Outros textos do mesmo gênero 84
   Cochichos, Cineas Santos 84
   O dono das ruas, Cineas Santos 85
   Vento perdido, Pedro Bandeira 86
   Os hai-kais do Menino Maluquinho, Ziraldo 86
   Dois trapezistas no ar, Fernando Paixão 87

Prática de oralidade 89
Conversa em jogo 89
Sarau 89
Conexões 91
Outras linguagens: Fotografias, poema e poesia 91
Cultura popular e poemas 92
Língua: usos e reflexão 94
Recursos estilísticos: linguagem figurada e expressividade 94
   Personificação 94
   Metáfora 94
   Aliteração 95
   Trocadilho 96
   Recursos estilísticos 97
Desafios da língua 98
   Formação de palavras 98
      Composição 98
      Derivação 99
Produção de texto 103
Poema 103
Autoavaliação 105

Unidade 4

Da informação ao conhecimento 106
Infográfico 108
Leitura: Como um animal é declarado extinto? (infográfico) 108
Interpretação do texto 110
   Compreensão inicial 110
   Linguagem e construção do texto 111
      Títulos 111
      Recursos 111
Prática de oralidade 112
Conversa em jogo 112
Exposição oral 112
Conexões 114
Outras linguagens: Ilustração 114
A arte como forma de conhecimento 115
Mapa de espécies ameaçadas: outra forma de representação visual 116
Língua: usos e reflexão 117
Determinantes do substantivo 117
   Adjetivo 117
   Locução adjetiva 119
   Artigo 123
   Numeral 124
Concordância nominal 126
Desafios da língua 128
   Tonicidade 128
Outro texto do mesmo gênero 130
Ameaçados, Jon Richards 130
Produção de texto 133
Infográfico 133
Interatividade 135
Infográfico digital 135
Autoavaliação 137

Unidade 5

Registro de vivências e memória ... 138

Relato pessoal ... 140

Leitura: Férias na Antártica, Laura, Tamara e Marininha Klink ... 140

Interpretação do texto ... 143
- Compreensão inicial ... 143
- Linguagem e construção do texto ... 143
  - Tempo verbal ... 144
  - Discurso indireto ... 145

Prática de oralidade ... 147

Conversa em jogo ... 147

Relato pessoal oral ... 147

Conexões ... 148

Outras linguagens: Mapa e ilustração ... 148

Fotos da viagem, um relato documentado ... 149

Icebergs: um pouco de conhecimento científico ... 150

Tirinha como uma forma de apresentar o conhecimento científico ... 151

Língua: usos e reflexão ... 152

Coesão textual e uso de pronomes ... 152
- Pronomes pessoais ... 153
- Outros pronomes pessoais ... 155
- Usos mais formais dos pronomes pessoais do caso oblíquo ... 158
- Outros pronomes: possessivos, demonstrativos e indefinidos ... 162

Desafios da língua ... 166
- Acentuação I ... 166

Outro texto do mesmo gênero ... 168

Diário de uma viagem à Índia, Daniela Chindler ... 169

Produção de texto ... 171

Relato pessoal ... 171

Interatividade ... 173

Vlog ... 173

Autoavaliação ... 175

Unidade 6

Notícias: fragmentos da realidade... ... 176

Notícia ... 178

Leitura: Morador encontra osso de titanossauro em estrada: 'Mais fácil ganhar na Mega-Sena', portal G1 ... 178

Interpretação do texto ... 179
- Compreensão inicial ... 179
- Linguagem e construção do texto ... 180
  - Organização e recursos da notícia ... 180

Prática de oralidade ... 184

Conversa em jogo ... 184

Notícia falada ... 184

Conexões ... 185

Outras linguagens: Esquema, foto e concepção artística de dinossauro ... 185

Fake news: notícias falsas ... 186

Sensacionalismo e factoide ... 188

Língua: usos e reflexão ... 189

Verbo I ... 189
- Uma forma de marcar o tempo ... 189
- Conjugações verbais ... 191

Advérbio: marca de tempo e outras circunstâncias ... 197

Desafios da língua ... 200
- Acentuação II ... 200
  - Formas verbais ... 200
  - Outras formas verbais acentuadas ... 201

Outro texto do mesmo gênero ... 203

Diário inédito de Saramago é encontrado em seu computador, *Correio do Povo* ... 203

Produção de texto ... 204

Notícia ... 204

Autoavaliação ... 207

Unidade 7

Opiniões em jogo 208
Artigo de opinião 210
Leitura: É hora de me virar sozinho?, Rosely Sayão 211

Interpretação do texto 212
   Compreensão inicial 212
   Linguagem e construção do texto 213
      Organização do artigo de opinião 214

Prática de oralidade 216
Conversa em jogo 216
Debate 216

Conexões 218
Outras linguagens: Tirinhas e opiniões 218
Cultura indígena e amadurecimento: os rituais de passagem 219

Língua: usos e reflexão 220
Verbo II 220
   Pessoa e número 220
   Modos do verbo 222
Desafios da língua 225
   Acentuação III 225
   Regras complementares 227

Outro texto do mesmo gênero 229
Uso excessivo da tecnologia pode prejudicar a saúde dos jovens, Marília Schuh 229

Produção de texto 230
Artigo de opinião 230

Autoavaliação 233

Unidade 8

Propaganda: convence você? 234
Propaganda 236
Leitura 236
Texto 1: **Eu sou catador** (propaganda) 236
Interpretação do texto 237
   Compreensão inicial 237
   Linguagem e construção do texto 237

Texto 2: **Tênis infantil** (propaganda) 239
Interpretação do texto 240
   Compreensão inicial 240
   Linguagem e construção do texto 240

Prática de oralidade 243
Conversa em jogo 243
Publicidade em rádio 243

Conexões 245
Outras linguagens: Propagandas diferentes 245
Posicionamento crítico em forma de poema 246
Propagandas curiosas 247

Língua: usos e reflexão 249
Verbo III 249
   Uso do modo imperativo 249
      Imperativo afirmativo e imperativo negativo 250
      Outras formas verbais com valor de imperativo 251
Desafios da língua 255
   Porque, porquê, por que, por quê 255
      Outras grafias 257

Outro texto do mesmo gênero 259
Unicef (propaganda) 259

Produção de texto 261
Cartaz publicitário 261

Interatividade 264
Jingle de campanha 264

Autoavaliação 266

Quadros para ampliação dos estudos gramaticais 267
Modelos de conjugação verbal 268

Projeto de Leitura – Imaginar e criar é só começar 271

Bibliografia 303

INTRODUÇÃO

Comunicação e linguagem

O ser humano sempre viveu em grupos e, ao longo do tempo, desenvolveu e aperfeiçoou diversas formas de comunicar ou expressar suas ideias, emoções e desejos na interação com as pessoas e com o meio em que vive.

Observem a imagem de uma pintura rupestre localizada no Parque Nacional Serra da Capivara, no estado do Piauí. Nesse local, há muitos desses registros, feitos por grupos que habitaram a região em diversos momentos, alguns há mais de 9 mil anos, segundo pesquisadores brasileiros.

> **interação:** ação mútua, recíproca; relação entre duas ou mais pessoas, entre duas ou mais coisas.

> **Arte rupestre** é o nome dado às imagens produzidas pelo ser humano em paredes e outras superfícies de cavernas, grutas e em rochas ao ar livre, feitas com técnicas variadas, como traçado, gravura ou pintura.

Pinturas rupestres no Parque Nacional Serra da Capivara, no Piauí. Foto de abril de 2015. Toca do Vento.

Agora vocês vão ler uma história em quadrinhos. Os textos desse gênero utilizam diferentes maneiras de comunicar uma ideia e de expressar os sentimentos dos personagens.

Leiam a história primeiro silenciosamente, observando todos os detalhes do texto. Depois, façam uma leitura compartilhada, prestando mais atenção às imagens e comentando o que é observado.

CAULOS. *Vida de passarinho*.
2. ed. Porto Alegre: L&PM. p. 8.

Luis Carlos Coutinho, conhecido como **Caulos**, nasceu em Araguari, Minas Gerais, em 1943. Cartunista e pintor, trabalhou em grandes publicações no Brasil e no exterior e tem diversos livros publicados. Como artista plástico, teve sua obra exposta em vários museus.

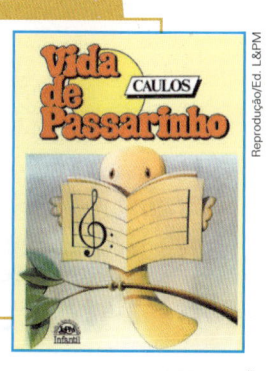

Agora, vamos refletir sobre os recursos usados para contar essa história. Converse com os colegas sobre as questões a seguir.

1▸ Observe as imagens da história em quadrinhos e converse com os colegas sobre estas questões.

a) Qual é o personagem que participa da história?

b) Que detalhes indicam onde e quando a história ocorre?

c) O que o balão com o símbolo musical indica?

d) As linhas que indicam a trajetória e o movimento que o passarinho faz ajudam a expressar como ele estava se sentindo? Que sentimentos podem ser esses? Justifique suas respostas.

e) O que interrompeu o voo do passarinho?

f) O que a expressão do passarinho nos quadrinhos 4, 5 e 7 indica? Que alterações é possível perceber em relação ao sentimento do personagem?

2▸ Releia a fala no balão do quadrinho 7 e converse com os colegas: Qual é o significado da palavra *civilização*? No quadrinho, com que sentido essa palavra foi usada?

3▸ Qual é o assunto principal dessa história? Pense como você e seus colegas poderiam expressar essa ideia e façam sugestões de respostas.

Ao longo do tempo, o ser humano desenvolveu várias linguagens para se comunicar e interagir em diferentes situações.

> Chamamos de **linguagem** tudo o que é empregado para expressar ou comunicar ideias, sentimentos, comportamentos, etc.

Na história em quadrinhos que vocês leram, foram usados recursos visuais — imagens — e recursos linguísticos — palavras e sinais de pontuação — para comunicar ideias e expressar os sentimentos dos personagens. Podemos dizer então que a história empregou uma **linguagem mista**, isto é, usou tanto a **linguagem verbal** como a **linguagem não verbal**.

> **Linguagem verbal (ou língua)** é um sistema linguístico — oral ou escrito — empregado pelos membros de determinada comunidade.

Agora observem outros exemplos de linguagem presente:
- nas ciências (fórmulas matemáticas), na pintura, na música, na dança;

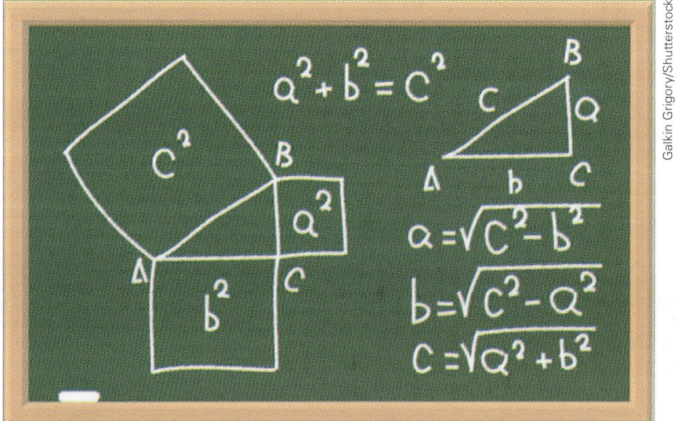

Galkin Grigory/Shutterstock

Campos de tulipa com a Rijinsburg, moinho de vento. Claude Monet, 1886 (óleo sobre tela, 65,5 cm × 81,5 cm). Museu d'Orsay, Paris, França.

Partitura com notas musicais. A partitura é a representação escrita, por meio de símbolos, dos sons que compõem uma música.

Jovens tocam violino na Escola de Música e Balé de Bagdá, no Iraque, em 4 de abril de 2018.

INTRODUÇÃO 13

Erik Isakson Photographics/Getty Images

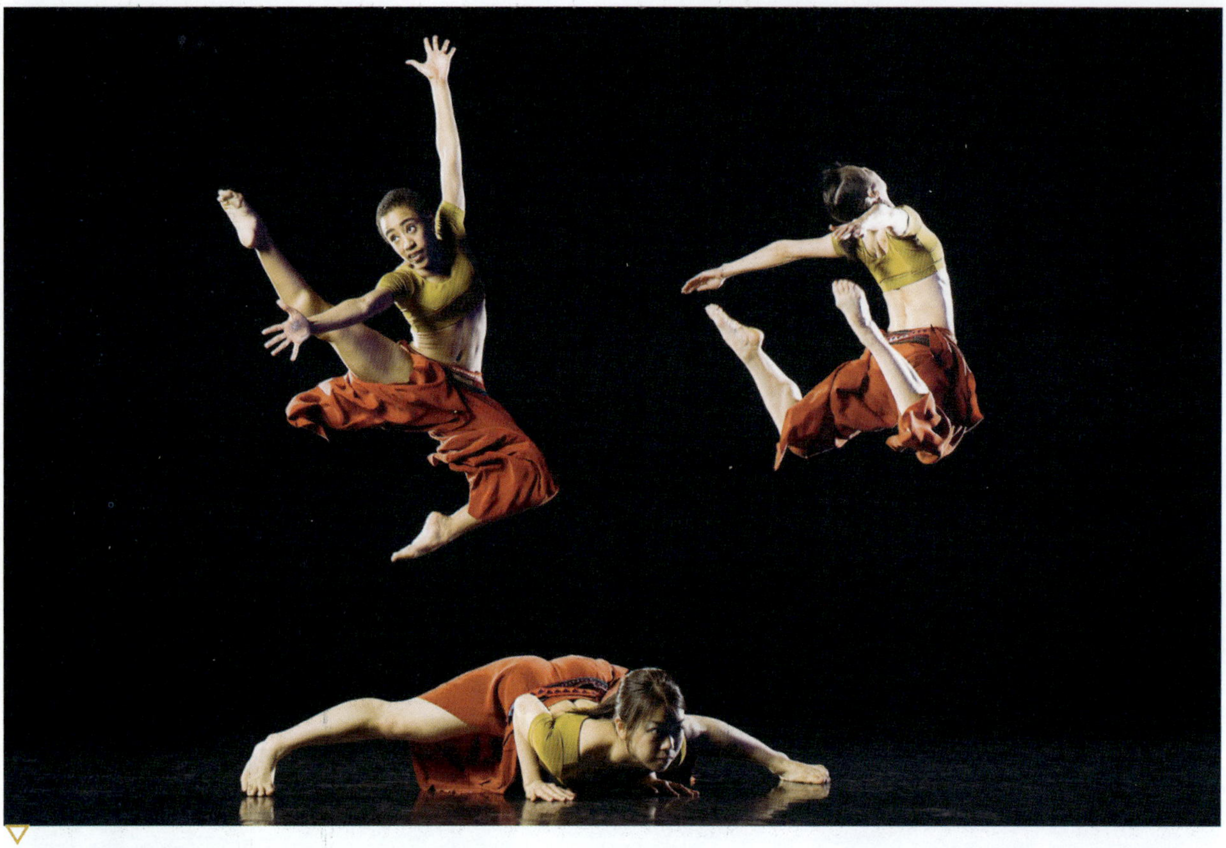

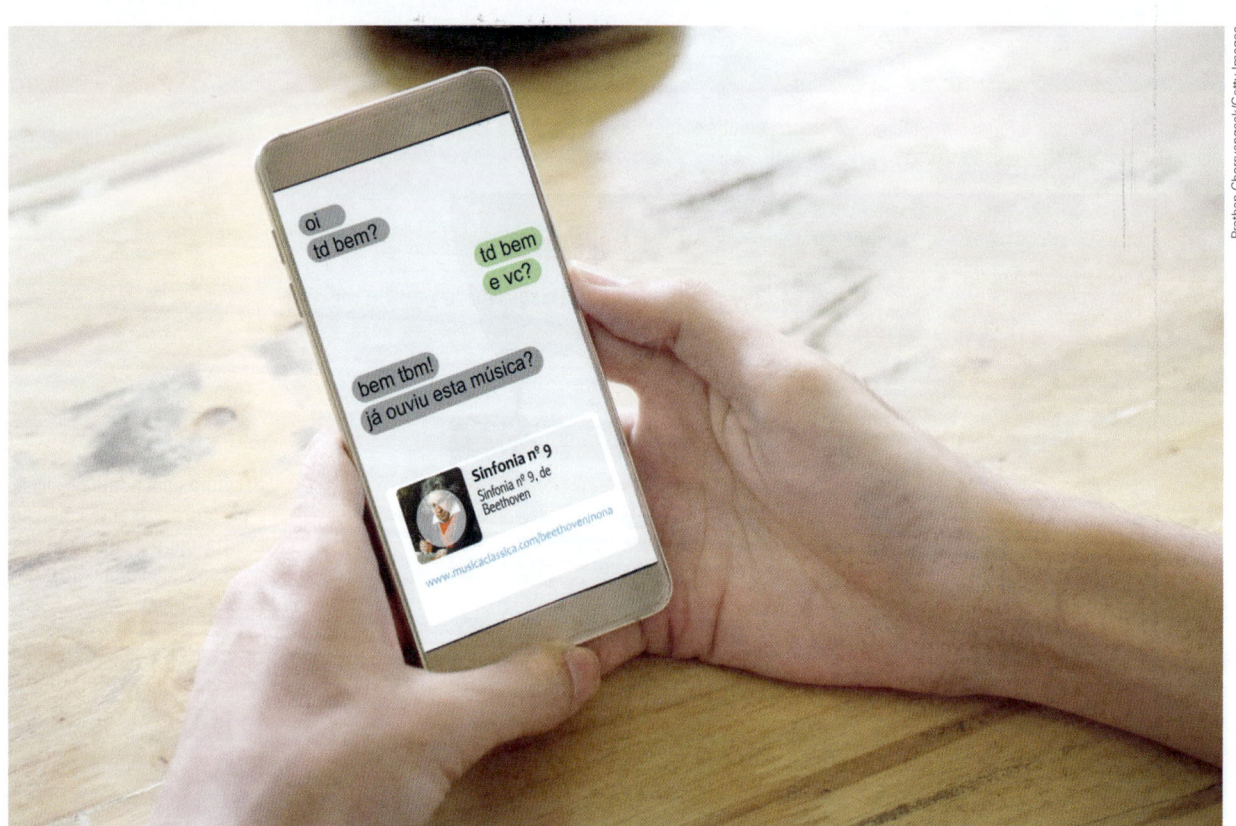

Apresentação de dança.

- nas tecnologias digitais de informação e de comunicação.

Prathan Chorruangsak/Getty Images

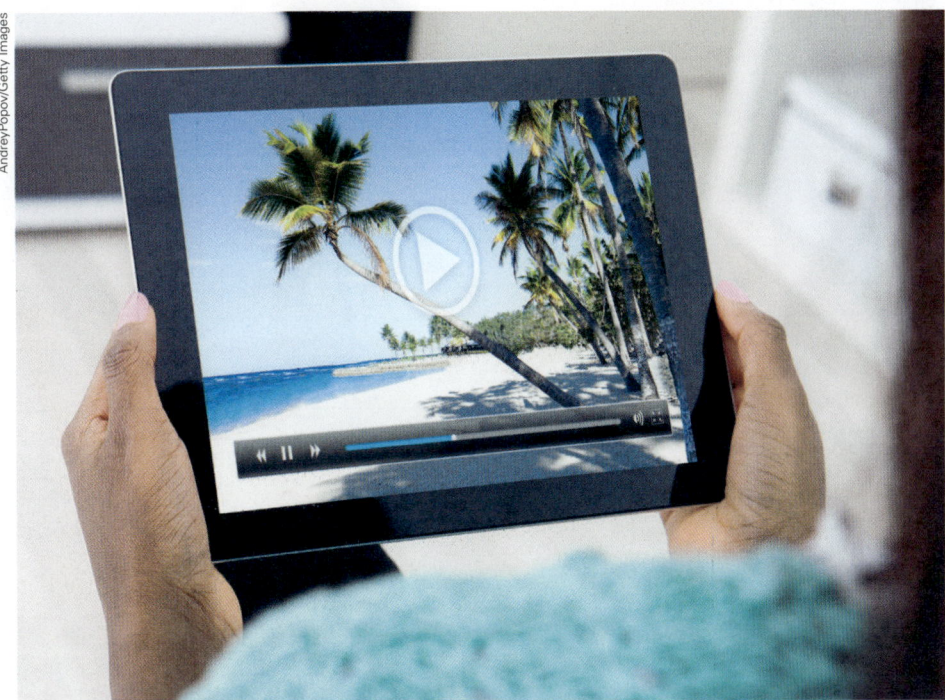

Também é possível se comunicar usando **símbolos**.

> Um **símbolo** é uma forma de expressar uma ideia por meio de algo que convencionalmente representa essa ideia.

▽
Emojis: símbolos utilizados em mensagens eletrônicas para indicar emoções ou outras diferentes representações.

Observem as imagens a seguir e conversem: O que cada símbolo pode comunicar?

Entre as linguagens desenvolvidas pelo ser humano, a **linguagem verbal** — isto é, a **língua** falada e escrita — representa uma das grandes conquistas da humanidade.

Por que a língua — falada e escrita — pode ser considerada uma grande conquista do ser humano? Converse com os colegas e ouça a opinião deles.

UNIDADE 1

Contar histórias: uma arte antiga

Na imagem, parece que as crianças reunidas em círculo ouvem atentamente o que uma delas está falando. O que será que ela fala para manter todos atentos?

Na sua opinião, contar ou ouvir histórias faz bem para quem conta ou para quem ouve? Por quê?

De que histórias você gosta mais: de suspense, de mistério, de humor, de amor...? Fale para seus colegas qual é a sua história preferida e conheça a preferência deles.

Nesta unidade você vai:

- ler e interpretar conto popular;
- identificar os elementos e os momentos da narrativa com base na leitura do gênero conto popular;
- identificar e utilizar discurso direto na narrativa;
- escrever um conto em prosa baseando-se em um conto em verso;
- reproduzir conto popular;
- analisar variedades linguísticas no conto popular;
- refletir sobre o conceito de ortografia e conhecer a sua história.

CONTO POPULAR

Contar histórias é uma atividade que sempre encantou o ser humano. As histórias — reais ou imaginárias — correm o mundo há muitos séculos, passadas de geração em geração. Ao contar, cada pessoa apresenta a história a seu modo, fazendo alguma modificação, aumentando um detalhe ou outro da história. É por isso que se costuma dizer que "quem conta um conto aumenta um ponto". E é assim que uma história, por mais que seja recontada, é sempre nova.

Você vai ler um conto popular muito antigo, na versão de Joel Rufino dos Santos, um brasileiro apaixonado pela cultura popular. Será que essa história tão antiga ainda tem significado nos dias atuais?

Leitura

História de Trancoso
Joel Rufino dos Santos

1   Era uma vez um fazendeiro podre de rico, que viajava solitário.
—Ah, quem me dera encontrar por aí um companheiro de estrada...
Não é que encontrou? Num rancho em que parou para beber água, o fazendeiro achou um padre querendo seguir viagem, mas morria de medo.
—Pode-se saber de que vossa senhoria tem medo? — perguntou o fazendeiro.
5   —De curupira. Me avisaram que a estrada está assim deles.
—Não se avexe — falou o fazendeiro. — Comigo não tem curupira nem mané-curupira. Venha comigo.

> **curupira:** personagem folclórico descrito frequentemente como um ser de pés virados para trás e que protege as matas.
>
> **avexar-se:** envergonhar-se; atormentar-se, preocupar-se.

Andaram que andaram. Quando já ia escurecendo, ouviram a mata bulir. O padre se benzeu, o fazendeiro preparou a espingarda.

— Se for encantado vai virar peneira — avisou.

— Calma — gritou uma voz de taquara rachada. — É gente que aqui vai.

10 — Se é cristão se aproxime — gritou o padre, medrosão.

Era um roceiro montado num burro velho.

— Posso entrar nesse cortejo? — perguntou com respeito.

O roceiro tinha um só dente na frente e cara de bobo.

O fazendeiro e o padre torceram o nariz. Mas lá seguiram viagem.

15 Anda que anda, só os dois proseando.

O roceiro tinha lá papo para aquela conversa de doutor?

De quando em vez destampava uma moringa e bebia um gole d'água.

O padre e o fazendeiro morrendo de sede.

O padre não aguentou mais:

20 — Sou servido um gole desta água. Pra matar minha sede.

O roceiro emprestou a moringa ao padre.

O fazendeiro, porém, aguentou firme. O roceiro de quando em quando ofertava:

— Um golinho d'água, nhonhô? Tá fresca, fresca...

Até que o fazendeiro se entregou:

25 — Já que vosmicê tanto insiste, me dê cá a saborosa.

O fazendeiro não tinha era coragem de botar a boca onde o roceiro botava a sua.

Procurou um lugarzinho lascado, pensamentando: "Nesse lascado ele não deve usar".

— Gozado, nhonhô — disse o roceiro. — É mesmo aí, nesse quebradinho, que acostumo de beber.

Os três viajantes pararam numa venda. Comeram jabá, com feijão e mandioca, depois um copo de jurubeba.

30 Antes de dormir, não é que o dono da venda pegou um queijo de cabra e deu de presente pra eles?

Tão pequetitinho que nem dava para dividir.

O padre, que era muito sabido, deu uma ideia:

— Vamos dormir. Quem tiver o sonho mais bonito fica com o queijo.

Dormiram que Deus deu. No canto do primeiro galo pularam da cama, selaram os cavalos enquanto o roceiro ajeitava seu burro velho. Engoliram um café com vento... E pé na estrada.

35 A fome apertou, o padre foi contando o seu sonho:

— Sonhei com uma grande escada de ouro, cravejada de marfim. Começava juntinho do meu travesseiro... Furava as nuvens lá em riba... Ia subindo, subindo... E sabem onde terminava?

— Não — respondeu o fazendeiro.

— No céu. Ninguém pode sonhar coisa mais bonita. Conforme combinado, o queijo é meu.

— Pois eu — disse o fazendeiro, picando o rolo de fumo — sonhei com um lugar iluminadão. Só que não tinha lâmpadas.

40 — Como não tinha lâmpadas? — perguntou o padre.

— A luz nascia das coisas — explicou o fazendeiro.

— Vocês já viram um cacho de banana servindo de lustre? Pois nesse lugar tinha. Já viram areia de prata de puro diamante? Pois era assim nesse lugar que sonhei.

▶ **bulir:** mexer-se, mover-se.
▶ **encantado:** nesse contexto, equivale a um ser sobrenatural.
▶ **taquara:** bambu.
▶ **jabá:** carne bovina salgada e seca ao sol.
▶ **jurubeba:** planta usada para fazer chá.

— E pode-se saber que lugar era este? — perguntou o padre, sem jeitão.

— O céu. Você sonhou com a escada pro céu. Eu sonhei que já estava lá. Conforme combinado, o queijo é meu.

O fazendeiro foi abrindo o surrão para pegar o queijo. Jacaré achou? Nem ele.

— Ué! Onde se meteu o danado?

— Agora que vocês contaram o sonho — falou o roceiro —, tenho uma coisa pra contar.

O padre e o fazendeiro olharam o roceiro de banda.

— Cês não ouviram um barulho de noite? Pois era eu que me levantei pra comer o queijo. Como vocês estavam no céu, achei que não precisavam mais do queijo.

Sabem quem era esse roceiro?

Trancoso.

surrão: sacola ou bolsa utilizada para guardar alimentos durante uma viagem.

SANTOS, Joel Rufino dos. *O saci e o curupira e outras histórias do folclore*. São Paulo: Ática, 2017. p. 45-52.

Carlos Araújo/Arquivo da editora

Reprodução/<http://www.joelrufinodossantos.com.br>

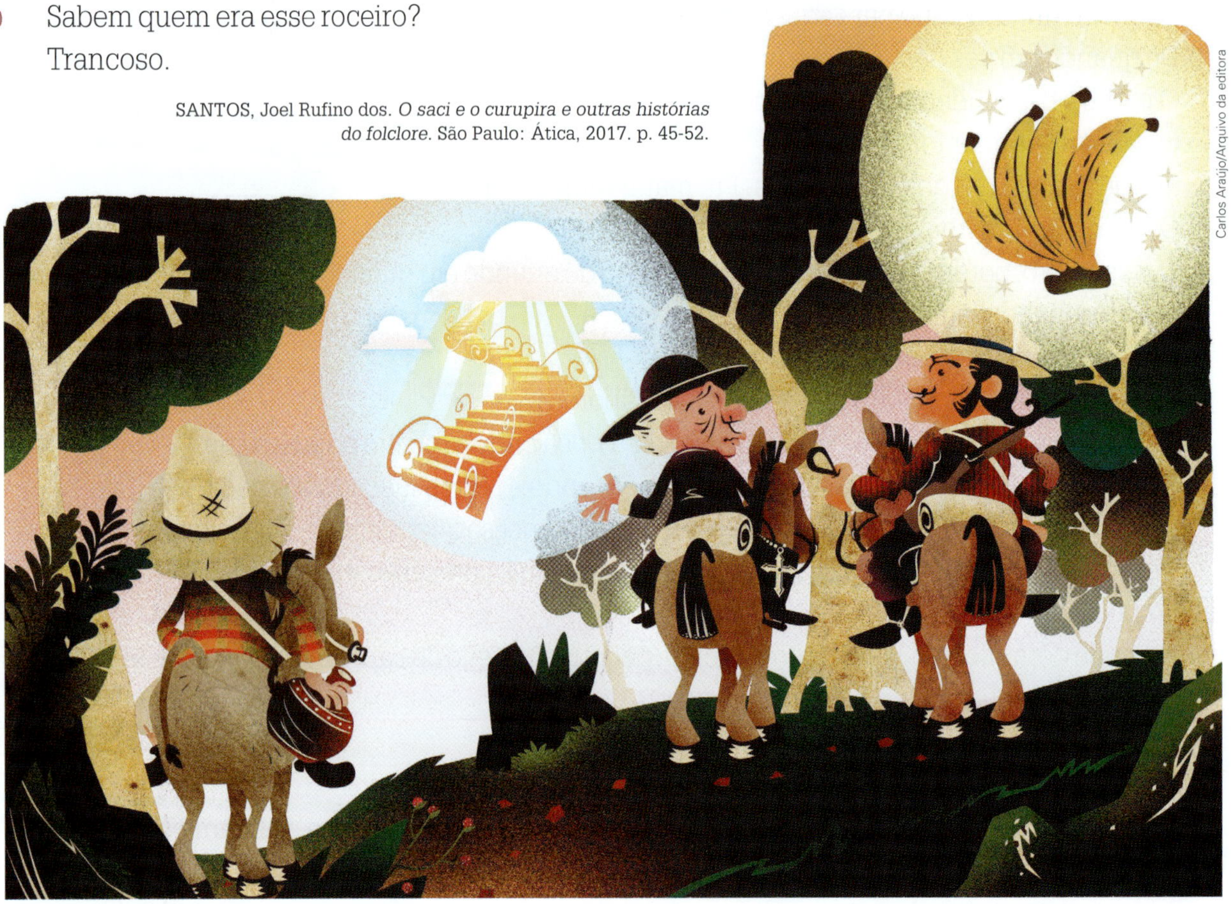

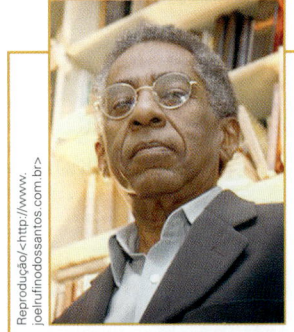

Joel Rufino dos Santos nasceu na cidade do Rio de Janeiro, em 1941. Quando criança, gostava de ouvir histórias que sua avó lhe contava e lia tudo o que caía em suas mãos. Formou-se em História, foi professor de Literatura e um importante autor brasileiro de livros de literatura infantil e juvenil. Faleceu em 2015.

Reprodução/Ed. Ática

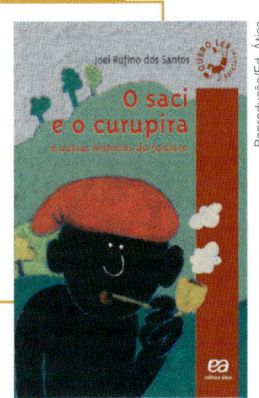

Interpretação do texto

Compreensão inicial

O conto lido é da tradição popular oral. Para melhor saboreá-lo, é importante que ele seja lido também em voz alta, com muita expressividade.

Responda no caderno às seguintes questões.

1. Nesse conto popular destacam-se três personagens centrais.

   a) Como esses personagens são nomeados no texto?

   b) Só um desses personagens foi caracterizado de acordo com a aparência física. Escreva o nome desse personagem e as características relacionadas a ele.

2. Na leitura do conto, é possível perceber também as características da personalidade desses personagens. No caderno, escreva o nome do personagem diante de cada uma das características. Em seguida, escreva a justificativa, ou seja, a razão pela qual você indicou aquele personagem.

   > **submisso:** que aceita estar em uma posição inferior.
   > **enojado:** que sente nojo.

   a) O mais medroso.

   b) O que procura demonstrar que é corajoso.

   c) O que parecia ser o mais humilde ou submisso.

   d) O que parecia ser o mais esperto.

   e) O mais enojado.

   f) O que foi realmente o mais esperto.

3. Releia estes dois trechos do conto:

   > Dormiram que Deus deu. No canto do primeiro galo pularam da cama, selaram os cavalos enquanto o roceiro ajeitava seu burro velho. Engoliram um café com vento... E pé na estrada.
   > A fome apertou, o padre foi contando o seu sonho:

   > — Cês não ouviram um barulho de noite? Pois era eu que me levantei pra comer o queijo. Como vocês estavam no céu, achei que não precisavam mais do queijo.

   Responda às questões.

   a) Quando o roceiro comeu o queijo, já sabia qual era o sonho de cada um dos companheiros? Explique sua resposta.

   b) Que estratégia ele utilizou para justificar a posse do queijo?

4. O que você pensa da atitude de contar uma mentira e se utilizar da esperteza para ficar com o queijo?

5. No fim do conto o roceiro é identificado pelo narrador como Trancoso. Ele é o personagem principal da história? Justifique sua resposta com base em elementos do conto.

Linguagem e construção do texto

Você leu um conto que é uma versão escrita por Joel Rufino dos Santos com base em outras versões ouvidas por ele. Vamos analisar como foi construído esse conto.

Narrativa em prosa

O conto lido é uma narrativa **em prosa**. Um texto é escrito em prosa quando é organizado em frases contínuas formando parágrafos.

Elementos da narrativa

Ao ler e estudar um conto, você deve ter comprovado que para contar uma história são necessários estes elementos:

- **narrador**: aquele que conta a história;
- **espaço**: onde a ação se passa;
- **personagens**: aqueles que participam da história;
- **tempo**: quando a ação se passa;
- **enredo**: o que acontece, como as ações se desenrolam.

Agora, vamos estudar esses cinco elementos no conto popular que você leu.

> **Minha biblioteca**
>
> *Histórias à brasileira.* Ana Maria Machado. Companhia das Letrinhas.
>
> Misturando memória e pesquisa, a escritora Ana Maria Machado, nessa coletânea, recria contos brasileiros de diversas regiões. Obra premiada pela Fundação Nacional do Livro Infantil e Juvenil (FNLIJ).

Narrador

Narrador é aquele que conta uma história. Trata-se de uma pessoa imaginária, um ser inventado do qual o autor se utiliza para nos contar a história que ele criou. O narrador pode ser:

- um dos personagens da história (narrador-personagem, que participa da história e pode até comentar os fatos narrados);
- aquele que só observa o que acontece e conta a história;
- aquele que, além de contar o que acontece, dá opinião e faz comentários sobre a história.

1▸ Releia o trecho a seguir.

> Era uma vez um fazendeiro podre de rico, que viajava solitário.
> —Ah, quem me dera encontrar por aí um companheiro de estrada...
> Não é que encontrou? Num rancho em que parou para beber água, o fazendeiro achou um padre querendo seguir viagem, mas morria de medo.

Assinale a alternativa que completa a afirmação sobre o narrador nesse conto.
O narrador:

- é um dos personagens.
- só observa e conta o que acontece.
- conta e comenta o que acontece.

2▸ Copie do conto "História de Trancoso" outro trecho em que o narrador, além de contar, comenta o que acontece na história.

3▸ O conto termina com uma pergunta e uma resposta. Releia:

> Sabem quem era esse roceiro?
> Trancoso.

> Esperto, cheio de artimanhas, o personagem Trancoso às vezes se confunde com outro bem conhecido, o Pedro Malasartes, pois também vence os poderosos por meio da astúcia.

a) Responda no caderno:
- Quem faz a pergunta?
- Quem dá a resposta?
- A quem a pergunta e a resposta são dirigidas?

b) No caderno, copie do texto outro trecho em que isso também acontece.

Espaço

Espaço é o lugar onde ocorrem as ações, os fatos. Nas histórias os espaços podem ser abertos (como uma estrada, uma cidade, uma floresta, etc.) ou fechados (como um quarto, uma casa, uma escola, etc.).

▸ Nesse conto o narrador localiza os fatos em alguns espaços. Responda à questão no caderno: Em que espaços os fatos narrados ocorreram?

Personagens

Personagens são elementos que dão vida à história, fazendo com que ela aconteça. Muitas vezes, tanto nas narrativas orais como nas escritas, os personagens não têm um nome próprio, sendo identificados por nomes comuns.

▸ Escreva em seu caderno quais são os personagens principais desse conto.

Tempo

O tempo em uma narrativa se refere à duração das ações e ao desenrolar dos acontecimentos. O tempo em que se desenvolve a história pode ser determinado com marcadores que indicam dia, ano, horas ou períodos do dia. Esses marcadores de tempo estabelecem a progressão do tempo na história.

▸ Copie no caderno expressões do texto que indicam o tempo em que os fatos acontecem.

Enredo/ação

O enredo é construído pelas **ações da narrativa**. Essas ações são agrupadas em quatro momentos: **situação inicial**, **conflito**, **clímax** e **desfecho**.

▸ Identifique no conto "História de Trancoso" os parágrafos correspondentes a cada um dos momentos da narrativa. Complete o quadro abaixo com as primeiras palavras das frases que iniciam cada momento do conto lido e com as últimas palavras das frases que terminam cada momento.

Minha biblioteca

Pedro Malasartes em quadrinhos. Stela Barbieri e Fernando Vilela. Moderna.

Um dos mais famosos personagens da cultura popular brasileira, Pedro Malasartes tem histórias contadas pelos quatro cantos do país. Sempre aprontando das suas, diverte os leitores de todas as idades. Vale a pena conhecê-lo também na linguagem dos quadrinhos.

Situação inicial	Conflito	Clímax	Desfecho
Começo da narrativa; momento em que se apresentam os personagens, o tempo e o lugar em uma situação de equilíbrio.	Desequilíbrio ou problema provocado por algum motivo.	Momento de maior tensão na história.	Final e resolução do conflito.
Início:	Início:	Início:	Início:
Final:	Final:	Final:	Final:

O discurso direto na narrativa

Para representar a fala dos personagens na narrativa, há duas possibilidades de registro:
- dar voz ao próprio personagem para que se expresse de forma direta, reproduzindo fielmente a fala na escrita. É o uso do **discurso direto**.
- trazer a fala do personagem por meio da voz do narrador ou de outro personagem, reproduzindo a fala do personagem de forma indireta. Dizemos que desse modo foi feito o uso do **discurso indireto**.

O conto popular que você leu foi construído pela sucessão das falas dos personagens registradas de forma direta, ou seja, por meio do **discurso direto**.

Releia este trecho do diálogo entre o fazendeiro e o padre:

> — Pode-se saber de que vossa senhoria tem medo? — perguntou o fazendeiro.
> — De curupira. Me avisaram que a estrada está assim deles.
> — Não se avexe — falou o fazendeiro. — Comigo não tem curupira nem mané-curupira. Venha comigo.

Observe que a fala de cada personagem é introduzida pelo travessão (—) e, quando interrompida pelo narrador, o travessão aparece marcando a continuidade da fala do personagem.

— Calma — gritou uma voz de taquara rachada. — É gente que aqui vai.

fala do personagem | voz do narrador | retomada da fala do personagem

Geralmente, para anunciar a fala dos personagens, usamos verbos como *dizer*, *afirmar*, *comentar*, *perguntar*, *responder*, *continuar*, *declarar*, *sussurrar*, *pedir*, *gritar*, *retrucar*, seguidos de dois-pontos. Leia:

> O fazendeiro, porém, aguentou firme. O roceiro de quando em quando **ofertava**:
> — Um golinho d'água, nhonhô? Tá fresca, fresca...

Os verbos que introduzem as falas dos personagens, como o verbo *ofertar* do exemplo anterior, são chamados de **verbos "de dizer"**. Esses verbos "de dizer" também podem estar presentes na voz do narrador logo após o travessão que marca o que foi dito pelo personagem.

No lugar do travessão pode-se também utilizar aspas (" ") para indicar fala de personagem. No conto lido as aspas foram usadas para indicar pensamento de personagem, como se percebe neste trecho:

> Procurou um lugarzinho lascado, pensamentando: "Nesse lascado ele não deve usar".

A linguagem no conto popular e as marcas da oralidade

Você já sabe que o conto popular é transmitido de boca em boca ao longo do tempo, por isso é comum conservar as marcas da fala, mesmo quando registrado por escrito.

Confira a seguir algumas dessas marcas.

Redução de palavras

1▸ Releia a última fala do roceiro, observando o que está destacado:

> — **Cês** não ouviram um barulho de noite? Pois era eu que me levantei **pra** comer o queijo. Como vocês estavam no céu, achei que não precisavam mais do queijo.

Cês na fala mais informal é a forma reduzida para a palavra *vocês* e *pra* é a forma reduzida de *para*.

Copie as formas reduzidas nestas falas do padre e do fazendeiro. Depois escreva essas palavras de modo completo, sem redução.

a) — Sou servido um gole desta água. Pra matar minha sede.

b) — O céu. Você sonhou com a escada pro céu. Eu sonhei que já estava lá. Conforme combinado, o queijo é meu.

2▸ Reduções de palavras e expressões são comuns na fala. Observe como a palavra *senhor*, como forma respeitosa de tratar uma pessoa, é utilizada de forma reduzida em diversas regiões brasileiras em diferentes tempos, mas com o mesmo sentido:

> senhor: sinhô, siô, sô, nhô, nhonhô

Agora transcreva do conto lido uma fala em que a palavra *senhor* é utilizada em uma dessas formas reduzidas.

3▸ Observe como era a forma de tratar uma pessoa até chegar à forma como a utilizamos hoje: *você*.

> vossa mercê > vossemecê > vosmecê > você

a) Copie do conto lido uma frase falada pelo fazendeiro em que aparece uma palavra semelhante a essas formas de tratar uma pessoa.

b) Copie uma fala do roceiro em que ele usa uma forma reduzida para a palavra *está*.

Uso de efeitos estilísticos no conto

▸ Releia o início do conto:

> Era uma vez um fazendeiro **podre de rico**, que viajava solitário.

"Podre de rico" é uma expressão da linguagem informal usada para indicar que o fazendeiro era muito rico.

a) Transcreva do conto uma frase que indica que o padre e o fazendeiro estavam com muita sede.

b) Copie do conto palavras utilizadas no grau aumentativo ou diminutivo para produzir um efeito de sentido que exagera o fato de ser ou estar:

- medroso:
- pequeno:
- junto:
- sem jeito:
- iluminado:

c) Copie do conto uma frase em que a repetição da palavra amplia o significado do que se diz.

Uso de expressões da linguagem popular

1▸ Releia este trecho:

> — Não se avexe — falou o fazendeiro. — **Comigo não tem curupira nem mané-curupira**. Venha comigo.

Qual das frases abaixo melhor substitui o trecho destacado, mantendo o sentido? Assinale a alternativa correta.
a) Não tenho medo algum de curupira.
b) Curupira não existe.
c) Não há curupira algum me acompanhando.

2▸ Na atividade 1, você assinalou a alternativa que melhor substituía um trecho do texto. Agora, faça o mesmo com estas outras frases, assinalando a alternativa que substitui as expressões destacadas.

> — Calma — gritou uma **voz de taquara rachada**. — É gente que aqui vai.

a) voz alta   b) voz baixa   c) voz desagradável

> O roceiro tinha lá **papo** para aquela conversa de doutor?

a) bola embaixo do pescoço   b) permissão   c) assunto

> Engoliram um **café com vento**...

a) café frio   b) café e mais nada   c) café que voava

3▸ Você acha que o uso de expressões da linguagem oral torna o texto do conto mais interessante? Por quê? Dê sua opinião aos colegas e ouça o que eles têm a dizer.

Hora de organizar o que estudamos

▸ Copie o esquema a seguir no caderno e complete-o com as palavras do quadro.

| imaginação | enredo | oralidade | oralmente | clímax | divertir |

CONTO POPULAR

Narrativa de acontecimentos imaginados transmitida ■ de geração em geração.

Intenção/finalidade
- divertir
- estimular a ■

Linguagem e construção
- marcas da língua falada
- mais ■
- narrador
- personagens
- ■
- tempo, espaço
- situação inicial, conflito, ■ e desfecho

Leitor/público-alvo
- quem gosta de ler ou de ouvir histórias para se ■

Prática de oralidade

Conversa em jogo

As aparências enganam

1▸ Releia este trecho.

> O roceiro tinha um só dente na frente e cara de bobo.
> O fazendeiro e o padre torceram o nariz. Mas lá seguiram viagem.
> Anda que anda, só os dois proseando.
> O roceiro tinha lá papo para aquela conversa de doutor?

Responda: O que as atitudes do padre e do fazendeiro em relação ao roceiro revelam nesse trecho?

2▸ Você considera que nos dias de hoje ainda encontramos pessoas que agem como o fazendeiro e o padre diante de alguém de aparência que consideram diferente?
Fale o que você pensa e ouça a opinião dos colegas.

Dramatização

Agora, vamos saborear esse conto de outro modo: dramatizando-o.

Um conto pode envolver ainda mais o espectador quando contado oralmente, com expressividade, e também quando dramatizado.

▸▸ **Leitura expressiva**

A leitura oral feita com bastante expressividade é uma forma de interpretar o texto.

▸ **Em grupo.** Treinem a leitura do texto.
- Procurem falar em um tom de voz que possa ser ouvido por todos.
- Pronunciem claramente cada palavra ou frase.
- Leiam com expressividade, respeitando a pontuação, as pausas necessárias, os diálogos, etc.

▸▸ **Preparação da dramatização**

▸ **Em grupo.**
a) Localizem as falas dos personagens e distribuam-nas entre os colegas do grupo.
b) Decidam quem ficará com a parte do narrador.
c) Escolham uma entonação e um ritmo bem marcados para a voz do narrador, de forma que seja fácil reconhecê-lo.
d) Para as falas dos personagens, façam variações com a voz de forma a diferenciar cada um deles.
e) Procurem caracterizar na expressão oral o modo como vocês imaginam que os personagens falam.
f) Preparem um cenário simples, se houver possibilidade.

▸ **entonação:** variações ou modulações que fazemos com a voz para dar expressividade.

▸▸ **Apresentação**

1▸ Depois de memorizarem a sequência dos fatos e a parte que coube a cada um, façam um ensaio para os ajustes finais.

2▸ Quando o grupo for solicitado, caprichem na apresentação.

CONEXÕES ENTRE TEXTOS, ENTRE CONHECIMENTOS

Conto popular em versos e cordel

Você já ouviu dizer que uma leitura puxa outra? Vamos ver como isso acontece?

Você leu um conto popular em prosa e sabe que essas histórias passam de boca em boca através dos tempos. Com isso, ao ser recontada, a história sempre apresenta alguma modificação; afinal, é muito difícil memorizar todas as frases de uma história e recontá-la do jeito exato que foi ouvida. Muitos contadores utilizam palavras que combinam pela rima e pelo ritmo.

Leia algumas estrofes de uma história contada por Antônio Gonçalves da Silva, mais conhecido como Patativa do Assaré:

O rouxinol e o ancião

Patativa do Assaré

[...]
Um ancião imprevidente
Criava, muito contente,
Na gaiola o rouxinol.
E extasiado escutava
Quando o pássaro cantava
Nas horas do pôr do sol.
[...]
Um certo dia ele lendo
Naquele canto e fazendo
Os seus estudos sutis,
Viu que o pobre, com saudade,
Reclamava a liberdade
Pra poder ser feliz.
[...]

O dono, com muita pena
Daquela prisão pequena,
Uma portinhola abriu,
E o preso, as asas abrindo,
Voou, subindo, subindo,
E no espaço se sumiu.

Mas, ó, que fatalidade!
Nessa curta liberdade
Para voar na amplidão,
Foi cair tão inocente
Irremediavelmente
Nas garras de um gavião.
[...]

ASSARÉ, Patativa do. *Cante lá que eu canto cá*. Petrópolis: Vozes, 1978.

1. **Em grupo.** Conversem sobre:
   - os elementos da narrativa presentes nesse conto em verso: quais são os personagens, o espaço em que as ações acontecem, as marcas de tempo;
   - os momentos que marcam a sequência de fatos, o enredo:
     - situação inicial
     - conflito
     - clímax
     - desfecho

2. Leiam em voz alta o conto em verso e depois conversem sobre os recursos de linguagem que caracterizam o texto:
   - a presença da combinação sonora das palavras marcadas pelas rimas: *imprevidente* e *contente*; *escutava* e *cantava*; *rouxinol* e *sol*, na primeira estrofe;
   - os versos agrupados em estrofes que, auxiliados pelas rimas, conferem o ritmo à narrativa.

 Minha biblioteca

O Professor Sabe-Tudo e as respostas de João Grilo: literatura de cordel. Klévisson Viana e Doizinho Quental. Escritinha.

Em versos de cordel, o Professor Sabe-Tudo desafia o sabichão João Grilo com um monte de charadas e adivinhações. Ele mostra que é muito esperto e responde sobre as mais variadas questões. O resultado desse desafio é muita diversão para o leitor.

Reprodução/Ed. Escritinha

É possível perceber, pelo texto de Patativa do Assaré, que um texto em versos pode ser mais fácil de memorizar. Além disso, a utilização de versos curtos e cheios de combinações de sons para assegurar o ritmo e a expressividade torna o texto mais agradável de ser ouvido, mantendo os ouvintes ainda mais atentos. Histórias assim, criadas na oralidade e transmitidas de geração em geração, têm o seu melhor exemplo na cultura nordestina: a **literatura de cordel**.

> **Literatura de cordel** são narrativas populares típicas do Nordeste brasileiro, geralmente impressas em folhas de papel-jornal, reunidas em pequenos cadernos e expostas à venda penduradas em barbante (cordel) nas feiras e nos mercados.

As estrofes da história de autoria de Antônio Gonçalves da Silva, mais conhecido como Patativa do Assaré, são um exemplo também da literatura de cordel. O nome artístico Patativa do Assaré vem do fato de ele ser um "cantador", como o pássaro patativa, e de ter nascido em Assaré, uma cidade do interior do Ceará.

Mundo virtual

https://barretocordel.wordpress.com/
Voz do Cordel. *Site* do cordelista Antonio Barreto, reúne informações sobre esse universo.

http://mundocordel.com/
Mundo Cordel. *Site* de Marcos Mairton com informações sobre o mundo do cordel.

http://violeiro.blogspot.com.br/
Blog do Fábio Sombra. O cordelista e violeiro Fábio Sombra alimenta esse *blog* informando o leitor sobre seu trabalho e, de modo geral, sobre o cordel.

Acesso em: 17 maio 2018.

Outras linguagens: Xilogravuras no cordel

Assim como há histórias contadas só por meio de palavras — em versos ou em prosa —, que nos fazem imaginar as figuras de suas cenas, há imagens que nos fazem perceber a história a que elas pertencem.

Observe ao lado a reprodução da capa do cordel *Zé Matraca, o valentão de Palmares*:

> As capas dos cordéis são feitas de papel barato, geralmente por gravadores populares. São ilustrações simples e de fácil reprodução. São **xilogravuras**, isto é, figuras gravadas em madeira.

- Pela imagem e pelo título, é possível ter ideia do que acontece entre o homem e Zé Matraca. O que você imaginou dessa história? Fale o que você pensa e conte a história que você imaginou para o cordel dessa capa. Ouça a opinião e o conto de seus colegas.

SILVA, João José da. *Zé Matraca, o valentão de Palmares*. 100 cordéis históricos segundo a ABLC. Rio de Janeiro: ABLC, 2008. p. 477.

Um dos mestres brasileiros da xilogravura é José Francisco Borges, ou J. Borges, como é conhecido mundialmente.

Veja uma das suas xilogravuras:

▷ Xilogravura de cordel.
A moça que virou cobra.

J. Borges ilustrou capas de cordéis, livros, discos, e já expôs seus trabalhos na Venezuela, na Alemanha, na Suíça, no México e nos Estados Unidos, onde foi tema de uma reportagem no jornal *The New York Times*, que o apontou como um gênio da arte popular.

Nas fotos, observe que ele cava o desenho na madeira. Depois, com rolinho de borracha, espalha tinta no relevo e posiciona a prancha de madeira sobre o papel para conseguir esse efeito de carimbo, típico da xilogravura.

▽ O cordelista e xilogravador J. Borges em seu trabalho de criação de imagens.

Minha biblioteca

***Sete histórias de pescaria do seu Vivinho: cordel em quadrinhos.** Fábio Sombra e João Marcos. Abacatte.*

Histórias de pescador, com seus exageros mirabolantes, fazem parte da cultura popular brasileira. Nessa obra, elas são apresentadas em versos de cordel e em quadrinhos inspirados na xilogravura. O leitor se diverte com uma mentira cabeluda atrás da outra.

UNIDADE 1 • Contar histórias: uma arte antiga

A letra da música de raiz: uma narrativa em versos

Encontrar um **contador** de conto popular em versos é comum em diferentes regiões do Brasil. Esse contador, quando acompanhado do som de uma viola, pode se tornar um **cantador**, pois canta, emociona e encanta os ouvintes com as histórias narradas.

Você conhece algumas dessas modas de viola ou música de raiz?

Leia a letra de uma das mais conhecidas modas de viola brasileira e, se possível, ouça-a acompanhada da voz e da viola de alguns dos famosos cantadores da nossa música de raiz.

Chico Mineiro
Tonico e Francisco Ribeiro

Fizemos a última viagem
Foi lá pro sertão de Goiás
Fui eu e o Chico Mineiro
Também foi o capataz

Viajamos muitos dias
Pra chegar em Ouro Fino
Aonde nós passemo a noite
Numa festa do Divino

A festa tava tão boa
Mas antes não tivesse ido
O Chico foi baleado
Por um homem desconhecido

Larguei de comprar boiada
Mataram meu companheiro
Acabou-se o som da viola
Acabou-se o Chico Mineiro

Despois daquela tragédia
Fiquei mais aborrecido
Não sabia da nossa amizade
Porque nóis dois era unido

Quando vi seu documento
Me cortou meu coração
Vim saber que o Chico Mineiro
Era meu legítimo irmão

TINOCO; RIBEIRO, Francisco. Chico Mineiro. In: *Warner 30 Anos:* Tonico & Tinoco, 2006. 1 CD. Faixa 4.

Minha biblioteca

Treze casos de viola e violeiros: do baú do mestre Quilim da Braúna. Fábio Sombra. Escrita Fina.

O livro é uma amostra dos mistérios e encantos que envolvem o universo musical. Trata-se de histórias contadas por artesãos que produzem violas e por violeiros, que dividem crenças e superstições populares. Obra selecionada para o Programa Nacional Biblioteca da Escola (PNBE).

Francisco Ribeiro, porteiro da rádio onde a dupla Tonico e Tinoco costumava se apresentar, não faz parte da dupla. Ele aparece como autor da letra por ter contado para Tonico essa história.
A dupla Tonico e Tinoco é considerada a mais importante da história da música sertaneja, da música brasileira de raiz. Os números da dupla impressionam pela grandeza: foram 60 anos de carreira, quase 1000 gravações, 83 discos, 60 CDs, milhões de cópias vendidas e em torno de 40 mil apresentações.

Língua: usos e reflexão

Variedades linguísticas

1. Leia o trecho abaixo e observe como o autor do conto "História de Trancoso" registrou o jeito de falar de alguns personagens:

> — Um golinho d'água, nhonhô? Tá fresca, fresca...
> — Já que vosmicê tanto insiste, me dê cá a saborosa.

Responda no caderno: Qual pode ter sido a intenção do autor ao escrever dessa forma a fala dos personagens?

2. Se o fato tivesse acontecido no lugar onde você mora, com pessoas com quem convive, como você falaria o trecho transcrito na atividade 1? E como poderia ser registrada por escrito a forma de você falar? Escreva no caderno a sua versão.

Quando se trata da língua materna, a maioria de seus falantes faz uso de regras das quais se apropriou pelo uso, mesmo sem tê-las estudado. Dizemos que conhecem a **gramática natural** de sua língua.

Ao longo dos anos, por razões históricas, a sociedade elegeu algumas formas de grafar e de se expressar oralmente como a variedade de maior prestígio social e, portanto, mais valorizada. Esse uso é chamado de **norma-padrão**. A norma-padrão segue regras bem específicas que, em sua maioria, são descritas e estudadas pela área da gramática denominada gramática normativa.

Norma é o mesmo que *regra*. A gramática normativa, portanto, propõe um conjunto de regras e orientações para os usos mais formais da língua.

No dia a dia, participamos de diferentes situações comunicativas, seja **falando** com as pessoas com quem moramos, com as pessoas que trabalham na escola e com os colegas, seja **escrevendo** para eles.

O uso que cada um faz da língua — falada ou escrita — varia de acordo com as origens de cada indivíduo, com o meio em que vive, com as circunstâncias em que está envolvido ao falar ou escrever. Além disso, o uso da língua — ou seja, as escolhas que fazemos ao falar e escrever — é também dirigido pelas nossas intenções de comunicação, pelo tipo de interlocutores a quem nos dirigimos ou que participam do processo de interação.

▶ **interlocutor**: aquele que participa de um processo de comunicação, isto é, de uma **interação verbal entre pessoas**, seja oral, seja escrita.

Enfim, são vários os fatores que influenciam na forma de empregarmos a língua; isso produz inúmeras **variações**. É importante refletir sobre elas, pois isso nos ajuda a empregar a língua — falada ou escrita — com mais segurança e eficiência.

A língua portuguesa no Brasil

O Brasil é um país enorme. Se você percorresse todo esse imenso território, teria a oportunidade de ouvir diferentes modos de as pessoas fazerem uso da língua: nomes diferentes para uma mesma coisa; formas diversas de falar e de pronunciar as palavras; jeitos diferentes de elaborar frases; expressões variadas de um lugar para outro, etc. Os diferentes usos que se faz da língua portuguesa são chamados de **variedades linguísticas**. Essas variedades ocorrem pela influência de diversos fatores. Veja alguns:

- **Situação comunicativa** em que o usuário da língua se encontra.
- **Região** a que o usuário da língua pertence.
- **Grupo social** das pessoas que utilizam a língua, determinado por idade, profissão, sexo, grau de escolaridade, etc.

A seguir, veja alguns detalhes de cada um desses fatores.

Situação comunicativa

A situação comunicativa envolve **o momento** ou **a circunstância** em que os usuários estão fazendo uso da língua. Além disso, o **usuário** da língua (ou **enunciador**), para melhor se comunicar, ainda poderá levar em conta:

- o **interlocutor**: pessoa a quem o usuário da língua se dirige, falando ou escrevendo;
- a **intenção**: o que o usuário pretende, como fazer rir, emocionar, convencer, brincar, informar.

▶ Leia exemplos de textos retirados de uma gramática que estuda o português brasileiro, ou seja, a língua portuguesa praticada no Brasil. O assunto é o mesmo, e os textos foram escritos para interlocutores diferentes.

Bilhete para a namorada	Carta para o patrão
Oi, Bia: Seguinte. A gente combinou de ir no cinema amanhã, sessão da tarde. Não vai dar. Me esqueci que tem uma prova no colégio, e se eu não estudar minha velha me pega no pé. Eu, hein? Tô fora. Você me entende. Beijocas, Pedrão	Senhor gerente: Terei de faltar amanhã no trabalho em razão de uma prova bem difícil no colégio. Precisarei estudar, pois se eu for mal nessa prova, minha mãe vai ficar muito nervosa. Espero que o senhor compreenda minha situação e me desculpe. Atenciosamente, Pedro

CASTILHO, Ataliba T. de; ELIAS, Vanda Maria. *Pequena gramática do português brasileiro*. São Paulo: Contexto, 2012. p. 461.

Compare os dois textos e responda às atividades no caderno.

a) Qual é o assunto dos dois textos?
b) Há diferença na intenção dos dois textos?
c) Que expressões revelam mais intimidade, mais espontaneidade e uso da linguagem do dia a dia no texto para a namorada?
d) Copie do texto mais informal:
  - um diminutivo que indique afetividade e intimidade;
  - uma palavra reduzida, própria da fala do dia a dia.
e) Que expressões ou construções indicam menos espontaneidade e mais formalidade na carta para o patrão?

Grau de monitoramento nos usos da língua

Conforme a situação em que nos encontramos quando nos expressamos, podemos controlar menos ou mais o uso que fazemos da língua. Esse controle é chamado de **grau de monitoramento**.

Algumas situações exigem mais formalidade de expressão, por exemplo, a apresentação de um trabalho científico ao público, uma entrevista de emprego, uma solenidade, a elaboração de um currículo. Nessas situações, costumamos tomar medidas como evitar gírias e palavras ou expressões que revelem proximidade com o interlocutor, escolher mais cuidadosamente as palavras que vamos usar, procurar fazer a concordância entre as palavras de modo mais consciente, entre outras, pois há mais controle sobre o modo como empregamos a língua, isto é, há **maior grau de monitoramento**, e a linguagem geralmente fica **mais formal**.

Há situações de comunicação em que o usuário não se preocupa com os diferentes usos que se fazem da língua: situações mais familiares em que há mais intimidade entre os interlocutores, situações corriqueiras do dia a dia, uma conversa telefônica com um amigo, a troca de mensagem por meio da internet utilizando meios eletrônicos como *tablets* ou celulares, ocasiões em que nos preocupamos mais com o assunto do que com o modo como falamos. Nessas situações, há menos controle sobre o que se diz, ou seja, há **menor grau de monitoramento**, e a linguagem é geralmente **mais informal**; é a fala do dia a dia.

Por exemplo, a palavra *cê*, no lugar de *você*, na fala do roceiro do conto popular, é muito presente em conversas do dia a dia. Na escrita, está presente também em mensagens eletrônicas mais informais, menos monitoradas, aparecendo até mesmo de outra forma reduzida: *vc*. Essa abreviação, comum na comunicação escrita na internet, além de ter por objetivo tornar a comunicação mais rápida, confere à escrita mais informalidade. Outro fator que contribui para as abreviações na comunicação pelos meios eletrônicos é a necessidade de um internauta adaptar sua escrita à linguagem do grupo de que faz parte.

1▸ Converse com os colegas sobre estas questões: Você utiliza abreviações de palavras quando envia mensagens instantâneas por meios eletrônicos? Quais abreviações você usa ou já viu sendo usadas?

Alguns usos mais formais da língua são descritos pela gramática normativa.

2▸ Leia a tirinha a seguir.

WATTERSON, Bill. O melhor de Calvin. *O Estado de S. Paulo*, São Paulo, 3 jul. 2011.

Responda em seu caderno:

a) Observe a linguagem empregada por Calvin e Haroldo nos dois primeiros quadrinhos. Parece haver maior grau de controle ou monitoramento. Qual é a provável razão desse uso pelos personagens?

b) Releia a fala do terceiro quadrinho. Há maior ou menor grau de monitoramento no uso da língua? Explique a razão do uso.

Ao empregar a língua, o usuário poderá ter diferentes **intenções** ou **objetivos**: fazer rir, querer impressionar alguém em uma entrevista, emocionar quem o ouve ou quem o lê, convencer, informar, debater uma ideia. Essas diferentes intenções nos levam a fazer escolhas de linguagem de acordo com a chamada **situação comunicativa**.

Região

Por ter um território muito extenso, o Brasil apresenta diferenças regionais bastante acentuadas. Essas diferenças podem ser sentidas também no emprego da língua. Por exemplo, há características diferentes no jeito de empregar a língua entre pessoas que são da zona urbana, da zona rural, de regiões litorâneas, de regiões muito isoladas, de comunidades que tiveram influência de imigrantes (italianos, alemães, açorianos, japoneses), de comunidades indígenas, de comunidades que se formaram por meio de grupos de africanos que foram escravizados... Isso tudo contribui para que o português no Brasil seja marcado pela diversidade linguística.

De acordo com a região do país, a língua é empregada de maneiras diferentes. A essas diferenças damos o nome de **variedades regionais**.

Observe algumas diferenças nos nomes usados em diferentes regiões do Brasil:

> abóbora: jerimum (Norte e Nordeste)
> amalucado: zuruó (Nordeste)
> baile popular: fandango (Sul)
> dar beijos curtos e repetidos: fazer tucura (Amazônia)
> gafanhoto: tucura (Rio Grande do Sul)
> mandioca: macaxeira (Norte e Nordeste)
> menino: curumim (Amazônia), miúdo (Rio Grande do Sul)
> morrer: bater a caçoleta (Nordeste)
> semáforo: farol (São Paulo)

Fonte: *Novo dicionário eletrônico Aurélio*, versão 6.1. 4. ed. Curitiba: Positivo, 2008.

CONTO POPULAR 35

Leia algumas expressões usadas em Florianópolis, capital do estado de Santa Catarina:

dar uma lugi na carreira: dar uma chance

verrumar: remexer

mofas c'a pomba na balaia: expressão usada para dizer que uma pessoa não vai alcançar o seu intento, que vai cansar de esperar

ALEXANDRE, Fernando. *Dicionário da ilha:* falar & falares da ilha de Santa Catarina. Florianópolis: Cobra Coralina, 1994.

▸ **Em grupo.** Façam um levantamento entre os colegas da turma para verificar se há alunos vindos de regiões diferentes. Observem as características de cada um na forma de empregar a língua: a pronúncia, o uso de certas palavras ou expressões. É importante respeitar a forma de falar de cada um, pois todas são válidas e importantes.

Grupo social

Além da região, há outros fatores que influenciam o modo de usar a língua: a idade, a profissão, o nível de escolaridade, entre outros. Por exemplo, uma pessoa que tenha o hábito de ler bastante pode empregar a língua de forma diferente de outra que nunca tenha lido um livro ou de outra que nunca tenha frequentado a escola.

1▸ Releia duas falas do fazendeiro do conto "História de Trancoso": a primeira é dirigida ao padre e a segunda ao roceiro.

— Pode-se saber de que **vossa senhoria** tem medo?

— Já que **vosmicê** tanto insiste, me dê cá a saborosa.

Responda: Qual pode ter sido o provável motivo de o fazendeiro ter utilizado uma expressão de tratamento diferente em cada uma das falas?

2▸ O modo de usar a língua também pode variar de acordo com a faixa etária. Converse com seus colegas e pensem que palavras ou expressões são usadas por vocês e que não são empregadas, por exemplo, pelas pessoas mais velhas com quem vocês convivem. Façam uma lista e verifiquem as várias formas de expressão em uma mesma língua.

Variedades linguísticas e usos da língua

Os meios de comunicação — TV, internet, rádio — contribuem para as transformações nos usos que se faz da língua, pois o que veiculam influencia o modo de expressão de inúmeras pessoas.

Além desse fator, é preciso considerar também que os usos da língua se alteram ao longo do tempo, provocando mudanças no vocabulário e em formas de organizar a língua.

1▸ **Em grupo.** Conversem entre vocês e, no caderno, façam uma lista de expressões que ouviram na TV e passaram a empregar também.

2▸ Converse com pessoas mais velhas e anote formas de falar que sejam diferentes dos usos que você e outras pessoas de sua idade fazem da língua. Comente com os colegas as variações que descobrirem no uso da língua.

No conto "História de Trancoso", o autor buscou ajustar a linguagem à situação dos personagens e à história em que eles estão envolvidos.

Na vida real, isso acontece também: o uso da língua depende da **situação social em que estamos envolvidos**, isto é, **das circunstâncias de comunicação** em que nos encontramos ao falar ou escrever. Cada situação diferente nos leva a fazer escolhas de linguagem diferentes para adequá-la aos fatores envolvidos, como a **intenção** comunicativa (convencer, emocionar, informar, fazer rir, etc.) e o **grau de intimidade** que temos com os interlocutores.

A maneira de falar ou de escrever pode se adaptar às diversas situações: com a família, por exemplo, a comunicação ocorre de determinada maneira; com os amigos é de outra.

Isso tudo influencia as escolhas de linguagem e o modo de organizar nossas mensagens. De forma geral, poderemos ter:

- uma **linguagem mais formal** – escrita ou falada; será produzida de forma mais monitorada, planejada, seguindo regras da gramática normativa, para atender a situações mais solenes, mais formais: palestras, textos científicos, correspondência com órgãos públicos, etc., adequando a linguagem aos destinatários desses textos; ou
- uma **linguagem mais informal** – escrita ou falada; será produzida de maneira menos monitorada, mais espontânea, sem muita preparação ou planejamento, empregando a linguagem de um jeito mais descontraído.

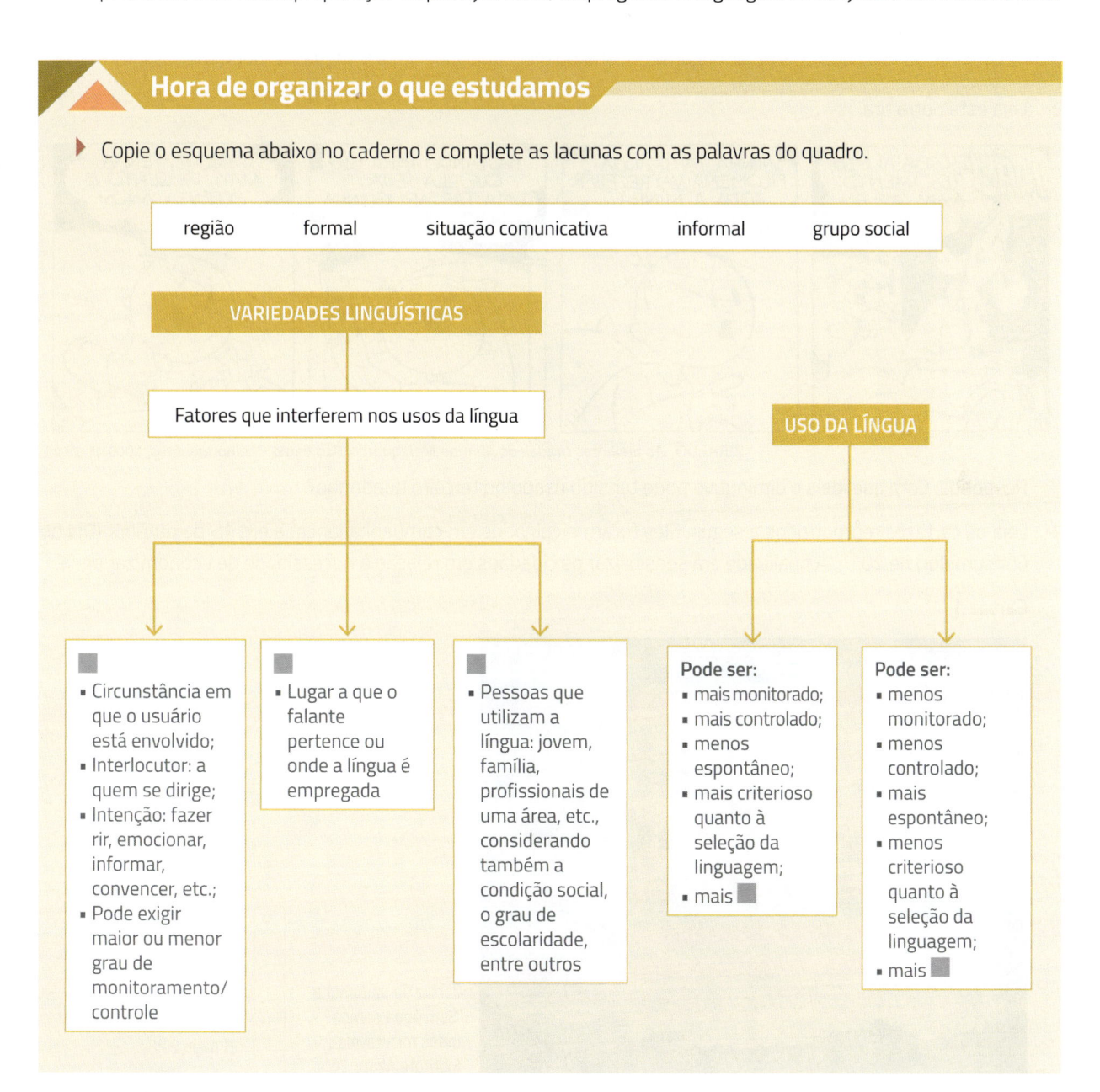

Hora de organizar o que estudamos

▶ Copie o esquema abaixo no caderno e complete as lacunas com as palavras do quadro.

| região | formal | situação comunicativa | informal | grupo social |

VARIEDADES LINGUÍSTICAS

Fatores que interferem nos usos da língua

- ▪ Circunstância em que o usuário está envolvido;
- ▪ Interlocutor: a quem se dirige;
- ▪ Intenção: fazer rir, emocionar, informar, convencer, etc.;
- ▪ Pode exigir maior ou menor grau de monitoramento/controle

- ▪ Lugar a que o falante pertence ou onde a língua é empregada

- ▪ Pessoas que utilizam a língua: jovem, família, profissionais de uma área, etc., considerando também a condição social, o grau de escolaridade, entre outros

USO DA LÍNGUA

Pode ser:
- ▪ mais monitorado;
- ▪ mais controlado;
- ▪ menos espontâneo;
- ▪ mais criterioso quanto à seleção da linguagem;
- ▪ mais ▪

Pode ser:
- ▪ menos monitorado;
- ▪ menos controlado;
- ▪ mais espontâneo;
- ▪ menos criterioso quanto à seleção da linguagem;
- ▪ mais ▪

Atividades: variedades linguísticas

1 Leia a tira a seguir.

> EI, PERAÍ, CARA! ISTO AQUI É UM BAILE! O CACHORRO NÃO PODE ENTRAR!

> É QUE HOUVE UM MAL-ENTENDIDO. ESTE GAROTINHO ACHOU QUE ERA UMA FESTA À FANTASIA E AÍ ELE VEIO FANTASIADO DE CACHORRO.

> AH, ENTÃO TUDO BEM. DIVIRTAM-SE.

> MUITO BOA ESSA FANTASIA.

SCHULZ, Charles M. Minduim. *O Estado de S. Paulo*. São Paulo, 24 maio 2011. Caderno 2, p. D4.

a) Copie do primeiro quadrinho uma expressão que revela um uso bastante informal da linguagem, um emprego próprio da fala. Explique sua escolha.

b) Observe as falas dos dois personagens. Em sua opinião, qual deles usa a língua de modo menos informal?

2 Leia esta outra tira.

> MÃE! ESCREVA AÍ MEU TESTAMENTO: ASSIM QUE EU MORRER...

> ...MINHA TARTARUGA FILOMENA VAI RECEBER TODA A MINHA HERANÇA...

> ...BASTANDO PARA ISSO QUE ELA SEJA UMA TARTARUGUINHA MAIOR DE IDADE...

> ...ISTO É, TENHA MAIS DE CENTO E OITENTA ANOS!

ZIRALDO. *As melhores tiradas do Menino Maluquinho*. São Paulo: Melhoramentos, 2000. p. 19-21.

Responda: Com que ideia o diminutivo pode ter sido usado no terceiro quadrinho?

3 Leia os cartazes reproduzidos a seguir. Eles foram divulgados em campanha lançada em 15 de outubro (Dia do Consumidor) de 2014. A finalidade era sensibilizar os cidadãos em relação à necessidade de economizar água.

Cartaz 1

> Sem água somos todos miseráveis.
> Leve essa atitude a todos os lugares. Passe essa ideia adiante.

Cartaz da campanha "Sem água somos todos miseráveis". **Instituto Akatu**, 2014.

Instituto Akatu: organização que se afirma voltada para mobilizar as pessoas para um consumo consciente e um futuro sustentável. Saiba mais em: <https://www.akatu.org.br/>. Acesso em: 21 maio 2018.

Cartaz 2

> Cartaz da campanha "Sem água somos todos miseráveis". Instituto Akatu, 2014.

a) Explique como você entendeu a mensagem do primeiro cartaz.
b) Em sua opinião, essa mensagem do cartaz se dirige a um grupo específico de pessoas? Por quê?
c) No cartaz 1, há apenas um elemento além da frase escrita. Que recurso foi escolhido para procurar fazer o leitor imaginar a situação de miséria?
d) No cartaz 2:
- que recurso verbal indica que o cartaz se dirige a pessoas de todas as classes?
- de que modo os recursos de imagem podem levar o leitor a associar a falta de água à miséria?

e) Pode-se afirmar que os elementos selecionados para os cartazes foram reunidos sem planejamento e de maneira espontânea?

No dia a dia

Afinal, que língua falamos?

No português brasileiro do dia a dia, muitas palavras são pronunciadas de maneiras distintas em diferentes pontos do país. Isso se deve à influência de imigrações, de grupos sociais com culturas próprias, aos meios de comunicação. Observe algumas maneiras de se pronunciar, por exemplo, a palavra *leite*:

| leiti | leitchi | leite |

São pronúncias diferentes, mas todas válidas.

1▸ Em grupo. Pesquisa: assistam a telejornais e programas de TV e prestem atenção na conversa das pessoas com quem vocês convivem. Observem a maneira como algumas palavras são pronunciadas e as diferentes formas de empregar a língua de um lugar para outro, de uma situação para outra. Façam uma lista com as diferenças ou semelhanças que observaram e, depois, conversem com os colegas e o professor sobre o que trouxeram.

2► Conversem agora sobre o trecho abaixo.

Existe um uso da língua que seja melhor ou pior?

Não existe uma forma melhor ou pior de utilizar a língua. O importante é que a forma usada seja adequada aos nossos propósitos, à situação em que nos encontramos e ao nosso interlocutor. Devem ser respeitadas as diversidades linguísticas e não deve existir o preconceito contra os diferentes falares ou contra as variedades existentes no país, pois todos são válidos.

Por que estudar a língua portuguesa do Brasil?

Há variedades que são mais prestigiadas socialmente, mas o domínio delas deve ser um conhecimento a mais, e não um motivo para ridicularizar quem não as utiliza. E temos de considerar ainda que haverá diferenças marcantes se a língua for empregada oralmente ou por escrito.

Estudar a língua portuguesa do Brasil nos ajuda a conhecer diferentes formas de empregar a língua, em diferentes situações. Isso enriquecerá nossa competência comunicativa.

3► Por fim, retomem o título deste boxe e tentem responder à pergunta: "Afinal, que língua falamos?".

Desafios da língua

Ortografia: conceito e história

As palavras da língua portuguesa usada no Brasil não foram sempre grafadas da forma como as conhecemos hoje. Ao longo do tempo, a forma de escrever as palavras foi se modificando por diversos motivos: usos que determinados grupos de pessoas fazem da língua; variações que são aceitas e incorporadas ao uso em geral; variações que são rejeitadas pelas pessoas ou pelos padrões oficiais e caem em desuso; influências de correntes migratórias; influência dos meios de comunicação, etc.

A língua portuguesa originou-se do latim. Na época do Império Romano (de 27 a.C. a 476 d.C.), o latim era falado em uma região da península Itálica chamada Lácio. Com a expansão do império, o idioma chegou a lugares distantes, reproduzido pelos soldados romanos em suas conquistas pelo continente europeu. Ao ser introduzido em determinada região, o latim se misturava à língua já falada ali, adquirindo características e influências da língua do povo conquistado. Assim ele se modificava. Possivelmente a maior influência sofrida pelo latim ocorreu quando os romanos invadiram a Grécia. Eles foram influenciados pela cultura da civilização grega, que era muito rica no campo das teorias, da literatura, da filosofia, da política e das ciências em geral. Por isso, muitos termos da língua portuguesa atual têm sua origem no grego.

Na região que hoje corresponde a Portugal, o latim, combinado com o falar local, foi se modificando até ganhar identidade própria e originar a língua portuguesa. Antes de chegar ao Brasil, em 1500, o português sofreu diversas influências, como a da língua árabe, por exemplo, pois toda a península Ibérica ficou sob o domínio do povo árabe de 711 a 1492.

Ao ser falada no Brasil, a língua portuguesa e o seu **léxico** — conjunto de palavras de uma língua — sofreram influências das diversas línguas indígenas que aqui já existiam quando os portugueses se estabeleceram, de línguas africanas trazidas para o Brasil pelos povos obrigados a vir para cá trabalhar como escravizados até o século XIX, e por inúmeros outros povos imigrantes — italianos, japoneses, poloneses, alemães, espanhóis, franceses, colombianos, chilenos, etc. — que aqui se estabeleceram trazendo um pouco de sua língua, de sua cultura, influenciando hábitos e modos de falar em geral.

Há outros fatores que modificam a língua, como palavras já existentes que ganham novos usos (por exemplo, *zebra*, que, além de nome de animal, passou a significar também "resultado inesperado"). Há ainda palavras incorporadas à língua para atender a necessidades relacionadas, por exemplo, ao avanço tecnológico e às descobertas científicas, como: *backup, deletar, escanear, marketing, site, link, shopping, delivery, show, playground,* etc. Devemos considerar também o surgimento de gírias, expressões mais informais que ampliam nosso léxico, como: *da hora, mó legal, irado, partiu, pega a visão, bora logo*, etc.

Ao estudar a língua, precisamos considerar que ela é um sistema em constante mudança.

Veja como é formada a palavra *ortografia*:

orto (do grego ***orthós***) + **grafia** (do grego ***grafia***)

correto   escrita

Ortografia é a parte da gramática normativa que indica a maneira oficial de escrever as palavras de uma língua. Reúne as convenções — normas ou regras — que orientam a escrita das palavras.

Agora observe, pelo título desta obra antiga, como se escrevia, na língua portuguesa, a palavra *ortografia*:

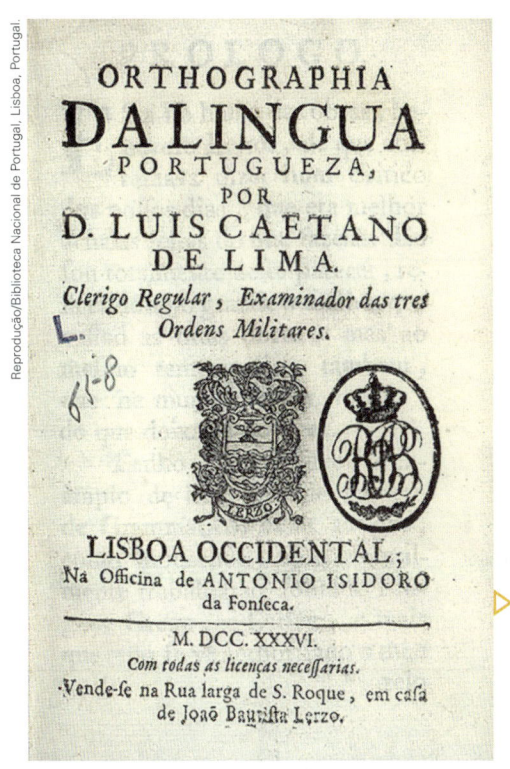

▷ Folha de rosto (ou frontispício) da obra portuguesa *Orthographia da Lingua Portugueza*, escrita por Luis Caetano de Lima e publicada em 1736.

CONTO POPULAR

Como podemos perceber, a escrita das palavras da língua portuguesa alterou-se com o tempo, até chegar à forma atual.

Hoje há convenções de escrita estabelecidas por um acordo, regulado por lei, que rege a forma como as palavras devem ser escritas oficialmente. Essa escrita compõe parte do que se considera a língua-padrão oficial do país.

Ao se utilizar a escrita na norma-padrão ou formal, os vocábulos deverão ser escritos seguindo a **norma ortográfica** ditada por lei e que consta da gramática normativa. Quando houver dúvidas quanto à escrita oficial das palavras, deve-se recorrer a um **dicionário.**

O alfabeto oficial da língua portuguesa que deve ser utilizado na escrita tem **26 letras**: a, b, c, d, e, f, g, h, i, j, k, l, m, n, o, p, q, r, s, t, u, v, w, x, y, z.

1) **Desafio! Em dupla.** O professor vai estipular um tempo para vocês escreverem o maior número possível de palavras que sejam grafadas com as letras *k*, *w* ou *y* e que constem atualmente de nossa língua. Depois, comparem as listas de palavras encontradas e façam uma síntese para analisar em que casos essas letras foram empregadas.

Comentamos que a ortografia é um conjunto de regras que orientam como as palavras devem ser escritas. As questões propostas a seguir vão desafiá-lo a perceber algumas dessas regras.

2) Observando regularidades que ocorrem na escrita, é possível deduzir algumas regras que vigoram em nosso idioma. Por exemplo, observe como o som /ã/ é grafado nas palavras reproduzidas abaixo.

| maçã | antes | órfã | romãzeira |
| enquanto | campo | bamba | ambos |

Que regras podemos deduzir dessas ocorrências?

3) Há regras ortográficas que determinam como deve ser feita a separação das sílabas de uma palavra no fim de uma linha. Nos conjuntos de palavras com as sílabas já separadas, observe as letras destacadas. Deduza e escreva uma regra para cada um desses conjuntos:

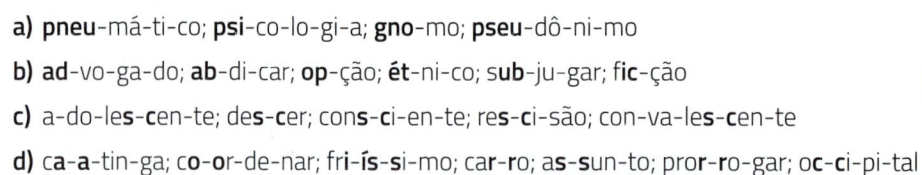

a) **pneu**-má-ti-co; **psi**-co-lo-gi-a; **gno**-mo; **pseu**-dô-ni-mo

b) **ad**-vo-ga-do; **ab**-di-car; **op**-ção; **ét**-ni-co; **sub**-ju-gar; fi**c**-ção

c) a-do-le**s**-**c**en-te; de**s**-**c**er; con**s**-**c**i-en-te; re**s**-**c**i-são; con-va-le**s**-**c**en-te

d) c**a**-**a**-tin-ga; c**o**-**o**r-de-nar; fr**i**-**í**s-si-mo; car-ro; a**s**-**s**un-to; pro**r**-**r**o-gar; o**c**-**c**i-pi-tal

4) Leia em voz alta as palavras e observe: ao pronunciá-las, a letra **h** assume que valor sonoro?

| haver | humildade | hóstia | hidrogênio |
| hoje | chave | rebanho | malha |

5 ▸ **Desafio! Em dupla.** Nas frases a seguir indicamos duas formas de algumas palavras: como são faladas por alguns usuários no dia a dia e como devem ser escritas segundo a norma ortográfica. Copiem no caderno apenas a forma que segue a norma ortográfica. Ganhará a dupla que primeiro terminar a lista completa de palavras escritas de acordo com a norma ortográfica. Dica: em caso de dúvida, consultem um dicionário.

a) A sua teimosia foi o grande empecilho/impecilho.
b) A cabeleireira/cabelereira fez uma excelente recuperação dos fios de seu cabelo.
c) Se vejo uma largatixa/lagartixa, pulo para cima da mesa.
d) Passou mal depois de ter comido uma salchicha/salsicha estragada: teve uma desinteria/disenteria.
e) Era a primeira vez que comia uma sopa de carangueijos/caranguejos.
f) Para impressionar os convidados, tentou equilibrar a bandeja/bandeija.
g) Carlinhos não parou de tussir/tossir.
h) A praça estava cheia de mendingos/mendigos que não tinham onde se abrigar da chuva.
i) Com a brincadeira, deixou o pão cair bem do lado com mantega/manteiga.

6 ▸ Alguns cartazes publicitários empregam palavras sem seguir as regras ortográficas oficiais. Observe estes exemplos:

▷ SOARES, André Luís; CAMARGO, José Eduardo Rodrigues. *O Brasil das placas*. São Paulo: Panda Books, 2007. p. 74.

a) Em seu caderno, copie dos cartazes as palavras escritas de forma não convencional, isto é, de uma forma que não atende às regras da ortografia oficial.
b) Compare o texto do hipotético cardápio da lanchonete e o do cartaz do salão. Responda: Em sua opinião, qual poderia ser o motivo que ocasionaria escritas não convencionais como essas?
c) Em jornais, revistas, placas de estabelecimentos comerciais, anúncios, folhetos, etc., pesquise outras ocorrências em que as palavras não estão escritas de forma convencional. Registre por escrito ou por fotos o que encontrar.
d) **Em grupo.** Conversem: É importante que as palavras da língua tenham uma ortografia oficial, isto é, uma escrita-padrão? Por quê? Ao final da conversa, procurem fazer um registro coletivo.

Outros textos do mesmo gênero

Conto popular em prosa e conto popular em verso

A seguir você lerá dois outros contos populares: um em prosa e outro em verso.

O conto em prosa, da tradição oral africana, intitula-se: "Por que o morcego só voa de noite". Mesmo antes de ler o conto, você saberia explicar esse fato? Nesse conto um personagem também procura enganar os demais. Como isso acontece? Ele se dá bem?

> **Minha biblioteca**
>
> **Meus contos africanos.** Nelson Mandela. Martins Fontes.
> Nessa obra ricamente ilustrada, o leitor tem a oportunidade de conhecer histórias tão antigas quanto a África, o berço da humanidade. Os contos populares africanos foram selecionados por um dos maiores líderes mundiais e Prêmio Nobel da Paz, Nelson Mandela.

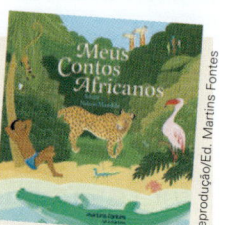

Por que o morcego só voa de noite
Rogério Andrade Barbosa

Há muito e muito tempo houve uma tremenda guerra entre as aves e o restante dos animais que povoam as florestas, savanas e montanhas africanas.

Naquela época, o morcego, esse estranho bicho, de corpo semelhante ao do rato, mas provido de poderosas asas, levava uma vida mansa voando de dia entre as enormes e frondosas árvores à cata de insetos e frutas.

Uma tarde, pendurado de cabeça para baixo num galho, ele tirava a soneca costumeira, quando foi despertado bruscamente pelos trinados aflitos de um passarinho:

— Atenção, todas as aves! Foi declarada guerra aos quadrúpedes. Todos aqueles que têm asas e sabem voar devem se unir na luta contra os bichos que andam pelo chão.

O morcego ainda estava se refazendo do susto, quando uma hiena passou correndo e uivando aos quatro ventos:

— Atenção, atenção! Foi declarada guerra às aves! Todos os bichos de quatro patas devem se apresentar ao exército dos animais terrestres.

— E agora? — perguntou a si mesmo o aparvalhado morcego. — Eu não sou uma coisa nem outra.

Indeciso, não sabendo a quem apoiar, resolveu aguardar o resultado da luta:

— Eu é que não sou bobo. Vou me apresentar ao lado que estiver vencendo — decidiu.

---

savana: planície coberta de grama e pequenas árvores.

frondoso: grande, abundante, cheio de folhas.

trinado: som, voz dos pássaros.

aos quatro ventos: em todas as direções, para todos ouvirem.

aparvalhado: desorientado, desnorteado, tolo.

Dias depois, escondido entre as folhagens, viu um bando de animais fugindo em carreira desabalada, perseguidos por uma multidão de aves que distribuía bicadas a torto e a direito. Os donos de asas estavam vencendo a batalha e, por isso, ele voou para se juntar às tropas aladas.

Uma águia, gigantesca, ao ver aquele rato com asas, perguntou:

— O que você está fazendo aqui?

— Não está vendo que sou um dos seus? Veja! — disse o morcego abrindo as asas. — Vim o mais rápido que pude para me alistar — mentiu.

— Oh, queira desculpar — falou a desconfiada águia. — Seja bem-vindo à nossa vitoriosa esquadrilha.

Na manhã seguinte, os animais terrestres, reforçados por uma manada de elefantes, reiniciaram a luta e derrotaram as aves, espalhando penas pra tudo quanto era lado.

O morcego, na mesma hora, fechou as asas e foi correndo se reunir ao exército vencedor.

— Quem é você? — rosnou um leão.

— Um bicho de quatro patas como Vossa Majestade — respondeu o farsante, exibindo os dentinhos afiados.

— E essas asas? — interrogou um dos elefantes. — Deve ser um espião. Fora daqui! — berrou o paquiderme erguendo a poderosa tromba num gesto ameaçador.

O morcego, rejeitado pelos dois lados, não teve outra solução: passou a viver isolado de todo mundo, escondido durante o dia em cavernas e lugares escuros.

É por isso que até hoje ele só voa de noite.

BARBOSA, Rogério Andrade. *Histórias africanas para contar e recontar*. São Paulo: Editora do Brasil, 2001. p. 9-12.

> **desabalado:** sem freios, sem limite.
> **a torto e a direito:** sem escolher; em grande quantidade.
> **alado:** com asas.
> **farsante:** pessoa que não leva nada a sério, que não merece confiança.
> **paquiderme:** mamífero de grande porte que tem a pele espessa.

Esse conto mostra um pouco como, em tempos muito antigos, povos africanos e tantos outros usavam a imaginação para explicar o que, na época, não era possível conhecer por meio das ciências.

▶ **Em grupo.**
a) Conversem sobre os elementos desse conto: narrador, personagens, tempo, espaço.
b) Identifiquem as partes do enredo: situação inicial, conflito, clímax e desfecho.
c) Observem em que momento foi utilizado o discurso direto.

Você já sabe que nosso povo gosta de contar histórias oralmente. Gosta tanto que, além de contá-la em prosa, costuma contá-la também em versos. Leia o conto em versos a seguir em voz alta para melhor apreciar sua sonoridade. Observe principalmente o ritmo garantido pelos versos, as rimas e as repetições.

O que será que pode acontecer com um sapo dentro de um saco?

Um sapo dentro de um saco
Marcos Mairton da Silva

Andando por esse mundo
Já vi muito bicho feio.
Por isso, dificilmente,
Me espanto ou me aperreio.
Mas tive um certo receio
Ao encontrar, num buraco,
Um sapo dentro de um saco; ⎤
Um saco com um sapo dentro; ⎮ [refrão]
O sapo fazendo papo ⎮
E o papo fazendo vento. ⎦

Era uma noite escura,
Eu voltava para casa,

Quando ouvi alguma coisa,
Como um batido de asa,
Como água apagando brasa,
Como a queda de um barraco.
[Refrão]
[...]
Continuava o barulho.
Foi aí que, bem do lado
De um monte de entulho,
Tropecei num pedregulho
E caí feito um pau fraco,
[Refrão]

[...]
Quando eu quis me levantar,
Minha surpresa foi tamanha
Que fui caindo de novo,
Como uma lata de banha.
Pulou uma coisa estranha
Para fora do buraco.

[Refrão]
Assustado com a coisa
Que se sacudia inteira,
Que fazia mais zoada
Do que vendedor na feira,
Bati a mão na peixeira,
Joguei de lado o casaco,
Meti a faca no saco [...],
[...]

Não acertei uma só.
[...]
Mas o sapo dentr'o saco,
E o saco com o sapo dentro,
Pulava e dava sopapo
Com o papo fazendo vento.
Fui embora cabisbaixo,
E aprendi a lição,
De não sair chafurdando
No meio da escuridão.
Não fujo de assombração,
Mas nunca mais me atraco
Com um sapo dentr'um saco;
Um saco com um sapo dentro;
O sapo fazendo papo
E o papo fazendo vento.

MAIRTON, Marcos. *Um sapo dentro de um saco.*
Fortaleza: Demócrito Rocha, 2013.

Agora é a vez de vocês recontarem essa história, mas em prosa.

1. **Em grupo.** Reúna-se com alguns colegas e conversem sobre a história: personagens, espaço, tempo, narrador, situação inicial, complicação, clímax e desfecho. Anotem no caderno as informações que julgarem necessárias. Isso poderá ajudá-los a preparar a apresentação.

2. Organizem a história a ser contada, observando que:
   - agora o conto será organizado em frases contínuas;
   - o narrador será também um dos personagens;
   - as falas poderão acontecer em discurso direto;
   - a linguagem utilizada no conto deve ser a do dia a dia, cotidiana, com o uso de expressões da linguagem popular ou regional.

3. Escolham quem será encarregado de contar oralmente a história quando chegar a vez do grupo, observando a adequação da altura e do tom de voz.

4. Ouçam com respeito e atenção o conto narrado pelos representantes dos outros grupos.

PRODUÇÃO DE TEXTO

Reprodução de conto popular

Junte-se a um colega para ouvir ou ler um conto popular e produzir uma versão escrita desse conto. Para isso, sigam estas orientações.

» **Planejamento**

1▸ **Em dupla.** Retomem as características do gênero **conto popular**.

2▸ **Pesquisa:** Escolham um conto consultando as sugestões e indicações feitas nesta unidade ou considerando as histórias que já tenham ouvido de parentes e conhecidos.

3▸ Anotem as principais características do conto popular considerando os itens do esquema a seguir.

CONTO POPULAR

Tema/assunto	Intenção/finalidade	Linguagem e construção	Leitor/público-alvo	Circulação
De acordo com o conto da tradição popular ouvido ou lido.	Emocionar; provocar riso; causar suspense.	Explorar os recursos da linguagem popular.	Para os prováveis leitores/ouvintes da antologia/contação dos contos populares.	Antologia de contos populares.

» **Versão inicial**

1▸ Façam um rascunho do conto, trabalhando os elementos e os momentos da narrativa que vocês estudaram nesta unidade.

2▸ Insiram palavras e expressões que caracterizem a linguagem do conto popular escolhido.

3▸ Releiam o que vocês produziram, verificando se o texto atende ao gênero **conto popular**, em prosa ou em verso.

4▸ Troquem de texto com outra dupla e, se desejarem, façam sugestões que possam melhorar o texto deles. Escutem com atenção e avaliem as sugestões que eles derem para melhorar o texto de vocês.

» **Revisão e versão final**

1▸ Releiam sua produção e, se julgarem necessário, façam modificações considerando as observações dos colegas.

2▸ Escrevam a versão final do conto observando o uso de parágrafos e a pontuação – atentem para o emprego do travessão no discurso direto.

3▸ Deem um título ao conto e não se esqueçam de colocar seus nomes como autores da versão.

4▸ Façam uma revisão ortográfica, observando a escrita das palavras. Se houver dúvida quanto à grafia de alguma palavra, consultem um dicionário.

5▸ Aguardem as orientações do professor quanto à possibilidade de digitação e edição do texto final de cada produção.

» **Circulação: Produção da antologia de contos populares**

▸ Aguardem as orientações do professor para:
- participar da escolha do título para a antologia e da organização dos textos: por temas, por ordem alfabética pelos títulos dos contos, pelos nomes dos autores.
- tomar decisões quanto à elaboração da capa e do sumário;
- disponibilizar a antologia a outros leitores: fazer cópias xerografadas, imprimir várias cópias, etc.

INTERATIVIDADE

Audiobook de contos populares

Nesta unidade, você e seus colegas reproduziram contos populares, organizando-os em uma antologia impressa.

Que tal transformar essa publicação em um *audiobook*, gravando a leitura expressiva de seus textos em áudio? Depois, vocês poderão divulgar a antologia falada no *blog* da escola.

> *Audiobook* é um livro em áudio que apresenta textos lidos em voz alta. Também chamado de "livro falado" ou "audiolivro", esse tipo de publicação permite aos leitores-ouvintes conciliar a recepção do texto escolhido durante a realização de outras atividades, ampliando as possibilidades de acesso à cultura.
>
> Outra característica importante dos *audiobooks* é que podem atender a pessoas com deficiências visuais, já que são mais baratos e fáceis de encontrar do que os livros em braile, aqueles desenvolvidos no sistema de escrita com pontos em relevo.

> Os *blogs* são páginas da internet em que as pessoas publicam conteúdos escritos e audiovisuais sobre diferentes assuntos. Essas páginas podem ser individuais ou coletivas e apresentam espaço para que os leitores façam comentários, interagindo com o(s) produtor(es) dos conteúdos, ou seja, o(s) blogueiro(s).

Leia as orientações das etapas a seguir, converse com os colegas e o professor sobre os meios e os recursos disponíveis na escola para viabilizar a gravação e a divulgação do *audiobook*, façam combinados, dividindo as tarefas, para que a produção seja realizada de forma construtiva e colaborativa.

▸ Planejamento

▸ **Com a turma toda.** Organizem-se antes de iniciar a gravação.
- Elaborem coletivamente a apresentação da obra, a dedicatória e o sumário.
- Decidam juntos também quem fará a gravação dessa parte: apenas um leitor (uma voz), já que cada conto será lido por um locutor/narrador diferente (várias vozes).
- Escolham um local silencioso e tranquilo para ser a "cabine de gravação" e aguardem o professor apresentar o cronograma das gravações: dia e hora reservados para cada aluno.
- Decidam quantos segundos de pausa farão entre o anúncio do título e da autoria do conto e o início da leitura, com o objetivo de padronizar os áudios, deixando a escuta do *audiobook* mais harmônica e agradável. O professor ficará responsável por cronometrar esse tempo e avisar a cada narrador a hora de começar e parar de ler.

▸ Preparação para a leitura

1▸ Individualmente e em voz alta, treine a leitura do conto popular que você reproduziu na seção anterior, realizando-a quantas vezes forem necessárias para uma boa fluência.

2▸ Tire uma cópia do conto para fazer anotações de forma a se lembrar de:
   a) caprichar na articulação e pronúncia das palavras;
   b) respeitar o ritmo, as pausas, os prolongamentos e as hesitações decorrentes da pontuação que você empregou ao escrever (se for necessário, reveja a pontuação que você utilizou no texto);
   c) modular a voz para:
   - dar destaque aos momentos que merecem ser lidos com mais ênfase ou suspense, como as complicações do enredo e o clímax;
   - adequá-la à fala de cada personagem, caso o conto apresente discurso direto.

Revisão da leitura

▶ **Em dupla.** Reúna-se com um colega para revisar e trocar impressões sobre suas interpretações. Um deve escutar e avaliar a leitura do outro, dando sugestões de melhoria. Depois, conversem e façam ajustes até já estarem prontos para gravar em áudio os textos de vocês.

Gravação

1▶ No dia e horário combinados, você vai ser o locutor/narrador, lendo o seu conto, enquanto o professor será o técnico de gravação, realizando a captação do áudio. Respire fundo antes de iniciar a gravação e procure ficar tranquilo.

2▶ Anuncie o título do conto e informe o seu nome como autor; aguarde o sinal do professor para dar início à leitura.

3▶ O aluno responsável pela leitura do texto introdutório do *audiobook* deve, no momento indicado pelo professor, ler o título da antologia de contos populares e falar o nome da turma responsável pela autoria da obra.

Finalização

1▶ Após gravar as leituras, o professor reunirá em um só arquivo ou mídia digital todos os áudios obtidos, ordenando-os de acordo com o sumário da antologia.

2▶ Combine com a turma e com o professor um dia para ouvir em primeira mão o *audiobook* e desfrutem o prazer de ouvir as reproduções dos contos populares da turma.

Divulgação/Circulação

▶ Com o professor e os colegas, decidam como vão divulgar o *audiobook* produzido. É possível publicá-lo no *blog* da escola ou mesmo gravá-lo em CD de áudio, fazendo cópias e distribuindo-as a familiares e outros alunos da escola. O importante é proporcionar o maior acesso possível ao *audiobook* de contos populares da turma!

> **! Atenção**
> É importante estudar bem o texto para não ter problemas na leitura, fazendo a narração sem interrupções, e evitar muitas edições no áudio.

Autoavaliação

Chegou o momento de fazer um balanço de tudo o que foi estudado na Unidade 1. Leia o quadro de conteúdos para recordar o que estudou e, no caderno, avalie seu desempenho usando os tópicos propostos a seguir como orientação. Isso ajudará você na hora de organizar seus estudos.

Meu desempenho

- **Compreendi bem** (registre no caderno os itens que você compreendeu)
- **Avancei em** (registre no caderno os itens em que você melhorou)
- **Preciso rever** (registre no caderno os itens que você precisa estudar mais)
- **Outras observações e/ou outras atividades**

	UNIDADE 1
Gênero Conto popular	**LEITURA E INTERPRETAÇÃO** • Leitura do conto popular "História de Trancoso", de Joel Rufino dos Santos • Identificação dos elementos e dos momentos da narrativa de Joel Rufino dos Santos • Identificação e utilização do discurso direto na narrativa **PRODUÇÃO** **Oral** • Reconto de conto popular • Dramatização de conto popular • Interatividade: produção de *audiobook* **Escrita** • Reprodução de conto popular para antologia da classe
Ampliação de leitura	**CONEXÕES** • Conto em versos e cordel • Outras linguagens: Xilogravuras de cordel • Letra de música **OUTROS TEXTOS DO MESMO GÊNERO** • "Por que o morcego só voa de noite", Rogério Andrade Barbosa • "O sapo dentro de um saco", Marcos Mairton
Língua: usos e reflexão	• Variedades linguísticas • Desafios da língua: ortografia – conceito e história
Participação em atividades	• Orais • Coletivas • Em grupo

52

UNIDADE 2

Narrativas da vida cotidiana

Muitas vezes, é possível imaginar uma história a partir de um fato do dia a dia. Qual das cenas retratadas você acha que daria uma boa história? Por quê? Alguma dessas situações poderia inspirar uma história engraçada? Por quê?

Nesta unidade você vai:

- ler e interpretar crônicas;
- identificar os elementos da narrativa e a estrutura de uma crônica;
- identificar marcas de oralidade e variedade regional na escrita;
- escrever uma crônica;
- identificar e empregar frases verbais e nominais;
- identificar a organização da oração em torno de núcleo verbal;
- diferenciar período simples de período composto;
- identificar os elementos que separam as orações em período composto por coordenação;
- refletir sobre a relação entre sons e letras.

CRÔNICA

Nesta unidade você vai ler uma crônica construída com base em um fato bastante comum do cotidiano: em um estabelecimento comercial, um homem pede um café com leite e começa uma conversa descontraída com o dono do lugar.

Sobre que assuntos você imagina que eles conversam? Por que será que essa conversa inspirou a escrita de uma crônica? Leia para descobrir.

Leitura

Conversinha mineira
Fernando Sabino

— É bom mesmo o cafezinho daqui, meu amigo?
— Sei dizer não senhor: não tomo café.
— Você é dono do café, não sabe dizer?
— Ninguém tem reclamado dele não senhor.
5 — Então me dá café com leite, pão e manteiga.
— Café com leite só se for sem leite.
— Não tem leite?
— Hoje, não senhor.
— Por que *hoje* não?
10 — Porque hoje o leiteiro não veio.
— Ontem ele veio?
— Ontem não.
— Quando é que ele vem?
— Tem dia certo não senhor. Às vezes vem, às vezes não vem. Só que no dia que devia vir em geral não vem.
15 — Mas ali fora está escrito "Leiteria"!
— Ah, isto está sim senhor.
— Quando é que tem leite?
— Quando o leiteiro vem.
— Tem ali um sujeito comendo coalhada. É feita de quê?
20 — O quê: coalhada? Então o senhor não sabe de que é feita a coalhada?
— Está bem, você ganhou. Me traz um café com leite *sem* leite. Escuta uma coisa: como é que vai indo a política aqui na sua cidade?

—Sei dizer não senhor: eu não sou daqui.

—E há quanto tempo o senhor mora aqui?

—Vai para uns quinze anos. Isto é, não posso agarantir com certeza: um pouco mais, um pouco menos.

25 —Já dava para saber como vai indo a situação, não acha?

—Ah, o senhor fala a situação? Dizem que vai bem.

—Para que Partido?

—Para todos os Partidos, parece.

—Eu gostaria de saber quem é que vai ganhar a eleição aqui.

30 —Eu também gostaria. Uns falam que é um, outros falam que outro. Nessa mexida...

—E o Prefeito?

—Que é que tem o Prefeito?

—Que tal é o Prefeito daqui?

—O Prefeito? É tal e qual eles falam dele.

35 —Que é que falam dele?

—Dele? Uai, esse trem todo que falam de tudo quanto é Prefeito.

—Você, certamente, já tem candidato.

—Que, eu? Estou esperando as plataformas.

—Mas tem ali o retrato de um candidato dependurado na parede, que história é essa?

40 —Aonde, ali? Ué, gente: penduraram isso aí...

SABINO, Fernando. *Crônicas 5*. São Paulo: Ática, 2011. p. 29-30. (Coleção Para Gostar de Ler).

Fernando Tavares Sabino nasceu em Belo Horizonte (MG), em 1923, e faleceu em 2004, no Rio de Janeiro (RJ). Cronista, contista e romancista, teve seus textos publicados em diversos jornais do Brasil. Atuou também como editor de livros e como cineasta, produzindo uma série de documentários sobre escritores brasileiros, que foi lançada em 2006 como uma coletânea de curtas em DVD.

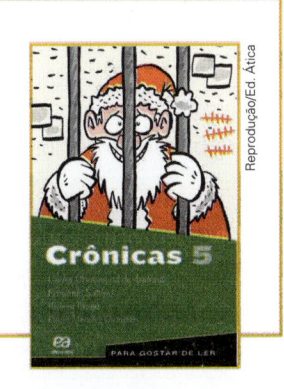

Interpretação do texto

Compreensão inicial

1. A crônica que você leu é construída pela conversa entre duas pessoas: um cliente e o dono do café de uma cidade. Responda às questões a seguir no caderno.
   a) Onde acontece essa conversa?
   b) Como é possível saber que um dos personagens é visitante no lugar?
   c) Em que trecho é possível saber que o outro é o dono do lugar onde a conversa acontece?

2. Nesse diálogo, os dois interlocutores, isto é, os dois participantes da conversa, interagem de formas diferentes. Qual deles:
   a) é o que faz muitas perguntas?
   b) trata o outro amigavelmente por "você"?
   c) trata o outro com cerimônia, usando "senhor"?
   d) fica impaciente durante a conversa?
   e) muda o assunto da conversa?
   f) não é receptivo com o outro?

3. Qual é o fato que provoca o descontentamento do cliente? Copie no caderno a frase dita pelo cliente quando desiste de conversar sobre esse fato.

4. Na primeira metade da crônica o assunto do diálogo são os produtos oferecidos no estabelecimento. Qual é o assunto que predomina na segunda metade da conversa?

5. Para não responder a uma das perguntas, o dono do café fala:

   > — Sei dizer não senhor: eu não sou daqui.

   Esse argumento não é aceito pelo cliente. Por quê?

6. Releia as respostas dadas pelo dono do café às perguntas sobre:
   - o tempo em que mora na cidade:

   > — Vai para uns quinze anos. Isto é, não posso agarantir com certeza: um pouco mais, um pouco menos.

   - a situação política:

   > — Dizem que vai bem.

   - quem vai ganhar a eleição:

   > — Uns falam que é um, outros falam que outro.

   - o prefeito da cidade:

   > — É tal e qual falam dele.

   - o que falam do prefeito:

   > — Uai, esse trem todo que falam de tudo quanto é Prefeito.

Assinale a(s) alternativa(s) que melhor explica(m) os tipos de resposta dados pelo dono do café.

a) Ele responde com clareza e precisão a todas as perguntas.

b) Ele não sabe responder a nenhuma das perguntas.

c) Ele responde de modo vago e impreciso.

d) Ele responde sem pensar no que foi perguntado.

7▸ O título da crônica é "Conversinha mineira". Que elementos do texto justificam a escolha desse título?

8▸ Você já viu que a crônica explora fatos e acontecimentos do dia a dia. Que fato do cotidiano é explorado por essa crônica?

Linguagem e construção do texto

A crônica que você leu tem uma estrutura diferente do conto da Unidade 1, mas é possível identificar nela alguns elementos da narrativa. Vamos ver?

1▸ Identifique os seguintes elementos da crônica e registre-os no caderno.

a) Personagens.

b) Espaço ou o lugar em que os fatos acontecem.

c) Tempo.

2▸ Na crônica os nomes dos personagens não são revelados. Como é possível identificar cada um deles no texto?

3▸ Ao ler a crônica, é possível ter uma localização mais ampla do lugar em que se passa o fato narrado.

a) Em que cidade a conversa acontece?

b) Como é possível saber essa localização?

4▸ No conto que você leu na Unidade 1, há um narrador que conta a história. Releia o início do conto:

> Era uma vez um fazendeiro podre de rico, que viajava solitário.
> — Ah, quem me dera encontrar por aí um companheiro de estrada...

a) E na crônica lida nesta unidade, há a participação de um narrador?

b) Como o leitor sabe o que acontece na crônica?

5▸ Releia a crônica e observe que ela pode ser dividida em duas partes conforme o assunto da conversa: a conversa inicial sobre os produtos da leiteria e a conversa final sobre política. Depois, copie os trechos que indicam:

- o início e o final da primeira parte;
- o início e o final da segunda parte.

6▸ Que sinal de pontuação é usado para indicar as falas dos personagens no texto?

Variedade regional e marcas de oralidade no texto

As crônicas costumam circular em jornais e revistas, na internet (*sites*, *blogs* e redes sociais) e em coletâneas publicadas em livros. Grande parte das crônicas é de narrativas de ficção, inspiradas em fatos e situações do cotidiano. Por isso, geralmente, são escritas em linguagem leve, mais espontânea e podem apresentar características relacionadas à fala.

Nessa crônica, que traz uma conversa entre dois personagens, é possível perceber algumas marcas de oralidade e expressões próprias de um falar regional.

1▸ Releia estes trechos da crônica:

— Sei dizer não senhor [...].

— Tem dia certo não senhor [...].

O que você observou nessas falas?

2▸ Encontre no texto e copie no caderno um exemplo de frase ou expressão que pode ser considerada própria do modo de falar da região de Minas Gerais, como indica o título da crônica.

3▸ Releia estas falas do cliente e observe as palavras destacadas:

— É bom mesmo **o cafezinho** daqui, **meu amigo**?

— **Você** é o dono do café, não sabe dizer?

Qual é a provável intenção do cliente ao usar o diminutivo *cafezinho* e as formas de tratamento *meu amigo* e *você*?

4▸ Releia este trecho da crônica e observe a palavra que está destacada em *itálico* no texto:

— Não tem leite?
— Hoje, não senhor.
— Por que *hoje* não?
— Porque hoje o leiteiro não veio.

a) O que esse destaque indica?
b) Identifique na crônica outro trecho em que é usado esse mesmo destaque.

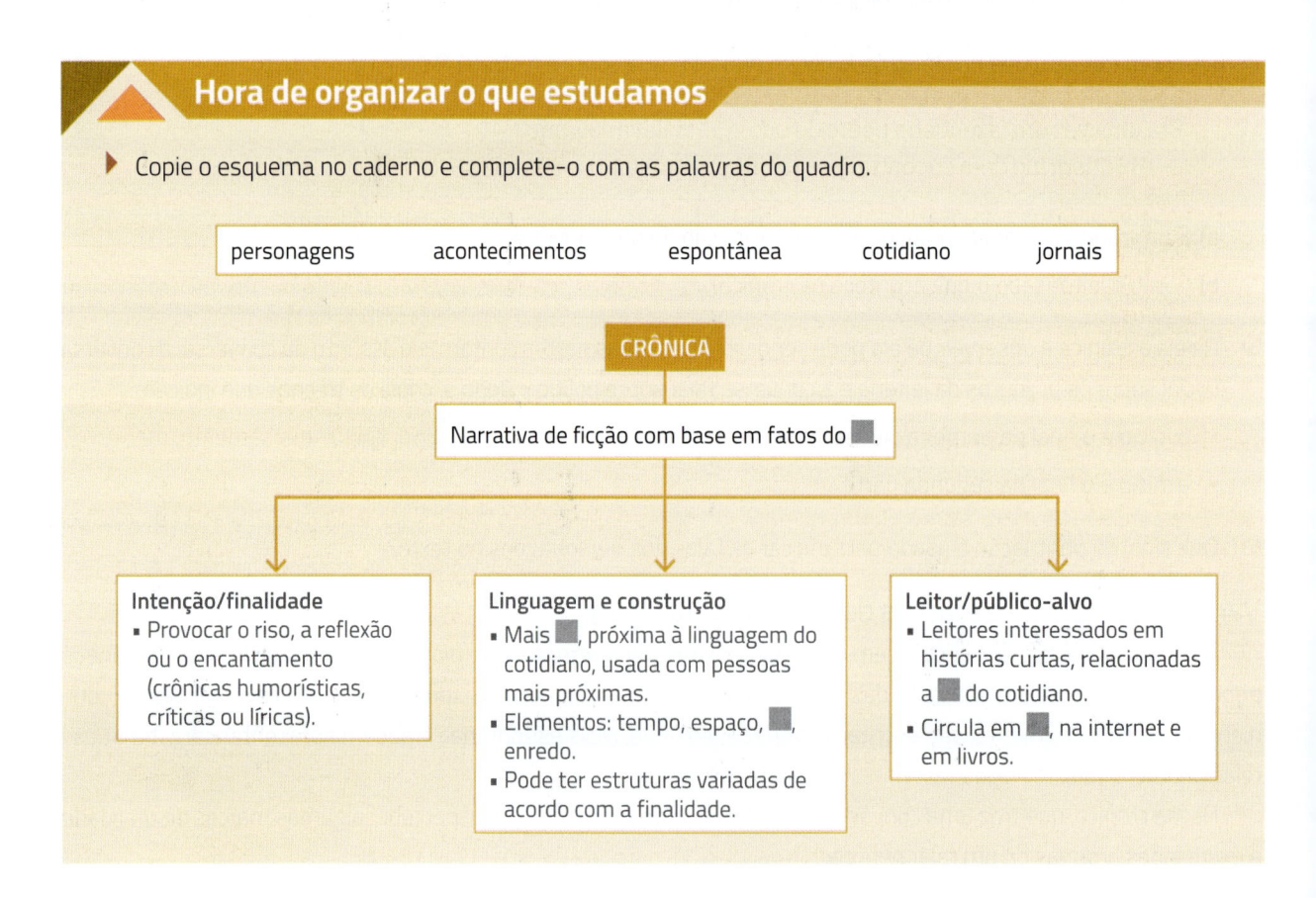

Hora de organizar o que estudamos

▸ Copie o esquema no caderno e complete-o com as palavras do quadro.

| personagens | acontecimentos | espontânea | cotidiano | jornais |

CRÔNICA

Narrativa de ficção com base em fatos do ▇.

Intenção/finalidade
- Provocar o riso, a reflexão ou o encantamento (crônicas humorísticas, críticas ou líricas).

Linguagem e construção
- Mais ▇, próxima à linguagem do cotidiano, usada com pessoas mais próximas.
- Elementos: tempo, espaço, ▇, enredo.
- Pode ter estruturas variadas de acordo com a finalidade.

Leitor/público-alvo
- Leitores interessados em histórias curtas, relacionadas a ▇ do cotidiano.
- Circula em ▇, na internet e em livros.

Prática de oralidade

Conversa em jogo

Conversar é sempre uma forma fácil de comunicação?

1▸ Releia este trecho:

> — E o Prefeito?
> — Que é que tem o Prefeito?
> — Que tal é o Prefeito daqui?
> — O Prefeito? É tal e qual eles falam dele.
> — Que é que falam dele?
> — Dele? Uai, esse trem todo que falam de tudo quanto é Prefeito.

Converse com os colegas sobre as seguintes questões: Houve comunicação nesse trecho? As perguntas foram claras? E as respostas foram claras? Houve um clima amistoso entre os dois?

2▸ Você já vivenciou um problema de comunicação semelhante? Conte como foi e ouça o que os colegas têm para contar.

Leitura expressiva

A crônica em forma de diálogo apresenta a história diretamente, sem a mediação de um narrador. Assim, ao ler o texto, é quase possível visualizar a cena representada pelos personagens. Agora, vocês vão fazer uma leitura expressiva da crônica "Conversinha mineira" para apresentar aos colegas da turma.

▸▸ **Preparação**

1▸ **Em dupla.** Converse com um colega e decidam quem vai fazer os papéis do cliente e do dono do café.

2▸ Se acharem necessário, copiem o texto no caderno e marquem as falas de cada personagem.

3▸ Nessa crônica há apenas as falas dos personagens; por isso, a fala é o que caracteriza cada um e expressa os sentimentos e as emoções que eles têm durante a conversa. Lembrem-se de que:
- o cliente está disposto a conversar, mas se irrita no decorrer da conversa;
- o dono do café responde de modo vago e sem clareza, desviando-se das perguntas feitas pelo cliente.

▸▸ **Ensaio**

1▸ Façam uma primeira leitura alternando as vozes dos personagens e observem os recursos usados no texto para indicar expressividade e entonação nas falas, por exemplo:
- ponto de interrogação para indicar entonação de pergunta;
- ponto de exclamação para indicar entonação de surpresa, espanto, indignação, etc.;
- reticências para indicar suspensão da frase, expressando hesitação, interrupção do pensamento, etc.;
- destaques de palavra para indicar mudanças na entonação da voz.

2▸ Ensaiem a leitura expressiva algumas vezes, prestando atenção ao tom de voz adequado para ser ouvido pela turma, à pronúncia clara das palavras e ao modo de falar de cada personagem.

3▸ Façam os ajustes que acharem necessários.

▸▸ **Apresentação e avaliação**

1▸ Façam a leitura caprichando na expressividade que deve ser dada à fala dos personagens. Durante a leitura, observem também a postura corporal e como estão se direcionando ao público.

2▸ Escutem as apresentações dos colegas com atenção.

3▸ Ao final, conversem sobre o desempenho de cada dupla, avaliando os seguintes aspectos: clareza, modo de falar dos personagens, expressividade da leitura, postura corporal e entonação de voz.

CONEXÕES ENTRE TEXTOS, ENTRE CONHECIMENTOS

Outras linguagens: Fotografia em reportagem

Na crônica que você leu, o dono de uma leiteria não se dispõe muito a conversar com o cliente.

Você conhece alguma leiteria? Já ouviu falar desse tipo de estabelecimento? Veja a seguir a foto, que foi publicada em uma reportagem de jornal, de um chefe de uma leiteria de verdade.

José Gomes trabalha há décadas em uma leiteria tradicional no Rio de Janeiro, 2014.

1 ▸ Como o próprio nome indica, leiteria é um estabelecimento comercial que tem como especialidade a venda de produtos derivados de leite. Em sua região há alguma leiteria?

2 ▸ Observe os seguintes aspectos na fotografia:
- a posição da pessoa fotografada;
- seu uniforme;
- a expressão do seu rosto.

a) Que impressão você tem ao observar essa foto?
b) É possível ver alguma semelhança com o personagem da crônica? Justifique.

3 ▸ O que motivou a reportagem sobre a leiteria acima foi o fato de que, pela sua história, ela poderá tornar-se um patrimônio cultural da cidade em que está localizada. E na sua região? Existe algum local com essas características? Que tenha uma história e que possa ser considerado um patrimônio cultural da cidade? Converse com o professor e com os colegas sobre isso.

Um pouco da história das crônicas

A origem da palavra *crônica* vem de **Cronos**, o deus grego do tempo. As crônicas, de forma geral, têm uma relação com fatos que ocorreram em determinado momento. Esse gênero textual, que existe desde tempos muito antigos, foi se transformando.

Originalmente, as crônicas relatavam fatos históricos ou sobre personalidades importantes. Na época da colonização do Brasil, por exemplo, diversos acontecimentos históricos foram registrados em textos conhecidos hoje como crônicas de viagem.

Mais tarde, o jornal foi um importante meio de circulação das crônicas. Os escritores escreviam sobre as notícias da semana, tratando de assuntos sérios, de um modo simples, em uma linguagem mais descontraída.

Hoje em dia, há muitos cronistas que publicam suas crônicas em jornais, *sites*, revistas, *blogs*, registrando acontecimentos do cotidiano, às vezes dando um colorido de ficção.

O jeito mineiro de falar

Releia esta fala da crônica "Conversinha mineira":

— Uai, esse trem todo que falam de tudo quanto é Prefeito.

Muitos pesquisadores estudam o modo de falar de pessoas de diferentes lugares do Brasil. Eles buscam explicações sobre a origem de palavras e expressões, pronúncias e usos da língua. Leia o texto a seguir sobre uma palavra muito usada em Minas Gerais.

Sou mineiro, uai!
Henrique Caldeira Costa

Minas Gerais é assim: na roça ou na cidade, homem ou mulher, adulto ou criança, todo mundo fala "uai". Essa palavrinha com três vogais é usada pelos mineiros nas mais diversas situações: para expressar dúvida, espanto, surpresa e praticamente qualquer outro sentimento. A origem do "uai" é misteriosa e cheia de histórias. Uma delas diz que essa era uma senha usada pelos inconfidentes no século XVIII, significando "União, Amor e Independência". Mas há quem diga que, na verdade, o "uai" surgiu em regiões onde ingleses trabalhavam na mineração. Na língua deles, "por quê?" se diz "why?", cuja pronúncia é "uai?". De tanto ouvir os gringos, mas sem entender o que eles diziam, o povo passou a imitá-los. Uai, será?

Há ainda outros contos sobre a origem dessa palavra tão típica de Minas Gerais, mas ninguém sabe qual é a versão correta. É um caso complicado, sô!

[...]

> **inconfidente:** aquele que participou do processo histórico conhecido como Inconfidência Mineira, ocorrido no Brasil no século XVIII.

COSTA, Henrique Caldeira.
Ciência Hoje das Crianças. Disponível em:
<http://chc.org.br/coluna/sou-mineiro-uai/>.
Acesso em: 10 set. 2018.

▶ Onde você mora existe alguma palavra ou expressão característica da região?

Língua: usos e reflexão

Frases

Quando nos comunicamos, podemos organizar em **frases** o que queremos expressar. Observe:

Grupo 1 (Trechos do texto "Conversinha mineira")

a) "— Você é dono do café."

b) "— Está bem, você ganhou."

c) "— Quando é que tem leite?"

Grupo 2

a) Menino o seu vai lavar carro

b) retrato carinho foi

c) conheceu

No grupo 1, os enunciados comunicam uma ideia com sentido, por isso são chamados de **frases**.

No grupo 2, não podemos dizer que os enunciados são frases, pois da forma como estão, sem um contexto, sem saber as intenções de quem os produziu, não têm sentido e, portanto, não podemos dizer que comunicam alguma ideia.

1 Comparando os dois grupos, que características do grupo 1 contribuem para dar sentido ao que está escrito?

2 Nos textos **em prosa**, é comum um mesmo parágrafo conter mais de uma frase. Observe:

> — Está bem, você ganhou. Me traz um café com leite *sem* leite. Escuta uma coisa: como é que vai indo a política aqui na sua cidade?

Observe as cores no trecho acima. Cada cor indica uma frase. Nesse trecho há três frases. O que marca o início e o fim de cada frase nesse trecho?

3 Releia este trecho da crônica:

> — Tem ali um sujeito comendo coalhada. É feita de quê?

a) Quantas frases há nesse trecho?

b) Que critério você utilizou para contar o número de frases?

4 E o parágrafo a seguir, quantas frases tem?

> — Eu também gostaria. Uns falam que é um, outros falam que outro. Nessa mexida...

> **Frase** é uma unidade de comunicação, isto é, um enunciado que tem sentido completo. Uma frase expressa uma ideia, com a intenção de comunicar algo, em determinada situação. Na fala, o começo e o fim de uma frase são marcados pelo sentido e pela entonação; na escrita, a frase pode ser marcada pela letra inicial maiúscula, pela pontuação final e também pelo sentido.

UNIDADE 2 • Narrativas da vida cotidiana

Tipos de frase

Pontuação, expressividade e entonação da voz

Para reconhecer a frase no texto escrito é preciso considerar:

- o sentido expresso;
- a letra maiúscula no início da frase;
- o sinal de pontuação no fim da frase.

Na escrita, os sinais de pontuação são muito importantes para construir os sentidos de uma frase. Recorde os sinais de pontuação que podem ser empregados no final das frases:

- (.) **ponto final**: para marcar frases declarativas, afirmativas ou negativas;
- (?) **ponto de interrogação**: para marcar perguntas (frases interrogativas diretas);
- (!) **ponto de exclamação**: para marcar frases que expressam surpresa, espanto, admiração, medo, ordem, pedido, etc.;
- (...) **reticências**: para indicar interrupção de pensamento, hesitação ou dúvida.

E nas frases que são faladas, o que marca o final de uma ideia? Ou o que mostra a intenção de afirmar, de perguntar, de exclamar?

Para responder a essas questões, vamos considerar, por exemplo, uma piada.

A **piada** é uma pequena narrativa que tem a intenção de nos fazer rir.

Para tornar a piada engraçada, é preciso contá-la com bastante expressividade. Por isso, vamos treinar um pouco a entonação das frases.

1▸ Leia silenciosamente e com bastante atenção a piada a seguir. Depois, treine uma forma de contá-la, sem ler, a seus amigos e familiares para fazê-los rir bastante. Para isso:

a) observe o sentido das frases;

b) verifique a pontuação do texto;

c) imagine como as frases poderiam ser faladas para expressar dúvida, expectativa, espanto, indignação ou revolta.

Um homem pede um frango em um restaurante de beira de estrada e logo depois chama o garçom para reclamar:

— Este frango está malpassado!

E o garçom:

— Mas como você sabe, se nem encostou nele?

— É que ele comeu todo o milho da minha salada!

TADEU, Paulo. *Proibido para maiores*. São Paulo: Matrix, 2007. p. 38.

2▸ **Em dupla.** Os componentes das duplas devem ensaiar para contar a piada, cada um representando um papel, o do garçom e o do cliente. As duplas que quiserem podem se apresentar para a turma. Avaliem qual das formas de contar tornou a piada mais engraçada.

3▸ Depois de ouvir as piadas contadas por alguns colegas, responda:

   a) Todas as formas de contar foram iguais?

   b) O que se alterou de uma para outra?

4▸ Imagine que algumas pessoas estivessem presenciando a cena da piada e que tivessem reações diferentes diante do que aconteceu. Leia as frases abaixo em voz alta, com entonação e expressividade apropriadas de acordo com os sentidos indicados nos parênteses.

   a) — Este frango está malpassado! (com nojo)

   b) — Este frango está malpassado! (com indignação e raiva)

   c) — Este frango está malpassado! (com pena)

Em seguida, repita a leitura expressiva das frases em voz alta e observe que, ao ler, você deverá baixar ou elevar a voz e dar destaque a algumas palavras para imprimir à fala a intenção ou a emoção indicada. São mudanças na voz para expressar cada intenção ou emoção. A isso chamamos **entonação** ou **entoação de voz**.

Como desafio, alguns alunos fazem uma apresentação para os demais. A turma deve analisar como cada um realizou a tarefa.

> **Entonação** ou **entoação de voz** são as mudanças no tom da voz com expressividade diferentes, que indicam a intenção ou a emoção de quem fala. Na língua oral, o que marca o início e o fim das frases é, principalmente, a entoação. Cada tipo de frase tem uma entoação característica, além de pausas ou silêncios.

5▸ Observe as frases da atividade 4 novamente e responda:

   a) Que sinal de pontuação foi usado nas frases?

   b) A pontuação da escrita interferiu na leitura oral expressiva das frases?

   c) Ao mudar a intenção e, consequentemente, a entonação de cada uma das frases, pode-se afirmar que elas mudam de sentido?

Vários tipos de frase podem ser formados de acordo com a intenção do falante. Cada uma dessas frases pode ter entonações diferentes.

Veja alguns exemplos no quadro a seguir.

Tipos de frase

- **Declarativa**: utilizada para afirmar (afirmativa) ou negar (negativa) alguma coisa:
  — É que ele comeu todo o milho da minha salada. (afirmativa)
  — Esse frango não está bom. (negativa)

- **Interrogativa**: utilizada quando se faz uma pergunta:
  — Mas como você sabe, se nem encostou nele?

- **Exclamativa**: pode expressar diferentes emoções, como alegria, admiração, medo, espanto:
  — Este frango está malpassado!

- **Imperativa**: indica ordem, pedido, conselho:
  — Troque o frango, por favor!

- **Optativa**: é utilizada para expressar desejo:
  — Espero que desta vez o frango esteja bem passado.

Frases verbais e frases nominais

A piada que você vai ler a seguir está sem pontuação. Ao ler, tente imaginar a provável entonação que seria dada por uma pessoa ao contar essa piada.

▸ Copie a piada no caderno pontuando as frases de acordo com o sentido do texto.

Catarata fatal

Cê tá sabendo que o Belarmino morreu
Morreu de quê homi
Catarata
Mas catarata num mata
É que empurraram ele

ALMANAQUE Brasil de Cultura Popular
(Almanaque de bordo TAM),
ano 5, n. 50, maio 2003, p. 34.

catarata: problema visual em que há perda de transparência do cristalino, diminuindo a visão; queda-d'água, cascata, cachoeira.

Releia alguns trechos da piada.

— Cê **tá sabendo** que o Belarmino **morreu**?
— **Morreu** de quê homi?

Nessas frases, os termos destacados são **verbos**.

As frases organizadas com verbos são chamadas de **frases verbais**.

Releia este outro trecho da piada:

— Catarata!

Essa frase está organizada apenas com o substantivo *catarata* e um ponto de exclamação. Não apresenta verbo.

As frases organizadas sem verbo são chamadas de **frases nominais**.

Se a palavra *catarata* fosse escrita isoladamente, sem um contexto, sem pontuação, não teria um sentido claro, não seria uma unidade com sentido completo. Portanto, não poderia ser considerada uma frase. Porém, no texto lido, essa palavra tem sentido completo, pois responde à pergunta feita anteriormente no diálogo entre os personagens.

As **frases nominais**, na maior parte das vezes em que ocorrem, só podem ser bem compreendidas porque conhecemos a **situação** em que estão inseridas.

Hora de organizar o que estudamos

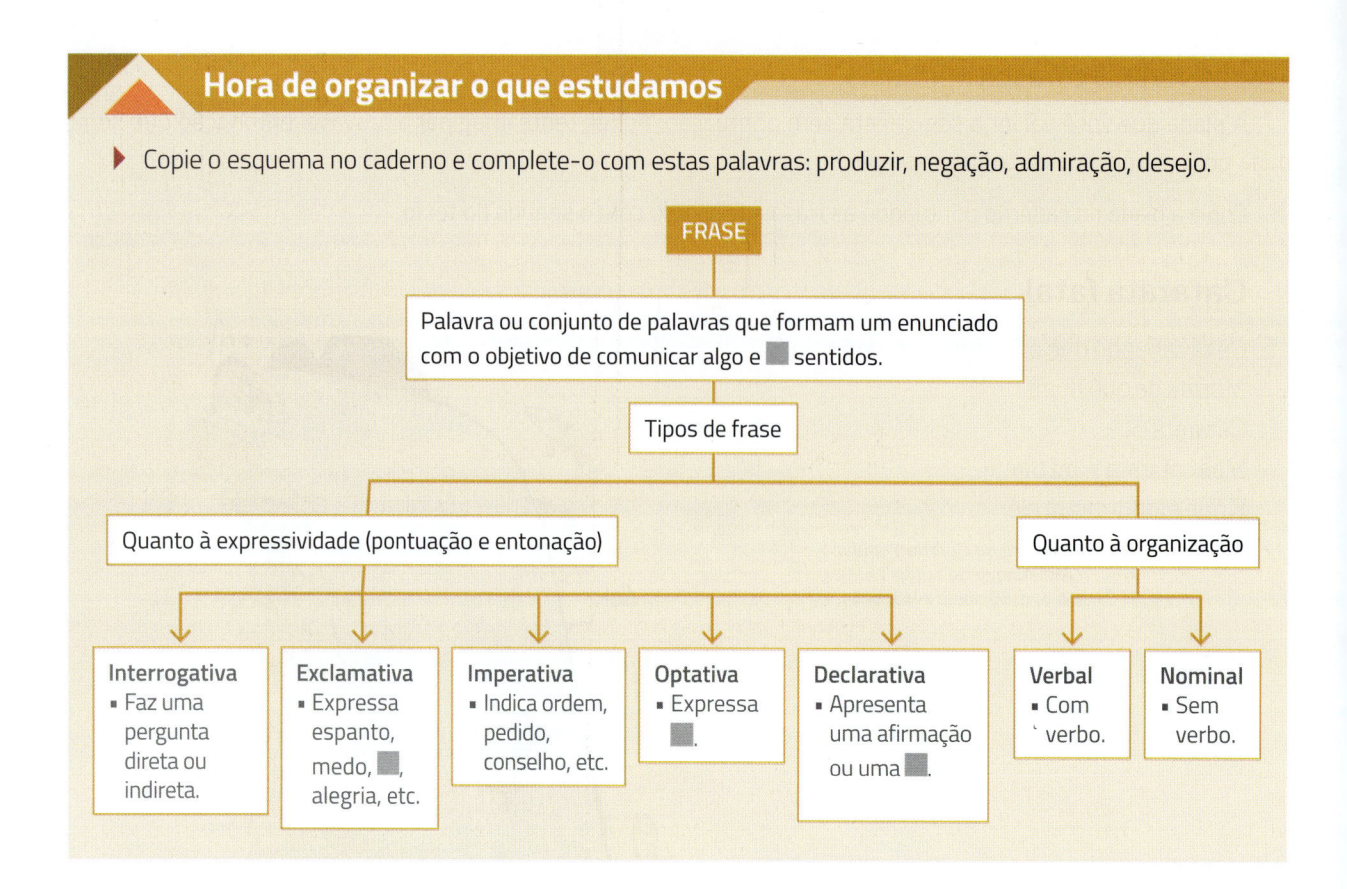

▶ Copie o esquema no caderno e complete-o com estas palavras: produzir, negação, admiração, desejo.

FRASE

Palavra ou conjunto de palavras que formam um enunciado com o objetivo de comunicar algo e ■ sentidos.

Tipos de frase

Quanto à expressividade (pontuação e entonação)

- **Interrogativa**
  - Faz uma pergunta direta ou indireta.
- **Exclamativa**
  - Expressa espanto, medo, ■, alegria, etc.
- **Imperativa**
  - Indica ordem, pedido, conselho, etc.
- **Optativa**
  - Expressa ■.
- **Declarativa**
  - Apresenta uma afirmação ou uma ■.

Quanto à organização

- **Verbal**
  - Com verbo.
- **Nominal**
  - Sem verbo.

Atividades: pontuação e entonação

1▶ Leia a história em quadrinhos a seguir.

BROWNE, Dik. Hagar. *Folha de S.Paulo*. São Paulo, 28 mar. 2004, p. E11.

Os quadrinhos apresentam um diálogo entre os personagens Hagar e sua esposa Helga. Para se comunicarem, os personagens utilizam frases de diferentes tipos, com variadas intenções.

a) **Em dupla.** Façam a leitura dramatizada dos quadrinhos.
- Observem a pontuação: ponto-final, exclamação, interrogação e reticências; e também o tamanho e o tipo de letra usados.
- Pensem na entonação que pode ser dada às falas.
- Algumas duplas podem apresentar a leitura dramatizada para a turma.

b) Nos quadrinhos de Hagar há várias frases com ponto de exclamação. Copie no caderno as frases em que o ponto de exclamação indica surpresa ou espanto.

c) Nas outras frases dos quadrinhos o ponto de exclamação indica:
- susto.
- surpresa.
- exaltação.
- admiração.

d) A história divide-se em nove quadrinhos. No oitavo, os personagens conversam:

> — Ei... e eu?
> — Você, não.

- A que os personagens se referem nessas frases?
- Em que você se baseou para dar sua resposta?
- Como você reescreveria esse diálogo deixando claro a que os personagens estão se referindo?
- Ao reescrever as frases, você precisou usar um verbo para completar o sentido das falas. Que verbo foi esse?

e) Observe que a personagem Helga se expressa por frases nominais curtas e com ponto-final. Relacione essas frases com a expressão do rosto de Helga. Qual das palavras abaixo indica o sentimento que as frases de Helga expressam?

| raiva | indiferença | decepção | tristeza |

- No caderno, explique sua escolha.

f) Converse com os colegas sobre as seguintes questões:
- Uma das frases da HQ corresponde ao pensamento de Hagar. Que frase é essa?
- O final da história em quadrinhos confirma esse pensamento de Hagar? Por quê?
- O que provoca o humor da história em quadrinhos?

Frase, oração e período

Você estudou que a frase pode ser formada por uma palavra ou por um grupo de palavras. Leia a tirinha.

GONSALES, Fernando. Disponível em: <http://www1.folha.uol.com.br/fsp/quadrin/f31005200506.htm>. Acesso em: 25 maio 2018.

1▸ O que a personagem acha estranho e que provoca o humor da tirinha?

2▸ Cada uma das falas dos balões forma uma frase. Escreva as frases nominais dos quadrinhos, isto é, aquelas que não têm verbos.

Agora, releia a frase:

Escondi meus doces na caixinha de música, mas eles **sumiram**.
↓   ↓
verbo   verbo

Nesta frase, temos dois verbos, portanto **duas orações**.

> **Oração** é um conjunto de palavras com sentido, em que há, necessariamente, a presença do verbo. Cada oração é formada por um verbo ou por uma locução verbal.

Portanto:
"Droga!" ⟶ É uma frase (não é oração).
"Estranho!" ⟶ É uma frase (não é oração).
"**Escondi** meus doces na caixinha de música, mas eles **sumiram**." ⟶ É uma frase com duas orações.

3▸ Leia esta outra tirinha:

GONSALES, Fernando. Disponível em: <http://tc.batepapo.uol.com.br/convidados/arquivo/quadrinhos-e-humor/fernando-gonzales-cartunista.jhtm>. Acesso em: 25 maio 2018.

a) O que provoca o riso na tirinha?
b) Escreva duas **frases nominais** encontradas nas falas dos quadrinhos, isto é, aquelas que não têm verbos.
c) Identifique os verbos nas frases a seguir e escreva quantas **orações** há em cada uma delas:

| A poção não fez efeito nas pulgas. | Vou beber e dar um susto na turma! |

Leia o quadrinho a seguir:

ANGELI. Disponível em: <http://www1.uol.com.br/criancas/quadri/ozzy3105.gif>. Acesso em: 25 maio 2018.

No balão de fala há três orações:

> **Vai**, Ozzy!! **Deixe** de onda e **tome** toda essa sopa!

Quando uma frase é formada por uma ou mais orações, dizemos que é um **período**.
A frase formada por uma oração é chamada de **período simples** e a frase formada por duas ou mais orações é chamada de **período composto**.

4. Leia esta tirinha de Calvin:

WATTERSON, Bill. Disponível em: <https://revistagalileu.globo.com/Cultura/Livros/noticia/2016/01/20-tirinhas-sobre-paixao-por-livros.html>. Acesso em: 11 set. 2018.

a) De acordo com o sentido da tirinha, o que a leitura de um livro provocou em Calvin?

b) Copie o quadro no caderno e complete as colunas indicando quantas orações há em cada fala da tirinha e se as frases são períodos simples ou compostos. Siga o exemplo.

Frases	Orações	Período
"Eu li este livro que você pegou pra mim."	2	Composto
"E aí, o que achou?"		
"Fico feliz que tenha gostado."		
"Não me traga mais nenhum."		

Período composto por coordenação

1. Leia este trecho de uma reportagem:

Que vergonha!
Contar um segredo para os amigos, apresentar um trabalho em frente à classe, conversar com seus pais sobre uma nota baixa... Tudo isso dá vergonha! Mas fique tranquila: não acontece só com você.

VASCONCELOS, Lucas. Que vergonha! Revista *Recreio Girls*, São Paulo, 30 mar. 2016, p. 60.

a) Quantas frases há no texto?
b) Qual das frases do trecho é um período simples?

2. Releia a frase:

> Contar um segredo para os amigos, apresentar um trabalho em frente à classe, conversar com seus pais sobre uma nota baixa...

a) Copie os verbos dessa frase.
b) Quantas orações há nessa frase?
c) O que separa as orações?
d) Cada oração dessa frase tem um sentido completo?

> Quando as orações de um período têm sentido completo e são independentes entre si, elas formam um **período composto por coordenação**.

Veja como ficaria a ligação entre as orações acrescentando uma palavra de ligação no lugar da última vírgula:

> Contar um segredo para os amigos, apresentar um trabalho em frente à classe **e** conversar com seus pais sobre uma nota baixa...

> Nos períodos compostos por coordenação, as orações podem ser separadas por vírgulas ou por outras palavras de ligação.

3▸ Leia esta outra frase retirada da mesma reportagem:

> O corpo reage: o coração acelera, o estômago se contrai, as glândulas sudoríparas (responsáveis pelo suor) trabalham loucamente, os vasos se dilatam, você fica vermelha.
>
> VASCONCELOS, Lucas. Que vergonha! Revista *Recreio Girls*. São Paulo, 30 mar. 2016, p. 60.

Escreva no caderno o que se pede.
a) Os verbos da frase.
b) A quantidade de orações do período.
c) O sinal que separa as orações.
d) O tipo de período.

4▸ Leia a frase a seguir:

> A leitura é divertida, solta a imaginação, desperta emoções. Seu coração pode bater mais rápido, as mãos suam diante de uma sensação de medo... Leia sempre!

Copie e complete no caderno. Nesse trecho há:
a) ▇ frases.
b) Um período simples: ▇
c) Um período composto por duas orações: ▇.
d) Dois períodos compostos por ▇.

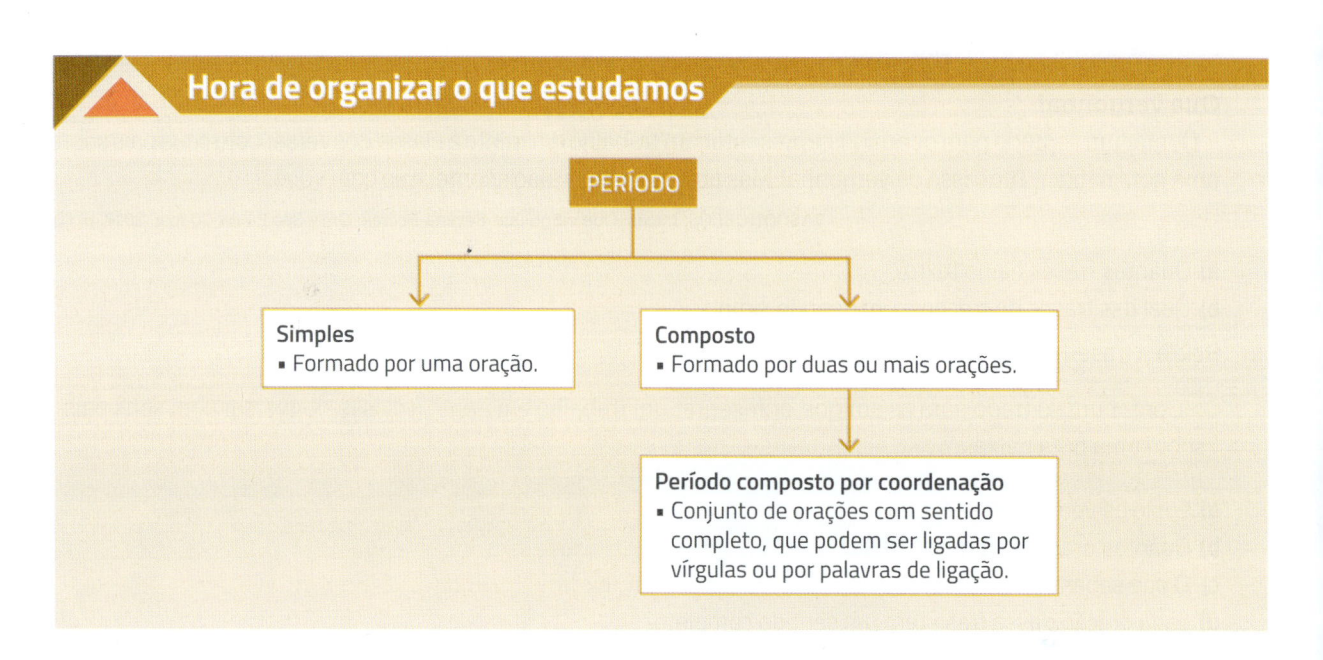

Hora de organizar o que estudamos

PERÍODO

- **Simples**
  - Formado por uma oração.
- **Composto**
  - Formado por duas ou mais orações.
    - **Período composto por coordenação**
      - Conjunto de orações com sentido completo, que podem ser ligadas por vírgulas ou por palavras de ligação.

Desafios da língua

Os sons e as letras

1▶ A letra de canção reproduzida a seguir brinca com os sons das letras. Com a orientação do professor, leiam, em forma de jogral, a letra da canção "As sílabas". Sugestão: Cada grupo de alunos fica responsável por ler o trecho de determinada cor. Tentem perceber a brincadeira que o compositor fez com a sonoridade das palavras. Leiam com bastante ritmo e articulando bem as palavras. Depois, se possível, cantem a canção.

As sílabas
Luiz Tatit

Cantiga diga lá
A dica de cantar
O dom que o canto tem
Que tem que ter se quer encantar

Só que as sílabas se embalam
Como sons que se rebelam
Que se embolam numa fila
E se acumulam numa bola

Tem sílabas contínuas:
Ia indo ao Piauí

Tem sílabas que pulam:
Vox populi

Tem sílaba que escapa
Que despenca

Rola a escada
E no caminho
Só se ouve
Aquele boi-bumbá

Tem sílaba de ar
Que sopra sai o sopro
E o som não sai
Tem sílaba com esse
Não sobe e não desce

Tem sílaba legal
Consoante com vogal
Tem sílaba que leve oscila
E cai como uma luva na canção

TATIT, Luiz. *O meio*. [S.l.]: Dabliu, 2000. 1 CD.

2. Leia a tirinha a seguir sobre os personagens **Davi e Golias**.

> Davi e Golias são personagens de uma história contada na Bíblia, livro considerado sagrado para religiões cristãs. Golias era um gigante invencível que amedrontava as populações da época. Davi, embora pequeno, conseguiu vencer Golias com sua esperteza.

THAVES, Bob. Frank & Ernest. *O Estado de S. Paulo.* São Paulo, 23 dez. 2004.

Qual é o jogo de palavras que produz o humor da tira?

▶ **funda:** arma de arremesso; atiradeira; estilingue.

O jogo de palavras foi possível na tira porque a expressão *a funda* e a palavra *afunda*, embora tenham sentidos diferentes, produzem o mesmo som ao serem pronunciadas.

Um dos primeiros passos para dominar a ortografia e até brincar com ela é compreender os elementos que compõem a palavra: os **sons** e as **letras**.

> Os sons da língua são chamados de **fonemas** e têm várias características: mais graves ou mais altos, mais abertos ou mais fechados, nasais ou orais, surdos ou sonoros. Assim, as palavras de uma língua são compostas de fonemas (sons) e as letras representam esses sons na escrita.

Observe:

casa ⟶ pronuncia-se /k á z a/
4 letras   4 fonemas

chave ⟶ pronuncia-se /x á v e/ ou /x á v i/
5 letras   4 fonemas

fixo ⟶ pronuncia-se /f i k s o/ ou /f i k s u/
4 letras   5 fonemas

cachorro ⟶ pronuncia-se /k a x o r o/ ou /k a x o r u/
8 letras   6 fonemas

A língua portuguesa tem sete **vogais** denominadas **orais**. São chamadas assim pois, ao serem pronunciadas, utilizamos mais a cavidade bucal: /a/, /é/, /ê/, /i/, /ó/, /ô/, /u/. Algumas palavras são escritas com as mesmas letras, mas o som diferente indica sentidos distintos. Observe:

ele (/êle/)	**e**le (/éle/)
(pronome)	(nome da letra)
vov**ô**	vov**ó**

Assim, /é/ e /ê/, /ô/ e /ó/ são vogais com sons diferentes, representadas pelas mesmas letras (**e**, **o**) na escrita.

Há ainda cinco **vogais** chamadas **nasais**. São assim caracterizadas porque, ao serem pronunciadas, utilizamos mais as cavidades nasais: /ã/, /ẽ/, /ĩ/, /õ/, /ũ/. Podem ser representadas na escrita de formas diferentes. Observe:

| lã   canto   campo |

São exemplos de escritas diferentes para a mesma vogal /ã/.

Ao contar as letras e os fonemas, por exemplo, da palavra *campo*, constatamos que há cinco letras e quatro fonemas.

3▸ Agora, pesquise em jornais, revistas ou livros e escreva no caderno:

a) duas palavras que tenham o mesmo número de letras e de fonemas;

b) duas palavras que tenham mais letras do que fonemas;

c) duas palavras que tenham mais fonemas do que letras.

As palavras nem sempre têm a mesma pronúncia, pois isso depende da variedade linguística utilizada pelo falante. Você já pôde observar isso em algumas palavras, como *chave* e *fixo*. Agora, veja mais um exemplo:

| menino ⟶ pode ser pronunciada /**mininu**/, /**menino**/ ou /**meninu**/ |

4▸ Copie estas palavras em seu caderno e escreva o fonema que corresponde às letras destacadas:

a) **s**apato

b) e**x**ame

c) ca**s**amento

d) en**x**ame

5▸ Reescreva a frase a seguir no caderno substituindo o ■ pela palavra correta.

• Na língua portuguesa, algumas letras correspondem ao mesmo ■.

6▸ Leia as palavras a seguir e faça uma lista, no caderno, das formas de se representar, na escrita, o fonema /s/.

| desce   aceita   exceção   passeio   sábado |

7. Leia em voz alta as palavras indicadas a seguir:

ne**x**o	comple**x**o	tó**x**ico	tóra**x**	te**x**to	**x**erife
e**x**ceção	e**x**istir	**x**adrez	trou**x**e	e**x**ame	ma**x**ilar

Em seu caderno, reescreva a frase seguinte substituindo o ■ pelos fonemas corretos.
- A letra **x** pode representar os sons ■.

8. Reescreva no caderno a frase a seguir substituindo o ■ por uma palavra, de modo a formular uma regra de ortografia que você observou com as atividades realizadas.
- Na língua portuguesa, um fonema nem sempre é representado pela mesma ■.

9. Leia em voz alta as frases a seguir:

I. A seca no Sertão nordestino causa fome, **sede** e muitas mortes.

II. A **sede** do Unicef no Nordeste está recolhendo contribuições para ajudar a população prejudicada pela seca.

Qual é a diferença de pronúncia e de sentido entre as palavras destacadas?

10. As palavras analisadas na questão anterior mudam de significado apenas com a troca de um fonema (fechado e aberto). Essa distinção entre som aberto e som fechado pode ocorrer também com o fonema /o/. Para observar isso, leia em voz alta:

I. O bombeiro não pôde alcançar a janela porque as chamas estavam muito grandes.

II. O bombeiro não pode alcançar a janela porque as chamas estão muito grandes.

Que diferença de sentido há entre as duas formas do verbo *poder*?

11. Em dupla. Leia as palavras do quadro em voz alta e ouça a leitura de seu colega. Observe se as palavras foram pronunciadas da mesma forma.

molho (de tomates) molho (verbo *molhar*)	posto (de gasolina) posto (verbo *postar*)
olho (órgão da visão) olho (verbo *olhar*)	toco (de árvore) toco (verbo *tocar*)
poço (cavidade, cisterna) posso (verbo *poder*)	colher (talher) colher (verbo *colher*)

Criem frases com expressões que explorem os sons iguais ou semelhantes de palavras com significados diferentes. Exemplos:
- Não confunda "aquela despensa vazia" com "a dispensa da aula do dia".
- Não confunda "tarefa logo cumprida" com "tarefa longa, comprida".
- Não confunda ■.

12. Em grupo. Vocês já ouviram falas de pessoas de diferentes lugares do Brasil? Já observaram como a pronúncia das palavras pode variar de uma região para outra? Em programas de televisão ou de rádio, filmes, vídeos e áudios, é possível ouvir falantes de diversas regiões do país. Façam uma lista de palavras que são pronunciadas de modo diferente em outras regiões e comparem com a pronúncia dessas palavras no lugar onde vocês vivem. Como vocês representariam na escrita essas pronúncias? Conversem com os colegas dos outros grupos e com o professor.

Outro texto do mesmo gênero

As crônicas, narrativas criadas com base em cenas do cotidiano, conquistam diferentes leitores, iniciantes e experientes. Que tal ler mais uma crônica?

Então comece imaginando a cena: algumas crianças encontram uma máquina incrível! Que máquina seria essa? Imaginou? Agora leia a crônica para descobrir que máquina é essa.

A máquina da Canabrava
Mario Prata

No primeiro dia de aula, a professora de História da Economia, na velha USP da Rua Doutor Vilanova, Alice Canabrava, escreveu no quadro negro o nome de um livro sobre o mercantilismo e disse, seríssima:

— Na próxima aula (dali a uma semana), prova sobre o livro.

Era o estilo dela, que eu já havia enfrentado no exame oral (é, tinha oral) do vestibular para economia em 1967. Me lembro que ela me perguntou qual era a diferença entre uma nau e uma caravela. Na época, eu sabia.

Mas o mundo é pequeno e trinta anos depois vim a descobrir que a Canabrava era tia da minha amiga escritora-arquiteta Lúcia Carvalho. Era tia. Morreu há um mês, já velhinha, aposentada e lúcida. Deixou sua casa — com tudo que tinha lá dentro, incluindo uma genial biblioteca — para a Lúcia.

E a Lúcia acaba de me mandar um *e-mail* que eu transcrevo na íntegra, sobre uma velha máquina da catedrática tia. Vamos lá.

Ouve só. A gente esvaziando a casa da tia neste carnaval. Móvel, roupa de cama, louça, quadro, livro. Aquela confusão, quando ouço dois dos meus filhos me chamarem.

— *Mãe!*

— *Faaala.*

— *A gente achou uma coisa incrível. Se ninguém quiser, pode ficar para a gente? Hein?*

— *Depende. Que é?*

Os dois falavam juntos, animadíssimos.

— *Ééé... Uma máquina, mãe.*

— *É só uma máquina meio velha.*

— *É, mas funciona, está ótima!*

Minha filha interrompeu o irmão mais novo, dando uma explicação melhor.

— Deixa que eu falo: é assim, é uma máquina, tipo um... teclado de computador, sabe só o teclado? Só o lugar que escreve?

— Sei.

— Então. Essa máquina tem assim, tipo... uma impressora, ligada nesse teclado, mas assim, ligada direto. Sem fio. Bem, a gente vai, digita, digita...

Ela ia se animando, os olhos brilhando.

— ... e a máquina imprime direto na folha de papel que a gente coloca ali mesmo! É muuuito legal! Direto, na mesma hora, eu juro!

Eu não sabia o que falar. Eu ju-ro que não sabia o que falar diante de uma explicação dessas, de menina de 12 anos, sobre uma máquina de escrever. Era isso mesmo?

— ... entendeu mãe?... zupt, a gente escreve e imprime, a gente até vê a impressão tipo na hora, e não precisa essa coisa chata de entrar no computador, ligar, esperar hóóóras, entrar no editor de texto, de escrever olhando na tela, mandar para a impressora, esse monte de máquina, de ter que ter até estabilizador, comprar cartucho caro, de nada, mãe! É muuuito legal, e nem precisa colocar na tomada! Funciona sem energia e escreve direto na folha da impressora!

— Nossa, filha...

— ... só tem duas coisas: não dá para trocar a fonte nem aumentar a letra, mas não tem problema. Vem, que a gente vai te mostrar. Vem...

Eu parei e olhei, pasma, a máquina velha. Eles davam pulinhos de alegria.

— Mãe. Será que alguém da família vai querer? Hein? Ah, a gente vai ficar torcendo, torcendo para ninguém querer para a gente poder levar lá para casa, isso é o máximo! O máximo!

Bem, enquanto estou aqui, neste 'teclado', estou ouvindo o plec-plec da tal máquina, que, claro, ninguém da família quis, mas que aqui em casa já deu até briga, de tanto que já foi usada. Está no meio da sala de estar, em lugar nobre, rodeada de folhas e folhas de textos 'impressos na hora' por eles.

Incrível, eles dizem, plec-plec-plec, muito legal, plec-plec-plec.

Eu e o Zé estamos até pensando em comprar outras, uma para cada filho. Mas, pensa bem se não é incrível mesmo para os dias de hoje: sai direto, do teclado para o papel, e sem tomada!

Céus. Que coisa. Um beijo grande, Lúcia.

É, Lúcia, a nossa querida Alice Canabrava, deve estar descansando em paz e rindo muito. E dê uns beijos nos filhos e agradeça a crônica pronta-pronta, plec-plec-plec, que eu ofereço aos meus leitores. E leitoras.

PRATA, Mario. A máquina da Canabrava. Disponível em: <https://marioprata.net/cronicas/a-maquina-da-canabrava/>. Acesso em: 13 jul. 2018.

Converse com os colegas e o professor sobre as questões a seguir.

1▸ Você já sabe que as crônicas podem ter formas variadas. A crônica "Conversinha mineira", que você leu no início da unidade, apresenta um fato do cotidiano por meio de um diálogo. E na crônica "A máquina da Canabrava", que recurso o autor usou para construir a narrativa?

2▸ No último parágrafo do texto, o autor diz à amiga: "E dê uns beijos nos filhos e agradeça a crônica pronta-pronta". Por que ele faz esse agradecimento?

3▸ Por que o fato de as crianças ficarem encantadas com uma máquina de escrever causa estranhamento na mãe delas, levando-a escrever um *e-mail* para seu amigo?

4▸ Você viu que uma das características da crônica é o uso de uma linguagem mais informal, com marcas da oralidade. Localize alguns trechos em que essa linguagem é usada na crônica e converse sobre eles com os colegas e o professor.

PRODUÇÃO DE TEXTO

Crônica

Agora você vai produzir uma crônica inspirada em uma das fotos a seguir para publicar em um livro de crônicas. Esse livro poderá ser lido pelos colegas da turma, por seus pais e familiares. Depois, o livro poderá ficar disponível na biblioteca da escola para ser lido por mais pessoas. Se for possível, vocês também podem publicar as crônicas no *blog* da turma.

Observe estas fotos:

▶ Planejamento

1. **Escolha** da cena:
   a) Observe o que chamou mais sua atenção nas fotos para fazer sua escolha: pessoas retratadas, local, fatos registrados, etc.
   b) Depois de escolhida a foto, imagine que história poderia ser criada com base na cena retratada.
2. **Intenção**: a finalidade do seu texto será divertir, fazer uma crítica, provocar emoção ou encantamento?
3. **Provável leitor**: uma crônica pode ser lida por diferentes leitores. Ao escrever seu texto, pense em como conquistar os leitores de acordo com o meio em que ele vai circular.
4. **Linguagem**: para retratar o cotidiano, geralmente a linguagem da crônica é mais informal, próxima da fala. Além disso, você deverá fazer escolhas de acordo com a sua intenção e, ao mesmo tempo, para conquistar os possíveis leitores.
5. Leia o esquema a seguir com as características principais da crônica que você vai produzir.

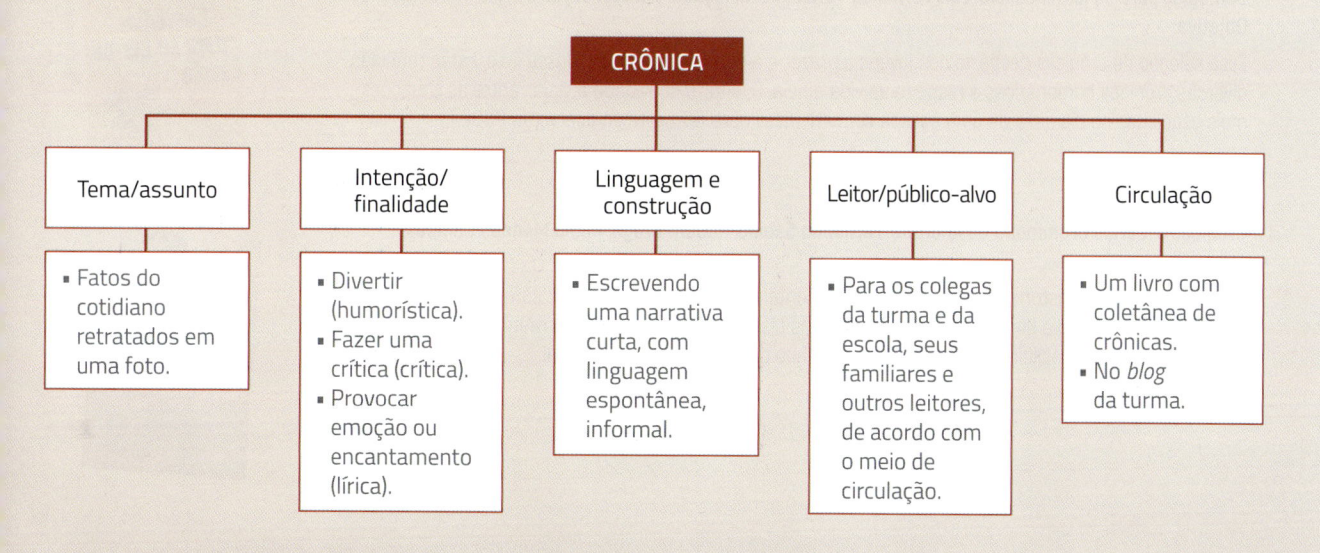

CRÔNICA

Tema/assunto	Intenção/finalidade	Linguagem e construção	Leitor/público-alvo	Circulação
▪ Fatos do cotidiano retratados em uma foto.	▪ Divertir (humorística). ▪ Fazer uma crítica (crítica). ▪ Provocar emoção ou encantamento (lírica).	▪ Escrevendo uma narrativa curta, com linguagem espontânea, informal.	▪ Para os colegas da turma e da escola, seus familiares e outros leitores, de acordo com o meio de circulação.	▪ Um livro com coletânea de crônicas. ▪ No *blog* da turma.

Rascunho

1. Antes de escrever o rascunho do seu texto, anote no caderno os seguintes aspectos que farão parte dele:
   a) Elementos da narrativa: personagens, tempo, espaço, narrador (se houver), enredo (acontecimentos principais da história).
   b) Estrutura da narrativa: situação inicial, conflito ou desequilíbrio, clímax, desfecho; em forma de diálogo, etc.
2. Faça a versão inicial da sua crônica. Lembre-se de que a narrativa deve ser curta e inspirada na foto que você escolheu.

Revisão e reescrita

1. **Em dupla.** Leia seu texto para um colega e ouça a leitura do texto dele. Comparem:
   a) a forma de estruturar os **elementos** e os **momentos** da narrativa;
   b) a **intenção**: divertir, fazer uma crítica, provocar emoção ou encantamento, etc.
2. **Em dupla.** Analisem, juntos, as escolhas de linguagem, a clareza do texto, se não falta algum elemento da narrativa e se os momentos da narrativa estão bem apresentados.
3. Com a ajuda do professor, verifique se há erros de ortografia a serem corrigidos.
4. Faça os ajustes necessários e escreva a versão final de sua crônica.
5. Dê um título a sua crônica e escreva seu nome como autor.

Finalização e circulação

1. **Em grupo.** Com a ajuda do professor, organizem os textos que vão compor a coletânea de crônicas de acordo com:
   - a foto escolhida;
   - as intenções: crônicas de humor, críticas ou líricas;
   - a ordem alfabética dos títulos.
2. Numerem as páginas do livro e elaborem um **sumário** com o título de todas as crônicas e a página em que se encontram, para facilitar a localização pelo leitor.
3. Com o livro organizado, conversem para decidir qual será o título do livro e como será a capa. Deem sugestões e ouçam as de seus colegas para a escolha final.
4. Com o livro pronto, organizem um rodízio entre os alunos da turma para que todos possam ler as crônicas e levá-lo para casa. Assim, os familiares também poderão ler os textos escritos por vocês.

Minha biblioteca

Comédias para se ler na escola. Luis Fernando Verissimo. Seleção e apresentação de Ana Maria Machado. Objetiva.

Essa seleção de crônicas desperta nos jovens o prazer e a paixão pela leitura. Nesse livro, estão reunidas diversas crônicas humorísticas a respeito da vida alheia. O leitor é convidado a viajar entre as situações mais esquisitas no dia a dia de uma pessoa comum. (Essa obra faz parte do acervo do PNBE.)

Crônicas 3. Carlos Drummond de Andrade, Fernando Sabino, Rubem Braga, Paulo Mendes Campos. Ática.

Um cronista pode transformar as confusões, os desentendimentos e as pequenas complicações que fazem parte do dia a dia de qualquer pessoa em boas histórias. Nesse livro, estão reunidos textos dos melhores cronistas brasileiros para retratar o cotidiano de um jeito muito especial.

Autoavaliação

Chegou o momento de fazer um balanço de tudo o que foi estudado na Unidade 2. Leia o quadro de conteúdos para recordar o que estudou e, no caderno, avalie seu desempenho usando os tópicos propostos a seguir como orientação. Isso ajudará você no momento de organizar seus estudos.

Meu desempenho

- **Compreendi bem** (registre no caderno os itens que você compreendeu)
- **Avancei em** (registre no caderno os itens em que você melhorou)
- **Preciso rever** (registre no caderno os itens que você precisa estudar mais)
- **Outras observações e/ou outras atividades**

UNIDADE 2	
Gênero Crônica	**LEITURA E INTERPRETAÇÃO** • Leitura e interpretação da crônica "Conversinha mineira", de Fernando Sabino • Identificação dos elementos e da estrutura da narrativa na crônica • Identificar marcas da oralidade e variedades regionais no texto **PRODUÇÃO** **Oral** • Leitura expressiva de uma crônica **Escrita** • Produção de crônica a partir de uma foto
Ampliação de leitura	**CONEXÕES** • Outras linguagens: Fotografia em reportagem • Um pouco de história das crônicas • O jeito de falar mineiro **OUTRO TEXTO DO MESMO GÊNERO** • "A máquina da Canabrava", de Mario Prata
Língua: usos e reflexão	• Tipos de frase • Frases verbais e frases nominais • Frase, oração e período • Período composto por coordenação • Desafios da língua: relações entre sons e letras
Participação em atividades	• Orais • Coletivas • Em grupo

Maurizio Boscolo/Getty Images

UNIDADE 3

Ler e imaginar

Será que a imaginação tem limites? Imagens, sons, cheiros: tudo pode influenciar nossa imaginação. Alguma vez uma música, um poema, uma pintura ou algum outro elemento despertou sua imaginação? Diante de um pôr do sol como o da imagem ao lado, o que se pode imaginar? Compartilhe com os colegas sua ideia e ouça a deles.

Nesta unidade você vai:

- ler poemas e interpretar sentidos produzidos pelos recursos empregados: organização em estrofes, uso de rimas, jogos de palavras, uso de linguagem figurada;
- ler poemas com expressividade: individualmente ou em grupo;
- produzir um poema;
- estudar algumas formas de linguagem figurada: metáfora, personificação, trocadilho;
- conhecer palavras simples, compostas, primitivas e derivadas, além de alguns processos de formação com prefixos e sufixos.

POEMA

O texto a seguir é um poema de autoria de José Paulo Paes e a ilustração é de Rubens Matuck, ilustrador e artista plástico. Qual será o resultado desse encontro? Que significados podem ser produzidos quando um poema e uma ilustração são apresentados juntos, formando uma composição? Que novos sentidos podem ser criados?

Pense também nestas outras questões: O que é um mistério? O que podemos fazer diante de um mistério? Leia o texto e observe a imagem.

Leitura

Mistério de amor
José Paulo Paes

É o beija-flor
que beija a flor

ou é a flor
que beija o beija-flor?

PAES, José Paulo. *Olha o bicho*. 11. ed. Ilustrações de Rubens Matuck. São Paulo: Ática, 2003. p. 12-13.

José Paulo Paes nasceu em Taquaritinga (SP), em 1926. Autor de muitos livros, vários deles para crianças e jovens, trabalhou também como editor, tradutor e crítico literário. Faleceu em São Paulo (SP) em 1998.

Rubens Matuck nasceu em São Paulo (SP), em 1952. É artista plástico, apaixonado pela natureza e viaja muito para registrar em desenhos e pinturas tudo o que observa em plantas e bichos.

Interpretação do texto

Compreensão inicial

1 ▸ O poema propõe uma pergunta. Observe:

> É o beija-flor   ou é a flor
> que beija a flor   que beija o beija-flor?

Qual seria a primeira resposta que você daria a essa pergunta? Registre-a em seu caderno.

2 ▸ **Jogo rápido.** O professor fará as questões a seguir **oralmente**. Quem souber a resposta deve levantar a mão e aguardar a vez de responder.

A. Cores

Nas imagens que ilustram o poema predominam o vermelho e o verde.

a) Observem a **imagem da esquerda**: o vermelho das pétalas parece refletir na cabeça do beija-flor. Em que outros tons de cor do pássaro pode-se perceber a presença do vermelho?

b) Na **imagem da direita**, o vermelho, ainda mais presente, parece refletir a ave na flor e vice-versa. Explique essa afirmação.

c) Há verde na flor e no beija-flor; há vermelho na flor e no beija-flor. O que a escolha e a distribuição das cores nessas imagens podem significar em relação à ideia de **amor**? Escolham as palavras e expressões do quadro abaixo que, na opinião de vocês, podem expressar melhor a presença dessas cores na flor e no beija-flor.

troca	atração mútua	coincidência	doação
inveja	reflexo	união	outra possibilidade

Conversem e procurem explicar as escolhas feitas.

B. Movimento

a) Na **imagem da esquerda**, quem parece estar se movimentando em direção ao outro elemento? E quem parece aguardar?

b) E na **imagem da direita**, o que ocorre?

c) O que se pode concluir do movimento entre o beija-flor e a flor?

Os beija-flores se alimentam do néctar das flores. Ao sugar-lhes o néctar, podem ficar com o bico carregado de pólen. Eles transportam o pólen da parte masculina de uma flor para a parte feminina dela ou de outra flor. Assim, a flor fornece alimento ao beija-flor, e ele pode ajudar na reprodução das plantas.

▸ **néctar:** líquido adocicado que há nas plantas.
▸ **pólen:** fino pó presente nas flores das plantas, cuja função é fecundar o vegetal daquela espécie.

Linguagem e construção do texto

1 ▸ Agora, com a orientação do professor, releia lentamente o poema, em voz alta, e responda aos itens a seguir.

a) Há um som muito repetido no texto: o /b/. Pronuncie em voz alta: /b/. Qual é o movimento feito pela boca ao pronunciar esse som?

b) O que esse movimento dos lábios pode lembrar?

2 ▸ Há um **jogo de palavras** entre os versos e as estrofes do poema. Observe a organização a seguir:

1ª parte: É o beija-flor / que beija a flor

2ª parte: ou é a flor / que beija o beija-flor?

a) Podemos dizer que há troca de posições entre palavras do texto ao compararmos a primeira e a segunda parte do poema? Explique.

b) Como você responde agora à pergunta proposta no poema, depois de ter lido a imagem e analisado o jogo de palavras?

c) Antes de iniciar a análise dos versos e das imagens, você propôs uma resposta à pergunta do poema. Depois de reler o texto e de ter respondido a questões sobre ele, você **confirmou** ou **modificou** sua resposta inicial?

d) Leia:

> **Paralelismo** pode ser explicado como semelhança ou correspondência entre duas ou mais coisas, simetria. Ao se considerar o **paralelismo na linguagem**, pode-se pensar na maneira semelhante de se organizar ou se dispor imagens ou frases em um mesmo texto.

Podemos dizer que há **paralelismo** na forma como o poema se apresenta?

3▸ Pela leitura do texto, como pode ser explicado o título "Mistério de amor"?

4▸ O poeta utilizou dois seres vivos não humanos para tratar dos mistérios de amor: o beija-flor e a flor. Em sua opinião, o amor, da forma como o poema apresenta, é mais fácil de ser encontrado entre os seres humanos ou entre outros seres da natureza? Justifique.

Outros textos do mesmo gênero

Você e seus colegas leram no início desta unidade o poema "Mistério de amor", que combina imagem e texto.

Costuma-se dizer que os poemas se aproximam da música, que têm **musicalidade**, porque grande parte deles apresenta uma sonoridade bastante marcada, produzida por recursos como combinação das palavras, rimas, ritmo e repetição de sons. Para perceber essa sonoridade, é importante sempre ler os poemas em voz alta.

> Um poema geralmente é feito de **versos**: cada linha dele corresponde a um verso. Um conjunto de versos chama-se **estrofe**.

A seguir, você vai ler poemas em formatos diferentes. Depois de ler, converse com os colegas sobre eles e façam uma apreciação, refletindo se gostaram ou não dos textos e sobre as razões que os levaram a isso.

1▸ O poema a seguir, do escritor Cineas Santos, também fala de amor e de beija-flor, mas de um jeito diferente daquele empregado no poema de José Paulo Paes. Leia o texto e observe a ilustração.

Cochichos
Cineas Santos

— De que vive o beija-flor?
— De beijar, responde a flor.
— Isso não tem cabimento,
Protesta irritado o vento.
— Isso não é profissão,
Murmura baixinho o chão.
E a sorrir, explica a flor:
— Quem beija vive de amor.

SANTOS, Cineas. *Ciranda desafinada*. Ilustrações de Antônio Amaral. São Paulo: Escala Educacional, 2008. p. 10-11. (Col. Paixão desmedida).

a) Quantos versos e estrofes tem o poema?

b) Como se apresenta a sonoridade nesse poema: há rimas? Se houver, como elas são distribuídas? O ritmo é marcado? Há palavras com sons semelhantes?

c) O que há de diferente entre o texto "Cochichos" e o texto "Mistério de amor"? Cite exemplos.

d) Observe a ilustração que foi feita para esse poema: O que você pode perceber na imagem?

2 ▸ Com os colegas, leia outro poema de Cineas Santos. Observem que o formato é um pouco diferente. Leiam em voz alta para perceber a sonoridade produzida pelo ritmo, pelas rimas e pela combinação das palavras. Se quiserem, leiam juntos sob a forma de um jogral. Pronunciem bem as palavras.

> O **jogral** é um modo de se recitar um poema. Entre outras formas, essa recitação pode ser feita alternando-se diferentes vozes, que podem se apresentar em conjunto ou individualmente.

O dono das ruas
Cineas Santos

Vira e mexe, ele aparece:
desconfiado, arredio...
nem parece um vira-lata,
irresponsável, vadio.

Há muito não toma banho,
ninguém lhe faz um carinho...
Sempre mal acompanhado:
"Melhor que viver sozinho".

Olho vivo, bom ouvido;
faro fino, pé ligeiro,
pra fugir da carrocinha,
chegar antes do lixeiro.

Nada tem; muito precisa:
é dura a realidade.
Só três coisas não lhe faltam:
tempo, fome e liberdade.

> SANTOS, Cineas. *Ciranda desafinada*.
> Ilustrações de Antônio Amaral.
> São Paulo: Escala Educacional, 2008.
> p. 31-32. (Col. Paixão desmedida).

▸ **arredio:** que se afasta dos companheiros ou do convívio social.
▸ **vadio:** aquele que não tem ocupação, que não tem trabalho.

a) Quantas estrofes tem esse poema? Quantos versos há em cada estrofe?

b) Quem é o "dono das ruas"? Qual poderia ser o motivo para ele receber esse apelido?

c) Há um ditado popular que diz o seguinte: "Antes só do que mal acompanhado". No poema, há versos que expressam o contrário. Em que versos isso acontece e qual poderia ser o motivo?

d) Embora o vira-lata citado no texto tenha muitas necessidades (banho, carinho, garantia de que não será pego pela carrocinha), diz-se no poema que não lhe faltam três coisas. Pensando em alguns desses itens, o que o cão pode ter que talvez muitos desejem?

3 Leia um poema que brinca com os sons das palavras para criar novos sentidos. Não se esqueça de ler em voz alta para perceber a sonoridade.

Vento perdido
Pedro Bandeira

Vem que vem o vento,
Vem que sopra num momento;
Vou montando num jumento,
Cavalgar o arco-íris.

Vem que vem cantar, vem que vem sobrar,
Vem que vai voltar,
Vem que vai trazer
Tudo aquilo que eu tive
E que o vento carregou.
Quando eu estava distraído
A olhar pro meu umbigo
E o momento já passou.

Vem que o vento volta,
Devolvendo o meu sonho;
Pesadelo tão medonho
Que eu não quero nem lembrar [...]

BANDEIRA, Pedro. *Cavalgando o arco-íris*.
São Paulo: Moderna, 1984.

a) Nesse poema, há um som que se repete em todas as estrofes e ajuda a construir a sonoridade dos versos. Que som é esse?

b) Que sentidos essa sonoridade pode produzir quando relacionada ao título do poema?

4 Leia em voz alta estes haicais bem-humorados, observando a sonoridade deles.

'Tou contigo!
Tem nada melhor no mundo
Do que um amigo.

ZIRALDO. *Os hai-kais do Menino Maluquinho*. São Paulo: Melhoramentos, 2013. p. 20.

Com calma, ande!
Sobra tempo para brincar
De gente grande.

ZIRALDO. *Os hai-kais do Menino Maluquinho*. São Paulo: Melhoramentos, 2013. p. 39.

a) Por que esses haicais podem ser considerados bem-humorados?
b) O haicai é um poema pequeno, mas que pode conter muito significado. Conversem sobre essa afirmação: Concordam com ela? Expressem a opinião de vocês e ouçam a dos colegas. Lembrem-se de que as opiniões podem ser muito diferentes e é importante ouvir com respeito o que todos pensam.
c) Você gostou desse tipo de poema breve e conciso chamado haicai?

5▶ **Em grupo.** Vocês leram poemas em linguagem verbal acompanhada por imagens. Leiam agora um poema que é imagem, isto é, constrói desenhos com o uso das palavras na página.

> **Minha biblioteca**
>
> **Melhores poemas de Paulo Leminski.** Seleção de poemas de Fred Góes e Álvaro Marins. Global.
>
> Esse livro reúne poemas muito criativos e de formatos variados de Paulo Leminski.

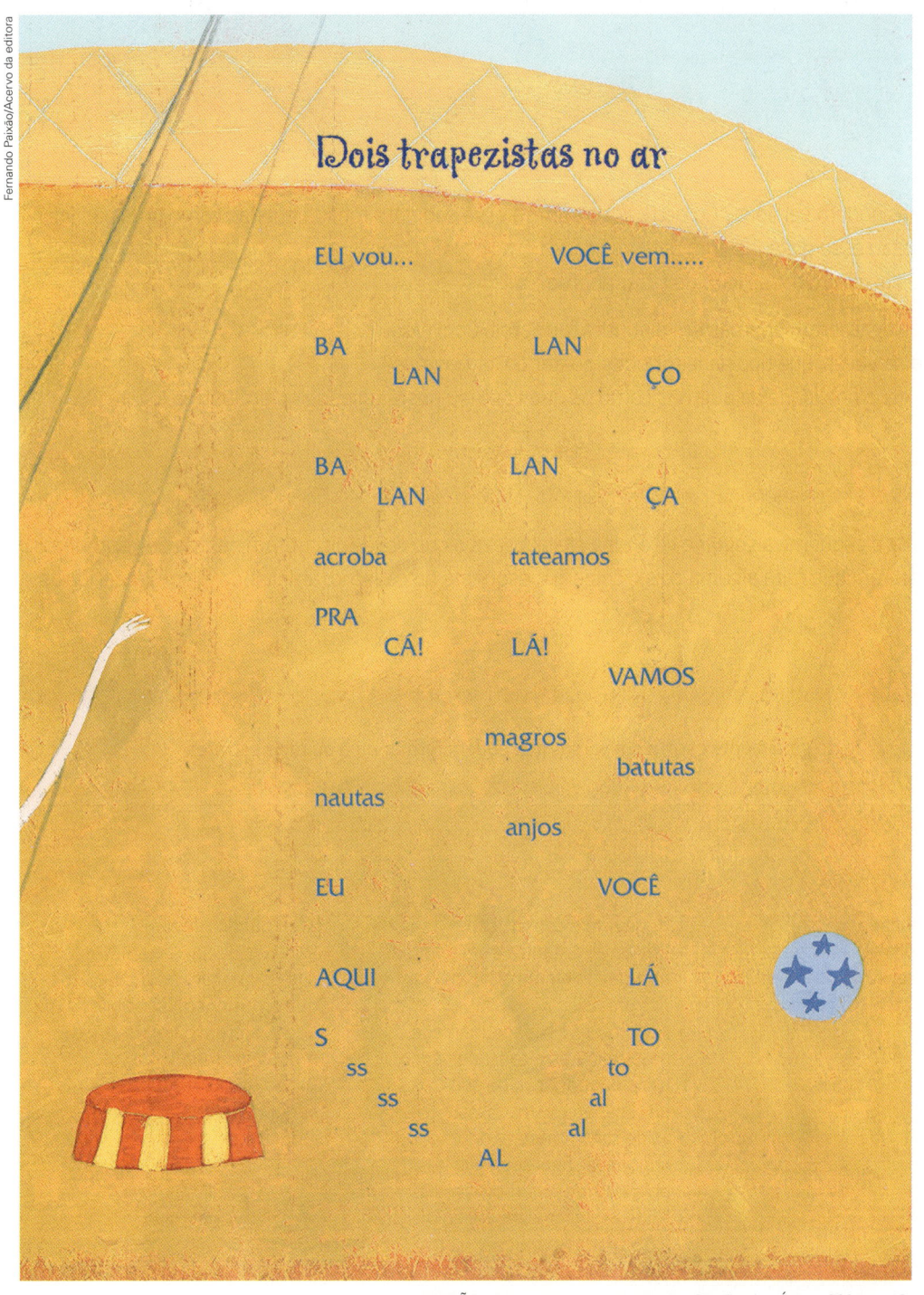

Dois trapezistas no ar

EU vou...   VOCÊ vem......

BA   LAN
   LAN   ÇO

BA   LAN
   LAN   ÇA

acroba   tateamos

PRA
   CÁ!   LÁ!
                  VAMOS

   magros
           batutas
nautas
   anjos

EU   VOCÊ

AQUI   LÁ
S   TO
 ss   to
  ss   al
   ss   al
    AL

PAIXÃO, Fernando. *Dia brinquedo*. São Paulo: Ática, 2004. p. 13.

a) Desafio! Cada aluno deve propor uma forma diferente para ler esse poema: a ordem da leitura deverá ser escolhida de acordo com os sentidos que cada um der ao poema.

b) Observem o desenho que se forma no final, na parte destacada:

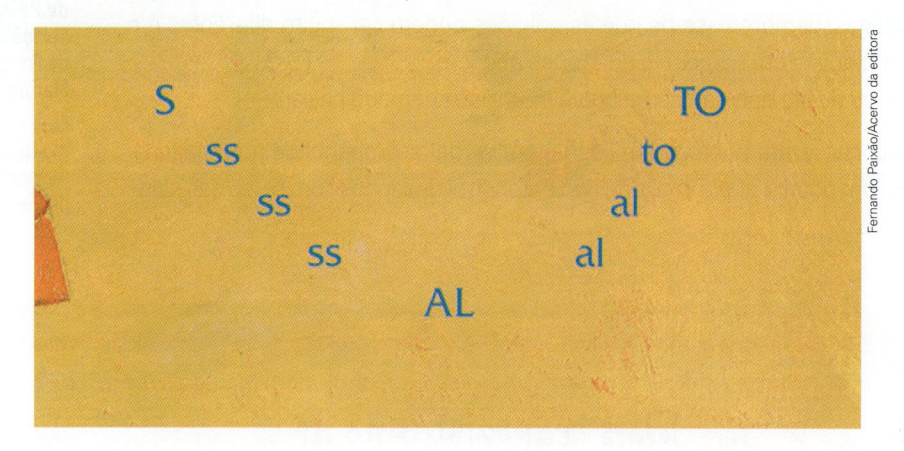

Que palavras podem ser lidas? Como ficará o som se esse conjunto for lido apenas como uma palavra?

c) Que impressão esse desenho com palavras causa em vocês?

d) O que vocês acharam desse jeito de fazer poema?

6. Você e seus colegas leram poemas em distintos formatos. Conversem:

a) Na opinião de vocês, que tipo de leitor pode gostar de ler poemas?

b) Qual pode ser a finalidade de poemas como os que você leu nesta unidade ou em outros lugares?

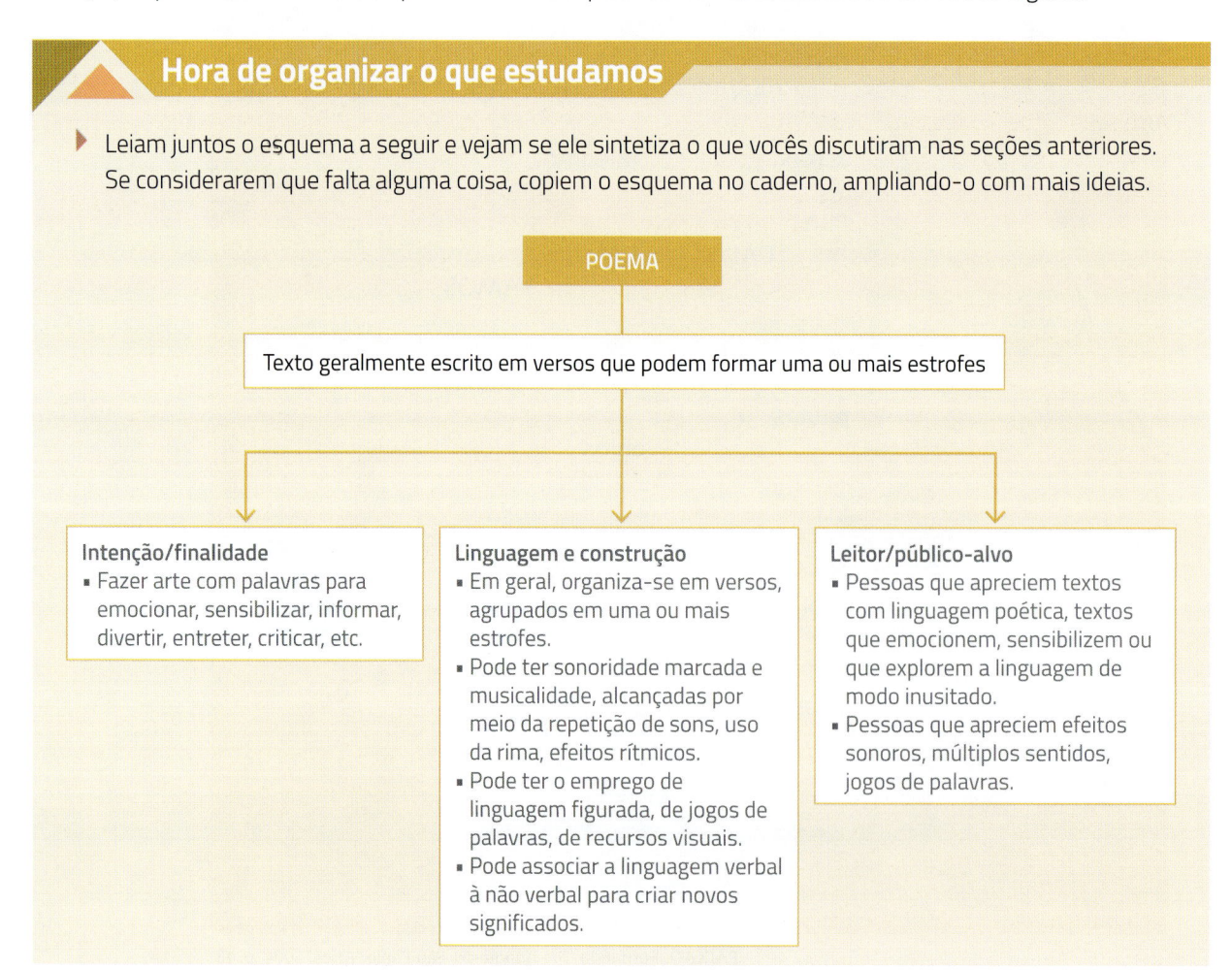

Hora de organizar o que estudamos

▶ Leiam juntos o esquema a seguir e vejam se ele sintetiza o que vocês discutiram nas seções anteriores. Se considerarem que falta alguma coisa, copiem o esquema no caderno, ampliando-o com mais ideias.

POEMA

Texto geralmente escrito em versos que podem formar uma ou mais estrofes

Intenção/finalidade
- Fazer arte com palavras para emocionar, sensibilizar, informar, divertir, entreter, criticar, etc.

Linguagem e construção
- Em geral, organiza-se em versos, agrupados em uma ou mais estrofes.
- Pode ter sonoridade marcada e musicalidade, alcançadas por meio da repetição de sons, uso da rima, efeitos rítmicos.
- Pode ter o emprego de linguagem figurada, de jogos de palavras, de recursos visuais.
- Pode associar a linguagem verbal à não verbal para criar novos significados.

Leitor/público-alvo
- Pessoas que apreciem textos com linguagem poética, textos que emocionem, sensibilizem ou que explorem a linguagem de modo inusitado.
- Pessoas que apreciem efeitos sonoros, múltiplos sentidos, jogos de palavras.

Prática de oralidade

Conversa em jogo

Ler, compreender e apreciar

1. Nesta unidade, você leu poemas em diferentes formatos. Agora, converse com os colegas sobre suas impressões considerando as seguintes questões:
   a) Você gostou do poema "Mistério de amor"? Por quê? Apresente sua opinião para os colegas e escute a deles, respeitando possíveis divergências.
   b) Retome os outros poemas que você leu: Qual ou quais deles você mais apreciou? Procure justificar, dando razões para suas escolhas.

2. Leia a afirmação a seguir sobre o que é ler bem um texto:

   > Para ler bem um texto, é preciso interpretá-lo, compreender o que nele está claro, direto, facilmente compreensível e **explícito** e, ao mesmo tempo, é preciso descobrir o que não está expresso literalmente, isto é, o que está **subentendido**, **implícito**.

   Reflita e converse com os colegas: Você concorda totalmente, discorda ou concorda apenas em parte com essa afirmação? Fale sua opinião. Lembre-se de que os colegas podem ter opiniões diferentes, e todas devem ser respeitadas.

Sarau

Você sabe o que é um sarau?

Sarau é um evento em que as pessoas se reúnem para ouvir e tocar música — muitas vezes de autoria própria —, ler textos literários e conversar sobre eles. A palavra vem do latim *seranus*, que se relaciona ao anoitecer. Essas reuniões, geralmente feitas à noite, eram muito comuns na corte do Rio de Janeiro em meados do século XIX, época em que se multiplicavam as sessões de música e literatura.

Depois de ler e refletir sobre os poemas desta unidade, propomos que você e seus colegas façam um sarau de poesias.

> **Corte** é o nome que se costuma dar ao lugar em que moram uma família real e as pessoas ligadas ao reino. Em 1808, fugindo das tropas francesas de Napoleão, a família real portuguesa instalou-se no Rio de Janeiro. Assim, de capital da colônia essa cidade passou a corte do Império português. Depois, com a Independência, em 1822, foi corte do Império brasileiro até a instituição da República, em 1889.

▸ Preparação

1. Sob a orientação do professor, dividam-se em grupos de três a seis colegas.
2. Cada grupo deverá pesquisar e escolher três poemas de que mais gostar. Podem também escolher entre os poemas desta unidade e, se quiserem, até incluir poemas escritos por vocês.
3. Decidam:
   - se a melhor forma de apresentar os poemas é declamando-os individualmente ou em grupo (sob a forma de jogral, por exemplo);
   - se a declamação será acompanhada de fundo musical ou de um instrumento (tocado por um dos colegas ou por algum familiar ou pessoa próxima que queira participar);
   - se vocês vão utilizar figurino e cenário específicos, caso considerem o uso de tais recursos adequado e coerente com os sentidos do texto.
4. Na declamação, é importante enfatizar com a voz os aspectos sonoros mais evidentes: rimas; ritmo adequado ao poema; ênfase em recursos como a repetição de sons, jogos de palavras, etc.

Ensaio e revisão

1. Para uma boa apresentação da leitura, será necessário ensaiar e testar diferentes formas de expressão. Nos ensaios, cada participante que for declamar deverá:
- ler o poema escolhido várias vezes e, se possível, tentar memorizá-lo;
- treinar a leitura em voz alta, procurando dar uma entonação expressiva;
- falar firme, com voz clara, mas sem gritar;
- olhar para a frente, sem baixar a cabeça;
- pronunciar as palavras com clareza, para destacar principalmente jogos sonoros que possam existir nos versos;
- ler com entonação de voz bem expressiva, de acordo com o tema do poema: com alegria, com tristeza, com entusiasmo, com indiferença;
- expressar-se com gestos e fazer diferentes movimentos com o corpo para enfatizar o significado.

2. Enquanto estiverem ensaiando, testem diferentes formas de se apresentar, procurando escolher a que ficar mais adequada ao texto e aos sentidos que quiserem expressar. Peçam a opinião dos colegas do grupo para rever algum detalhe da apresentação que ainda precise de acertos.

Apresentação

1. Lembrem-se de que o texto poético é marcado pela sensibilidade e pela expressividade. A leitura em voz alta deve ressaltar esses aspectos.

2. O professor deverá marcar uma data para a apresentação.

3. Se quiserem, no dia da apresentação, os membros do grupo poderão vir caracterizados, isto é, vestidos de acordo com o que irão apresentar: poemas de amor, poemas irônicos, poemas que fazem brincadeiras, poemas que representem alguma cena da natureza, entre muitos outros.

Agora é só participar e apreciar!

CONEXÕES ENTRE TEXTOS, ENTRE CONHECIMENTOS

Outras linguagens: Fotografias, poema e poesia

Você já observou como as palavras *poesia* e *poema* costumam ser usadas no dia a dia?

Muitas pessoas empregam esses dois termos como sinônimos, mas há diferenças entre eles. Para saber que diferenças são essas, vamos observar estas duas imagens:

1▸ Responda às questões a seguir.

  a) De qual imagem você gostou mais? Por quê?

  b) O que essas fotografias expressam? Dê um título a cada uma delas.

A palavra *poema* refere-se especificamente ao gênero textual, com frequência escrito em versos, fazendo uso de linguagem figurada, efeitos sonoros, etc. Portanto, essas fotos não são **poemas**. Mas será que elas podem ser **poéticas**?

A palavra *poesia* tem um sentido mais amplo, pois caracteriza formas de expressão que podem sensibilizar pela beleza, pela expressividade, pelas sensações e emoções que causam (alegria, tristeza, saudades...). A poesia, portanto, pode estar em esculturas; em músicas; em letras de canções; em cenas de filmes. Ela pode aparecer também em cenas reais que presenciamos no dia a dia ou que são registradas em vídeos e em fotografias.

2▸ Pensando nessas questões, responda: Em sua opinião, há poesia nas fotografias observadas? Por quê? Compartilhe sua resposta com os colegas e ouça a opinião deles.

3▸ Você se lembra de algum fato que tenha presenciado ao vivo ou que tenha visto na TV que considere poético? Conte aos colegas que fato foi esse e descreva o que você sentiu ao presenciá-lo ou ao assistir a ele. Não se esqueça de ouvir o relato dos colegas com atenção.

Cultura popular e poemas

Na cultura popular, há muitas cantigas e brincadeiras com a linguagem que atravessam o tempo, passando de geração em geração.

Podemos reconhecer muitas dessas criações populares em poemas.

1 **Em grupo.** Leiam estes textos:

Trava-língua popular

O rato roeu a roupa do rei de Roma.

Cultura popular.

Poema

O rato Romeu

Almir Correia

O rato Romeu
Roeu roeu roeu
A roupa da rainha do rei da Rússia
O rato Romeu
Roeu roeu roeu
O meu pobre urso de pelúcia
O rato Romeu
Roeu roeu roeu
A rolha da rã ranheta
O rato Romeu
Rompeu rompeu rompeu
Com a ratazana Julieta.

CORREIA, Almir. *Trava-língua, quebra-queixo, rema-rema, remelexo.* 2. ed. São Paulo: Cortez, 2010. p. 22.

Gostaram? Conversem sobre eles.

2. **Em grupo.** Leiam agora uma cantiga popular, passada de geração em geração, muito conhecida nas brincadeiras de roda infantis. Em seguida, leiam um poema de José Paulo Paes.

Cantiga popular

Se essa rua fosse minha

Se essa rua, se essa rua fosse minha,
eu mandava, eu mandava ladrilhar,
com pedrinha, com pedrinha de brilhante,
só pro meu, só pro meu amor passar.

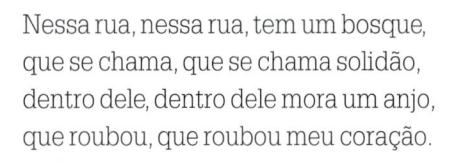

Nessa rua, nessa rua, tem um bosque,
que se chama, que se chama solidão,
dentro dele, dentro dele mora um anjo,
que roubou, que roubou meu coração.

Se eu roubei, se eu roubei teu coração,
tu roubaste, tu roubaste o meu também.
Se eu roubei, se eu roubei teu coração,
foi porque, foi porque te quero bem.

Cultura popular.

Poema

Paraíso

José Paulo Paes

Se esta rua fosse minha,
eu mandava ladrilhar,
não para automóvel matar gente,
mas para criança brincar.

Se esta rua fosse minha,
eu não deixava derrubar.
Se cortarem todas as árvores,
onde é que os pássaros vão morar?

Se este rio fosse meu,
eu não deixava poluir.
Joguem esgotos noutra parte,
que os peixes moram aqui.

Se este mundo fosse meu,
eu fazia tantas mudanças
que ele seria um paraíso
de bichos, plantas e crianças.

PAES, José Paulo. *Poemas para brincar*.
São Paulo: Ática, 1990.

a) Conversem sobre as principais diferenças entre a cantiga popular e o poema "Paraíso".
b) Qual dos dois textos tem um aspecto de crítica sobre a realidade? Dê exemplos.
c) Conversem: O que vocês acharam dessa forma de fazer poema, inspirando-se em produções da cultura popular? Pode-se afirmar que esse tipo de inspiração também é uma forma de ser criativo?

Língua: usos e reflexão

Recursos estilísticos: linguagem figurada e expressividade

Nos poemas desta unidade, um aspecto pode chamar nossa atenção: a maneira como as palavras e expressões podem ser empregadas com significados diferentes do uso a que estamos habituados com o objetivo de construir imagens e criar ideias e significados novos.

Por exemplo: beija-flor **beija**? A ação de *beijar*, uma manifestação consciente de carinho, é própria dos seres humanos e não de animais. Porém, no poema esse verbo foi empregado para criar um significado novo sobre a ideia de amor. O verbo *beijar* não foi empregado no **sentido próprio**, como uma ação entre seres humanos; ele foi empregado no **sentido figurado**, com o objetivo de expressar criativamente uma aproximação entre a flor e o beija-flor.

Recursos da linguagem como esse, que mudam expressivamente o sentido das palavras, são chamados de **figuras de linguagem**: com eles é possível criar novos sentidos com as palavras e expressões da língua. Vamos conhecer um pouco mais alguns desses recursos.

Personificação

Releia estes versos do poema "Cochichos":

> — De que vive o beija-flor?
> — De **beijar**, responde a flor.
> — Isso não tem cabimento,
> **Protesta irritado** o vento.
> [...]

Observe:
- o beija-flor **beija**;
- o vento **protesta irritado**.

Nesses versos, o beija-flor e o vento praticam ações que são próprias dos seres humanos: *beijar, protestar, ficar irritado*. Essas ações estão em sentido figurado, dizemos que é uma **figura de linguagem** chamada de **personificação**.

> **Personificação** é a figura de linguagem que consiste em atribuir qualidades e ações próprias dos seres humanos a seres não humanos: animais, plantas, objetos, etc.

Veja como o cão foi personificado com qualidades de ser humano no poema "O dono das ruas":

> Vira e mexe, ele aparece:
> desconfiado, arredio...
> nem parece um vira-lata,
> **irresponsável**, **vadio**.
> [...]

Irresponsável e *vadio* são qualidades dos seres humanos. O poeta usou um recurso de linguagem denominado **personificação** para atribuir essas qualidades ao cachorro.

Metáfora

Leia este curto poema de Mario Quintana.

Elegia
Mario Quintana

Minha vida é uma colcha de retalhos
Todos da mesma cor...

QUINTANA, Mario. *A cor do invisível*. Rio de Janeiro: Objetiva, 2012. p. 121.

Nesse texto, a pessoa que fala no poema estabelece uma relação de semelhança entre a vida dela e uma colcha de retalhos. Assim, a palavra *vida* ganha um novo sentido que não é seu significado comum: é um sentido figurado, isto é, fora de seu sentido próprio. Essa figura de linguagem recebe o nome de **metáfora**.

> **Metáfora** é uma figura de linguagem em que um novo sentido é acrescentado ao sentido próprio de uma palavra. Em vez de se dizer, por exemplo, que uma pessoa é bonita **como uma flor**, se diz que a pessoa **é uma flor**. Isso é feito por associação de significados ou pela relação de semelhança que se estabelece entre dois ou mais termos.

No dia a dia, empregamos metáforas quase sem perceber. Assim, usamos expressões em sentido figurado para dar expressividade às nossas ideias, como nestas frases:

- Carlinhos vira **uma fera** quando está bravo!
- Paula teve que resolver **um abacaxi** no trabalho.

Há recursos de linguagem que possibilitam a produção de efeitos sonoros e de sentidos diferentes por meio de combinações inesperadas de sons e de palavras, conforme será visto a seguir.

Aliteração

Para compreender o poema "Mistério de amor", de José Paulo Paes, foi necessário que analisássemos, entre outros elementos, a sonoridade, representada pela repetição do som /b/. Vimos que essa repetição pode sugerir o encontro do beijo. Releia:

> É o **b**eija-flor
> que **b**eija a flor
>
> ou é a flor
> que **b**eija o **b**eija-flor?

A repetição de sons consonantais que produz um sentido é um recurso expressivo sonoro: a **aliteração**.

> **Aliteração** é a repetição de sons de consoantes em diferentes palavras de um verso ou de uma frase para produzir efeitos de sentido.

Veja outra ocorrência de aliteração — repetição do /v/ — no poema "Relógio", de Oswald de Andrade. Leia em voz alta e observe o ritmo marcado pela separação dos versos.

Relógio
Oswald de Andrade

As coisas são
As coisas vêm
As coisas vão
As coisas
Vão e vêm
Não em vão
As horas
Vão e vêm
Não em vão

ANDRADE, Oswald de. In: ANDRADE, Marilia de; RIBEIRO, Esio Macedo (Org.). *Maria Antonieta d'Alkmin e Oswald de Andrade:* marco zero. São Paulo: Edusp; Imprensa Oficial do Estado, 2003. p. 55.

▸ Converse com os colegas sobre a seguinte questão: Qual é a relação que o título "Relógio" tem com o poema?

Trocadilho

No poema "Mistério de amor", há um jogo com o verbo *beija* e com os substantivos *flor* e *beija-flor*. Releia:

> É o **beija-flor**
> que **beija** a **flor**
>
> ou é a **flor**
> que **beija** o **beija-flor**?

Ao tentar aproximar os significados de *beija*, *flor* e *beija-flor* por meio da semelhança entre seus sons, o poeta faz um jogo de sentidos com essas três palavras. Tem-se, de fato, um trocadilho com os nomes para sugerir uma relação entre *pássaro* e *flor*.

Veja outro exemplo:

A gosto
Sérgio Capparelli

Só
não
gosto
de
agosto:
mês
sem
gosto,
nunca
a gosto.

CAPPARELLI, Sérgio. *Um elefante no nariz*. 7. ed. Porto Alegre: L&PM, 2011. p. 23.

Observe como o poeta explora as semelhanças fônicas entre as palavras *agosto*, *gosto* (substantivo), *gosto* (verbo) e a expressão *a gosto* para criar diferentes sentidos em seu poema.

> **Trocadilho** é uma combinação de palavras cujo som é parecido ou idêntico, mas que apresentam sentidos — e, às vezes, grafia — diferentes.

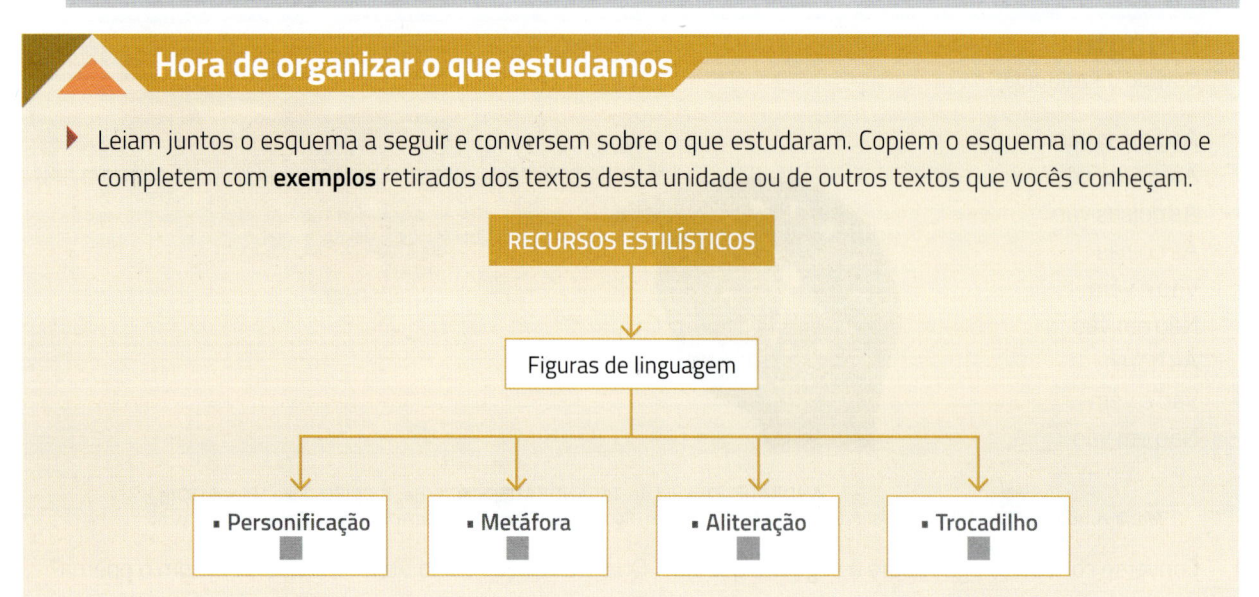

Hora de organizar o que estudamos

▶ Leiam juntos o esquema a seguir e conversem sobre o que estudaram. Copiem o esquema no caderno e completem com **exemplos** retirados dos textos desta unidade ou de outros textos que vocês conheçam.

RECURSOS ESTILÍSTICOS
↓
Figuras de linguagem
↓
- Personificação
- Metáfora
- Aliteração
- Trocadilho

UNIDADE 3 • Ler e imaginar

Recursos estilísticos

1 Leia um poema de Sérgio Capparelli.

Menina na janela
Sérgio Capparelli

A lua é uma gata branca,
mansa,
que descansa entre as nuvens.

O sol é um leão sedento,
mulambento,
que ruge na minha rua.

Eu sou uma menina bela,
na janela,
de um olhar sempre à procura.

CAPPARELLI, Sérgio. *Restos de arco-íris*. 10. ed.
Porto Alegre: L&PM, 2011. p. 35.

a) Nesse poema, a Lua é relacionada a uma gata e o Sol é relacionado a um leão. Qual será a razão para essas associações terem sido feitas?

b) Que figura de linguagem foi usada para relacionar uma gata branca à Lua e um leão sedento ao Sol?

c) Releia o poema, dessa vez em voz alta e prestando atenção na sonoridade /s/ nas palavras. Depois, responda:
- Que efeito de sentido a presença desse som traz para o texto?
- Qual é o nome desse recurso sonoro?

2 Leia com atenção o poema a seguir e escreva as respostas das questões no caderno.

Canção de menino
Maria Dinorah

Pra falar a verdade,
nunca tive um pijama.
Pra quê,
se nunca tive cama?

Verdade verdadeira,
nunca tive um brinquedo.
Apenas tive medo.

Mas hoje há tanto frio,
tanta umidade,
que invento um cobertor
de sol poente
e um pijama de sonho
em cama quente.

É bom brincar de gente.

DINORAH, Maria. *Panela no fogo, barriga vazia*. Porto Alegre: L&PM, 1997.

a) Qual é o assunto de que trata esse poema? Copie trechos que justifiquem sua resposta.

b) No último verso, como você entende a frase "É bom brincar de gente."? Converse com os seus colegas e, depois, escreva sua resposta no caderno.

c) Localize e transcreva no caderno as **metáforas** utilizadas no poema.

3 Leia este poema:

Nome é nome
José Paulo Paes

1
Você por acaso conheceu
um contador chamado Romeu?
      Toda vez que errava
      as contas, gritava:
"Erro meu! Erro meu! Erro meu!"

2
Inesperadamente, a minha tia Inês
soltou na rua o meu cãozinho pequinês.
      Mas foi-lhe perdoado
      esse grave pecado.
O padre só disse: "Nunca mais peque, Inês!"

3
Em que estação do ano
Nasceu Vera, a minha prima?
      Essa até rima.
      Não tem engano.
Nasceu na primavera
a minha prima Vera.

PAES, José Paulo. *É isso ali*. 2. ed. Rio de Janeiro: Salamandra, 1993. p. 12.

Que recurso sonoro o poeta utiliza para fazer a brincadeira com os nomes? Escreva no caderno.

Desafios da língua
Formação de palavras
Composição

Vamos descobrir como são formadas algumas palavras nos poemas lidos.
Observe:

| beija | flor | vira | lata | → | **palavras simples** |

| **beija-flor** | **vira-lata** | → | **palavras compostas** |

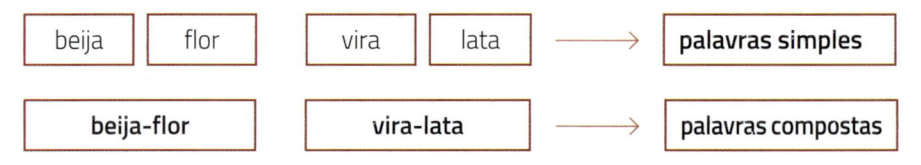

A palavra *beija-flor* é um termo composto formado a partir de duas outras palavras simples. Acontece o mesmo com a palavra *vira-lata*.

Ao mesmo tempo, podemos dizer que as palavras *beija*, *flor*, *vira* e *lata* são palavras simples que formaram duas palavras compostas: *beija-flor* e *vira-lata*.

É importante observar que, ao formar palavras compostas, o significado das palavras simples é alterado, formando um novo termo para designar coisas diferentes das que antes indicavam as palavras simples.

Chamamos esse processo de **composição**: de palavras simples formam-se outras, as palavras compostas.

Isso acontece com muitas palavras que empregamos no dia a dia:

| arco-íris | guarda-chuva | cor-de-rosa | peixe-boi |

Em algumas palavras nem percebemos mais quais foram as palavras simples que as formaram. É o caso de:

planalto	fidalgo	embora (de "ir embora")
plano + alto	filho + de + algo	em + boa + hora

Esses processos contribuem para que a todo momento possam ser criadas novas palavras, que passam a fazer parte do léxico da língua portuguesa.

No poema "Dois trapezistas no ar", na página 87, o poeta apresenta estes dois termos lado a lado:

| acroba | tateamos |

Leia agora as palavras que podem ser formadas a partir da disposição lado a lado desses dois termos:

- acrobata
- te amo

A criação de palavras por composição pode ser um jeito criativo de expressar ideias, como vimos no poema, mas é também um modo de representar as mudanças que acontecem no mundo em que vivemos e que nos apresentam outras realidades. Leia abaixo algumas palavras que não existiam até pouco tempo: a formação delas foi possível pelo uso de processos de composição.

| videopoema | audiolivro | nanotecnologia | lipoaspiração |

> **léxico:** conjunto de palavras de uma língua.
> **tatear:** o mesmo que tocar, encostar em.
> **acrobata:** profissional, geralmente de circo, que faz acrobacias — exercícios de força e agilidade, movimentando o corpo.

Derivação

Derivação com prefixos

> **inticar:** regionalismo sulista que significa "provocar alguém".

1. **Em dupla.** Com um colega, leia o poema abaixo em voz alta. Observem as palavras criadas pelo poeta.

Por que o menino não dorme?
Sérgio Capparelli

O menino não dorme.
Porque os grilos
Estão inticando com ele:
Estão andando para trás
Tudo o que ele andou
Durante o dia.

O menino não dorme.
Porque os grilos
Estão inticando com ele:
Estão desdizendo
Tudo o que ele disse
Durante o dia.

O menino não dorme.
Porque os grilos
Estão inticando com ele:
Acabam de desaniversariar
O seu aniversário
De nove anos.

O menino não dorme.
Porque os grilos
Estão inticando com ele:
Fazem força pra desdormir
Tudo o que ele dormiu
Até agora.

CAPPARELLI, Sérgio. *Minha sombra*. 5. ed. Porto Alegre: L&PM, 2009. p. 20-21.

a) Agora, releia estes versos:

> Estão desdizendo
> Tudo o que ele disse

O que provavelmente eles significam? Escreva a resposta no caderno.

b) Copie do texto palavras que, assim como *desdizendo*, começam com *des-*.

> **Minha biblioteca**
>
> *Poesia fora da estante.* Coordenação de Vera Aguiar. Projeto.
> Os poemas estão agrupados de acordo com o tema ou com os diferentes recursos formais utilizados pelos poetas. Foram recontextualizados, pois quase todos já tinham sido publicados anteriormente, permitindo novas leituras e nova aproximação com os leitores.
>
> *Varal de poesia.* José Paulo Paes e outros autores. Ática.
> Poemas sobre diversos temas de autores da nossa literatura.

Observe como foram formadas palavras de sentido contrário:

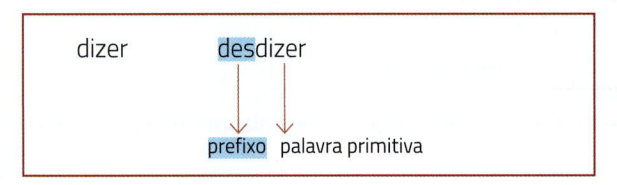

dizer   **des**dizer
          ↓   ↓
          prefixo palavra primitiva

O poeta empregou o mesmo processo para criar outras palavras:

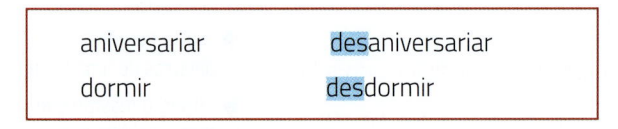

aniversariar   **des**aniversariar
dormir   **des**dormir

Dizemos que as palavras se formaram por **derivação**.

De uma palavra **primitiva**, *dizer*, foi derivada outra. Isso aconteceu com o acréscimo de um elemento, *des-*, antes da palavra primitiva: **des**dizer. Esse elemento acrescentado **antes** das palavras é chamado **prefixo**.

Observe palavras formadas com prefixos que indicam o sentido contrário:

- possível ⟶ **im**possível
- determinar ⟶ **in**determinar
- discreto ⟶ **in**discreto
- eficaz ⟶ **in**eficaz

Os prefixos *des-* e *in-/im-* indicam o sentido contrário das palavras.

2. Observe agora o prefixo *re-* e depois converse com os colegas sobre que ideia ele traz para as palavras.

- fazer ⟶ **re**fazer
- ler ⟶ **re**ler
- ligar ⟶ **re**ligar

Derivação com sufixos

3. Leia a tirinha a seguir e observe como Calvin criou uma palavra para escapar da comida de que não gosta.

WATTERSON, Bill. Disponível em: <http://depositodocalvin.blogspot.com/2009/01/calvin-haroldo-tirinha-537.html>. Acesso em: 13 set. 2018.

Responda no caderno.

a) O que é "comida vegetariana", de que fala a mãe no segundo quadrinho?

b) Ao falar que é "sobremesiano", Calvin deixa claro que há outro tipo de comida que ele prefere. Qual seria o tipo de comida que Calvin quer? Como você chegou a essa conclusão?

Observe como se deu a formação da segunda palavra abaixo:

vegetal   vegetariano
   ↓   ↓
palavra primitiva   sufixo

Algo parecido aconteceu com estas palavras:

sobremesa   sobremesiano
    ↓   ↓
palavra primitiva   sufixo

Para formar a nova palavra, houve o acréscimo de um **sufixo**, que é um elemento empregado no final das palavras primitivas para formar outras palavras.

4▶ Há muitas palavras no nosso idioma que são formadas com sufixos. Leia a tirinha a seguir:

QUINO. *Toda Mafalda*. São Paulo: Martins Fontes, 1993. p. 189.

a) No final da história, a personagem Susanita ficou encabulada, envergonhada. Que recurso visual demonstra isso?

b) Qual pode ter sido o motivo de a personagem ter ficado envergonhada?

Observe agora as palavras empregadas por Susanita e Mafalda:

sabich**ona**   filh**inho**

A palavra *sabichona* é uma palavra derivada, que vem de *sabida*. *Filhinho* é uma palavra derivada de *filho*. As duas foram formadas com o acréscimo de sufixos.

Há ainda palavras que podem ser formadas com os dois elementos: prefixos e sufixos. Observe:

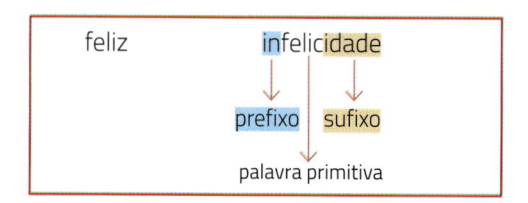

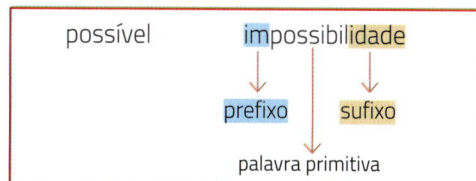

feliz   **in**felic**idade**
           ↓   ↓
        prefixo   sufixo
        palavra primitiva

possível   **im**possibil**idade**
              ↓   ↓
           prefixo   sufixo
           palavra primitiva

Com **prefixos** e **sufixos** podemos formar palavras derivadas, famílias de palavras, e assim aumentar as possibilidades que temos para empregar a língua. Observe:

ferro ⟶ ferreiro, ferradura, ferroso, desferrar, enferrujado, ferrugem, ferramenta...

POEMA 101

5▸ Leia este haicai de Mario Quintana:

> No meio da ossaria
> Uma caveira piscava-me...
> (Havia um vaga-lume dentro dela.)
>
> QUINTANA, Mario. *O livro de haicais*. Organização de Ronald Polito. São Paulo: Globo, 2009. p. 53.

a) Reescreva a frase a seguir em seu caderno completando-a adequadamente.
A palavra *ossaria* é derivada da palavra ▪.

b) Assinale a alternativa que indica o processo como a palavra *ossaria* foi formada:
- por composição de duas palavras.
- por derivação com acréscimo de prefixo.
- por derivação com acréscimo de sufixo.
- por derivação com acréscimo de prefixo e sufixo ao mesmo tempo.

c) Assinale a alternativa que indica como a palavra *vaga-lume* é formada:
- por composição de duas palavras.
- por derivação com acréscimo de prefixo.
- por derivação com acréscimo de sufixo.
- por derivação com acréscimo de prefixo e sufixo ao mesmo tempo.

6▸ Leia outro haicai de Mario Quintana.

> **As aeromoças**
>
> Aeromoças... Não!
> Devem ser aeroanjos...
> Pois nos atendem no céu?!
>
> QUINTANA, Mario. *O livro de haicais*. Organização de Ronald Polito. São Paulo: Globo, 2009. p. 53.

Como foram formadas as palavras *aeromoças* e *aeroanjos*?

7▸ Na capa do livro reproduzida ao lado há uma palavra derivada.
a) Qual é essa palavra?
b) Qual é a palavra primitiva que deu origem a ela?

8▸ Das palavras a seguir, forme por derivação palavras **antônimas**, isto é, que têm o sentido contrário.

| respeitar | proteger | feliz | sensível | cômodo |

9▸ **Em dupla.** Com o colega, forme o maior número possível de palavras derivadas.
- carne
- livro
- dente

10▸ Juntem-se a outro colega e formem um grupo de três participantes. Vocês deverão:
a) pesquisar cinco palavras compostas usadas no dia a dia;
b) pesquisar cinco palavras derivadas empregando prefixos;
c) pesquisar cinco palavras derivadas empregando sufixos.

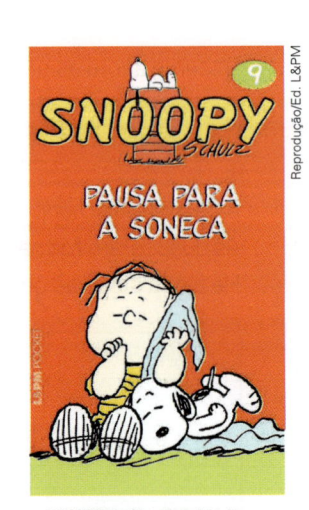

SCHULZ, Charles M. *Snoopy 9*: pausa para a soneca. Tradução de Cássia Zanon. Porto Alegre: L&PM, 2009.

PRODUÇÃO DE TEXTO

Poema

Nesta unidade você leu vários poemas. Agora, você também vai produzir um.
Quando os poemas estiverem prontos, vocês poderão formar uma **antologia**.

» **Planejamento**

1▸ **Em grupo.** Forme grupos de três a cinco participantes. Cada grupo escolherá um tipo de poema para produzir.

2▸ Os grupos poderão escolher uma destas duas propostas a seguir.

Proposta 1: produzir haicais com base em imagens escolhidas em revistas, em álbum de fotos, em *sites* da internet, em fotografias feitas por vocês;

Proposta 2: produzir poemas com versos (rimados ou não) com base em um tema a ser escolhido pelo grupo, como:

- brincadeiras (cantigas de roda, jogos, trava-línguas, *games*, etc.);
- algum fato que tenha acontecido recentemente e tenha impressionado vocês: algo triste, engraçado, marcante;
- algo que tenha provocado a indignação de vocês: destruição do meio ambiente, uma injustiça presenciada, uma injustiça sentida contra si mesmo;
- outros sentimentos que estejam presentes em cada um de vocês;
- uma lembrança que tenha ficado marcada na memória.

3▸ O poema é um gênero textual com características específicas. Com os colegas e o professor, relembrem algumas delas. Depois, conversem sobre o que o grupo vai produzir, decidindo:

- a forma e o tema do poema;
- a intenção do texto: emocionar, expressar sentimentos pessoais, brincar com palavras e sons, divertir quem lê;
- o público para o qual o poema será destinado, ou seja, as pessoas que vocês gostariam que lessem o poemas.

4▸ Leia o esquema a seguir com as características principais do poema que você vai produzir.

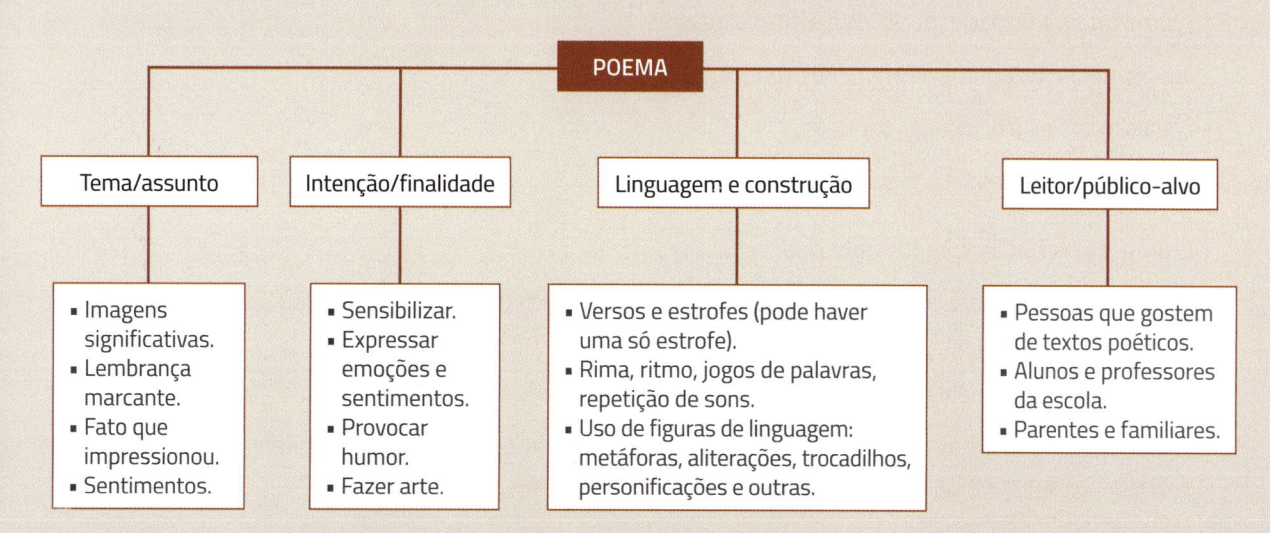

POEMA			
Tema/assunto	Intenção/finalidade	Linguagem e construção	Leitor/público-alvo
▪ Imagens significativas. ▪ Lembrança marcante. ▪ Fato que impressionou. ▪ Sentimentos.	▪ Sensibilizar. ▪ Expressar emoções e sentimentos. ▪ Provocar humor. ▪ Fazer arte.	▪ Versos e estrofes (pode haver uma só estrofe). ▪ Rima, ritmo, jogos de palavras, repetição de sons. ▪ Uso de figuras de linguagem: metáforas, aliterações, trocadilhos, personificações e outras.	▪ Pessoas que gostem de textos poéticos. ▪ Alunos e professores da escola. ▪ Parentes e familiares.

❯❯ Versão inicial

1. Depois de escolhidos os temas/assuntos para os poemas, vocês deverão escrevê-lo.

2. Decidam se o grupo produzirá apenas um texto ou se vocês se dividirão para produzir mais poemas em duplas ou individualmente.

3. É muito importante rascunhar o texto para fazer as escolhas de linguagem: uso de figuras de linguagem, versos com ou sem rimas, organização do ritmo, combinações de palavras.

4. Releiam juntos a versão inicial dos textos e troquem ideias sobre eles.

❯❯ Revisão e reescrita

1. Reescrevam o que acharem necessário. Não se esqueçam de conferir a escrita correta das palavras. Se houver dúvidas, procurem no dicionário.

2. Façam a reescrita definitiva do texto.

❯❯ Divulgação: antologia de poemas

1. Aguardem as instruções do professor para a montagem da antologia.

2. Juntos, vocês deverão:
   - participar da escolha do título para a antologia e da organização dos textos: por temas, por ordem alfabética dos títulos ou dos nomes dos autores;
   - tomar decisões quanto à elaboração da capa e do sumário;
   - pensar em formas de disponibilizar a antologia a muitos leitores: imprimir, fazer cópias, publicar no *blog* da escola.

❯❯ Avaliação

1. Reservem um momento para, coletivamente, avaliar esta atividade. Para isso, façam uma roda de conversa e digam:
   - como foi a participação de vocês e a dos colegas;
   - quais seriam os pontos a serem melhorados;
   - quais foram as dificuldades sentidas;
   - que proposta vocês teriam para atividades futuras.

2. Durante a apreciação é importante que:
   - vocês conversem com os demais colegas e digam se gostaram do resultado da produção, se foi bom ou não participar das atividades e o que contribuiu para o aperfeiçoamento de todos;
   - falem espontaneamente e não se esqueçam: cada pessoa pode ter uma opinião;
   - percebam que todas as opiniões devem ser respeitadas, mesmo que sejam muito diferentes, pois é possível apresentar argumentos defendendo ideias sem agressão ou desacato.

Autoavaliação

Chegou o momento de fazer um balanço de tudo o que foi estudado na Unidade 3. Leia o quadro de conteúdos para recordar o que estudou e, no caderno, avalie seu desempenho usando os tópicos propostos a seguir como orientação. Isso ajudará você na hora de organizar seus estudos.

Meu desempenho
- **Compreendi bem** (registre no caderno os itens que você compreendeu)
- **Avancei em** (registre no caderno os itens em que você melhorou)
- **Preciso rever** (registre no caderno os itens que você precisa estudar mais)
- **Outras observações e/ou outras atividades**

	UNIDADE 3
Gênero Poema	**LEITURA E INTERPRETAÇÃO** • Leitura do poema "Mistério de amor", de José Paulo Paes, e de outros poemas em diversos formatos • Organização, linguagem e recursos estilísticos de poemas: versos, estrofes, sonoridade, linguagem figurada **PRODUÇÃO** **Oral** • Sarau **Escrita** • Poema
Ampliação de leitura	**CONEXÕES** • Cultura popular e poemas • Outras linguagens: Fotografias, poema e poesia **OUTRO TEXTO DO MESMO GÊNERO** • Poemas em formatos variados

Língua: usos e reflexão	• Recursos estilísticos: linguagem figurada e expressividade
	• Desafios da língua: formação de palavras:
	  • simples, compostas, primitivas e derivadas
	  • com prefixos e sufixos

Participação em atividades	• Orais • Coletivas • Em grupo

Gustavo Grazziano/Arquivo da editora

▽ Duas aves da espécie arara-azul-grande.

▽ Mico-leão-dourado.

▽ Peixe-boi-da-flórida.

UNIDADE 4

Da informação ao conhecimento

Nesta imagem há vários animais diferentes. Qual deles desperta mais o seu interesse? Por quê?

Quais desses animais (ou outros semelhantes a eles) são encontrados na região em que você vive?

Todos esses animais estão em risco de extinção. Além deles, que animais você acha que podem ser incluídos em uma lista de animais que estão em perigo? Por quê?

Nesta unidade você vai:

- ler e interpretar infográfico;
- analisar os elementos verbais e não verbais de um infográfico;
- produzir texto informativo com infográfico;
- identificar determinantes do substantivo: adjetivos, locuções adjetivas, artigos e numerais;
- estudar a concordância nominal entre substantivos e seus determinantes;
- estudar tonicidade e sílaba tônica.

INFOGRÁFICO

Você vai ler um infográfico em um texto jornalístico que traz várias informações que podem ajudar a entender melhor quais são os grupos de animais em risco de extinção, isto é, aqueles que estão ameaçados de desaparecer.

Leitura

ELOS PERDIDOS
Esqueça os dinossauros! A Red List só registra as extinções que aconteceram de 1500 a.C. para a frente

FERAS SEM FUTURO

Como um animal é declarado extinto?

Quando não há dúvidas de que o último indivíduo da espécie morreu. Esse é o critério estabelecido pela IUCN (International Union for Conservation of Nature), entidade que publica a Red List, uma lista de animais e plantas ameaçados no mundo. "A estimativa de risco de extinção não é uma ciência exata", afirma Craig Hilton-Taylor, gerente da Red List no Reino Unido. "Nós nos baseamos no que sabemos sobre a espécie e suas ameaças, usando informações do passado, do presente e projeções para o futuro", explica. E não precisa ser cientista para determinar a extinção de um animal: basta fazer a pesquisa e enviar os dados à IUCN. Mas é preciso seguir uma cartilha rígida de regras, que inclui o levantamento de dados, como população, área de ocupação e redução no número de indivíduos, entre outros itens. O material é avaliado por profissionais e pode precisar de complemento. Pode levar meses ou anos até que o animal entre na lista.

GRUPOS DE RISCO

De 1,8 milhão de espécies, apenas 56 mil estão classificadas em relação à preservação

Sucuri-verde *Eunectes murinus*
Orca *Orcinus orca*
Coala *Phascolarctos cinereus*
Pinguim-de-magalhães *Spheniscus magellanicus*
Tamanduá-bandeira *Myrmecophaga tridactyla*
Boto-cor-de-rosa *Inia geoffrensis*
Aranha-golias-comedora-de-pássaros *Theraphosa blondi*
Ornitorrinco *Ornithorhynchus anatinus*
Lobo-guará *Chrysocyon brachyurus*
Peixe-boi-da-amazônia *Trichechus inunguis*
Peixe-palhaço *Amphiprion ocellaris*
Crocodilo-de-focinho-delgado *Crocodylus cataphractus*
Naja *Naja kaouthia*
Onça-pintada *Panthera onca*
Urso-polar *Ursus maritimus*

NÃO AVALIADA
Espécies dentro dessa categoria não foram estudadas seguindo os critérios da IUCN. A maioria das espécies existentes no planeta não está avaliada, e por isso não é incluída na Red List

INFORMAÇÃO INSUFICIENTE
São as espécies pouco conhecidas pelos cientistas. Em alguns casos, até são bastante estudadas, mas falta algum dado essencial para estimar o risco de extinção. Não é considerada uma categoria de risco

MENOR PREOCUPAÇÃO
É o que se diz das espécies que foram analisadas, mas não se enquadram em nenhuma das categorias anteriores. Seu cachorro ou canário estão aqui, assim como outros animais com grande área de ocupação e populações numerosas

QUASE AMEAÇADA
É uma espécie que foi analisada e não se enquadra nos níveis de risco. Mas chega perto. Os animais que por suas características podem entrar nas categorias mais graves ficam nessa lista

VULNERÁVEL
Espécies que, dentre as ameaçadas, são as que estão em melhor condição. Para entrar nessa categoria é preciso que exista uma redução de pelo menos 30% na população do bicho nos últimos dez anos e que eles vivam em uma área de até 20 mil km²

Victor Bianchin, Renato Faccini, Fabrício Miranda e Giselle Hirata/Abril Comunicações S.A.

A União Internacional para a Conservação da Natureza e dos Recursos Naturais (IUCN) criou o maior catálogo sobre o estado de conservação de espécies de plantas, animais, fungos e protozoários de todo o planeta: a **Lista Vermelha de Espécies Ameaçadas** (em inglês, *IUCN Red List*).

Muitos animais entraram na lista de espécies ameaçadas (lista vermelha). A cada ano que passa, os números aumentam.

Como será que se faz para saber quais animais estão ameaçados? Como saber quais já desapareceram? Quando um animal é declarado extinto?

TEXTO Victor Bianchin ILUSTRA Renato Faccini DESIGN Fabricio Miranda EDIÇÃO Giselle Hirata

A VOLTA DOS QUE NÃO FORAM

Eles foram considerados extintos, mas reapareceram na natureza em um fenômeno chamado de Táxon Lazarus, em homenagem a Lázaro – o homem ressuscitado por Jesus

Atualmente há 707 espécies listadas como extintas. Confira em abr.io/redlist

PICA-PAU-BICO-DE-MARFIM
Visto em 2004, gerou polêmica entre os cientistas: nem todos concordavam que o indivíduo fosse mesmo da espécie

CELACANTO
O peixe foi considerado extinto no período Cretáceo, mas foi descoberto vivo em 1938

MINHOCA-GIGANTE-DE-WASHINGTON
A minhoca albina, que pode chegar a 1 m de comprimento, foi "extinta" nos anos 1980 e redescoberta em 2005

CONSULTORIA Craig Hilton-Taylor, gerente da Red List no Reino Unido; Otavio Marques, pesquisador do Instituto Butantan

Arara-azul – *Anodorhynchus hyacinthinus*
Rinoceronte-negro – *Diceros bicornis*
Tartaruga-de-casca-mole-escura – *Nilssonia nigricans*
Dodô – *Raphus cucullatus*
Mico-leão-dourado – *Leontopithecus rosalia*
Panda-gigante – *Ailuropoda melanoleuca*
Tartaruga-de-couro – *Dermochelys coriacea*
Órix-cimitarra – *Oryx dammah*
Tigre-da-tasmânia – *Thylacinus cynocephalus*
Lobo-cinzento – *Canis rufus*
Mutum-do-nordeste – *Mitu mitu*
Morcego-vampiro-gigante – *Desmodus draculae*

AMEAÇADA
Categoria que enquadra as espécies que tiveram redução de pelo menos 50% em sua população nos últimos dez anos. Uma espécie também entra na lista se a sua área de extensão de ocorrência (onde ela é avistada) for inferior a 5 mil km²

CRITICAMENTE AMEAÇADA
Espécie que ainda existe na natureza, mas que está desaparecendo aos poucos. Para entrar nessa lista, é preciso que, nos últimos dez anos, os animais tenham sido reduzidos em 80% ou mais e que sua área de ocorrência seja menor que 100 km²

EXTINTA NA NATUREZA
Categoria das espécies que têm os últimos representantes somente em cativeiro – centros de estudos, zoológicos e viveiros. Algumas são mantidas no cercado para serem preservadas e, futuramente, reintroduzidas na natureza

EXTINTA
Classificação dada a uma espécie que não existe mais, com a comprovação de que o último animal está morto. O padrão foi criado em 1994 para substituir outro, considerado impreciso, que determinava extinto aquele animal que não fosse visto nos últimos 50 anos

Revista *Mundo Estranho*, São Paulo: Abril, 2014, p. 60-61.

Interpretação do texto

Compreensão inicial

1. O que é a *Red List*?
2. Quais são as principais regras para considerar um animal extinto?
3. Por que os dinossauros não entram na lista vermelha?
4. Observe as setas e responda às questões:

TEXTO Victor Bianchin **ILUSTRA** Renato Faccini **DESIGN** Fabricio Miranda **EDIÇÃO** Giselle Hirata

A VOLTA DOS QUE NÃO FORAM
Eles foram considerados extintos, mas reapareceram na natureza em um fenômeno chamado de Táxon Lazarus, em homenagem a Lázaro – o homem ressuscitado por Jesus

Atualmente há 707 espécies listadas como extintas. Confira em abr.io/redlist

PICA-PAU-BICO-DE-MARFIM
Visto em 2004, gerou polêmica entre os cientistas: nem todos concordavam que o indivíduo fosse mesmo da espécie

CELACANTO
O peixe foi considerado extinto no período Cretáceo, mas foi descoberto vivo em 1938

MINHOCA-GIGANTE-DE-WASHINGTON
A minhoca albina, que pode chegar a 1 m de comprimento, foi "extinta" nos anos 1980 e redescoberta em 2005

CONSULTORIA Craig Hilton-Taylor, gerente da Red List no Reino Unido; Otavio Marques, pesquisador do Instituto Butantan

Seta 1
- Há a indicação dos nomes dos profissionais responsáveis pela escrita do texto, pelas ilustrações, pelo desenho da página (*design*) e pela edição. Além desses profissionais, que outras pessoas colaboraram para dar informações sobre o processo de extinção dos animais?

Seta 2
- A palavra *extinta* está grafada entre aspas no texto da minhoca-gigante-de-washington. Por que essa palavra foi escrita entre aspas?

5. Assinale as informações corretas de acordo com o texto do infográfico.
   a) A estimativa de risco de extinção não é uma ciência exata.
   b) A declaração da extinção é uma ciência exata.
   c) Às vezes o material pesquisado precisa de complementos.
   d) A lista vermelha (*Red List*) não é confiável.
   e) Algumas espécies ressuscitaram.

6. **Jogo rápido. Em dupla.** De acordo com as informações do infográfico, respondam rápido:

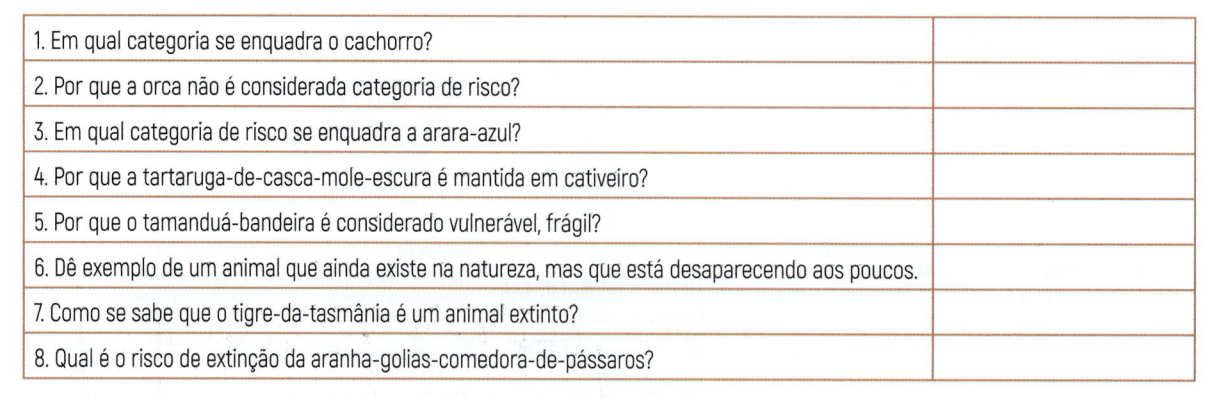

1. Em qual categoria se enquadra o cachorro?	
2. Por que a orca não é considerada categoria de risco?	
3. Em qual categoria de risco se enquadra a arara-azul?	
4. Por que a tartaruga-de-casca-mole-escura é mantida em cativeiro?	
5. Por que o tamanduá-bandeira é considerado vulnerável, frágil?	
6. Dê exemplo de um animal que ainda existe na natureza, mas que está desaparecendo aos poucos.	
7. Como se sabe que o tigre-da-tasmânia é um animal extinto?	
8. Qual é o risco de extinção da aranha-golias-comedora-de-pássaros?	

7. De todas as informações, qual foi a que mais surpreendeu você? Por quê?

Linguagem e construção do texto

Títulos

1▸ No infográfico foram colocados títulos maiores e menores. Considerando o tamanho das letras e o destaque dado, qual dos títulos traz o assunto principal?

2▸ O que pode significar a expressão "feras sem futuro"?

3▸ Por que provavelmente foi escolhido o título "A volta dos que não foram" para essa parte do texto?

Recursos

1▸ O infográfico tem por finalidade aproximar o leitor do assunto de modo rápido e facilitado. Para isso, utiliza vários recursos. Sublinhe os recursos que foram usados com essa finalidade.

imagens com legendas	textos curtos	textos longos	destaques com cor de fundo diferente
muitas informações	linguagem simples e objetiva		

2▸ Um recurso visual utilizado no infográfico apresentado é a imagem de fundo imitando uma parede, onde estão penduradas cabeças de animais. Assinale as alternativas que considerar corretas.

Esse recurso foi usado para:

a) indicar que os animais estão mortos;
b) mostrar uma galeria de troféus;
c) expor os animais como em uma galeria que expõe obras de arte;
d) alertar que muitos animais só serão conhecidos dessa maneira.

Visitantes no Museu do Louvre, Paris, França.

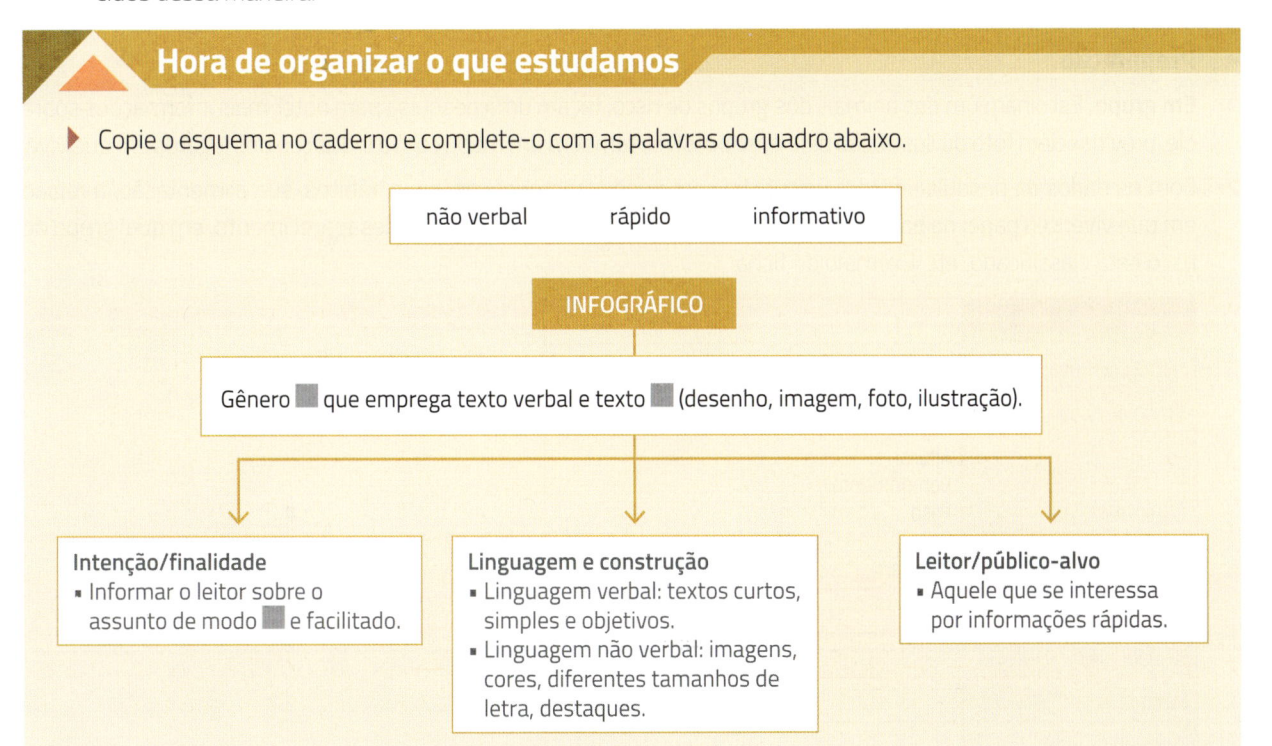

Hora de organizar o que estudamos

▸ Copie o esquema no caderno e complete-o com as palavras do quadro abaixo.

não verbal	rápido	informativo

INFOGRÁFICO

Gênero ■ que emprega texto verbal e texto ■ (desenho, imagem, foto, ilustração).

Intenção/finalidade
- Informar o leitor sobre o assunto de modo ■ e facilitado.

Linguagem e construção
- Linguagem verbal: textos curtos, simples e objetivos.
- Linguagem não verbal: imagens, cores, diferentes tamanhos de letra, destaques.

Leitor/público-alvo
- Aquele que se interessa por informações rápidas.

Prática de oralidade

Conversa em jogo
Futuro sem animais?

Girafas, golfinhos, elefantes, onças-pintadas, tatus, pássaros, borboletas, peixes... Você já imaginou o futuro sem animais?

Leia quais são as principais ameaças que os animais enfrentam:

> 1. **Destruição do** *habitat*: construção de casas, de estradas, de indústrias nos espaços onde vivem os animais.
> 2. **Caçadores**: comercialização de animais ou de produtos feitos de animais, como marfim, pele, chifre, etc.
> 3. **Clima**: alterações como derretimento do gelo, seca, que provocam a falta de alimentos.
> 4. **Poluição**: agrotóxicos e resíduos industriais que contaminam as águas.
> 5. **Desmatamento**: destruição de áreas naturais para a implantação da agricultura e da pecuária.

Conversem:

Elefantes no Parque Nacional Addo, na África do Sul.

1. Nesse quadro fica clara a participação do ser humano como ameaça aos animais?
2. Qual das causas apontadas no quadro não depende da ação do ser humano?
3. O que poderia ser feito por cada um para diminuir essas ameaças?

Exposição oral

Chegou o momento de saber mais sobre alguns animais dos grupos de risco e compartilhar informações com os colegas. Reúnam-se em pequenos grupos e sigam as orientações abaixo.

» **Preparação**

1. **Em grupo.** Escolham um dos animais dos grupos de risco, façam uma pesquisa para obter mais informações sobre ele, providenciem foto ou ilustração dele e, se possível, também um mapa com a indicação dos lugares em que vive.
2. Com os dados da pesquisa, façam uma ficha com suas características, seus hábitos, sua alimentação, a região em que vive, seu papel na natureza, o que provocou ou está provocando seu desaparecimento, em qual grupo de risco está classificado, etc. Exemplo de ficha:

Animal	
Nome científico	
Grupo de risco	
Características	Altura: Comprimento: Peso: Cor: Família:
Tempo de vida	
Alimentação	
Hábitos	
Onde vive	

▸ Revisão

1▸ Façam a revisão da ficha para se certificarem de que os textos ficaram adequados e as informações estão corretas. Se houver alguma curiosidade muito interessante sobre o animal pesquisado, pode-se acrescentá-la na ficha.

2▸ Verifiquem se os textos da ficha estão bem claros e objetivos, pois esse aspecto pode auxiliar no bom desempenho da apresentação oral.

3▸ Na versão final da ficha, usem letras grandes e outros recursos para destacar as informações mais importantes, de modo que, num rápido olhar, seja possível localizar na ficha a informação desejada.

4▸ Lembrem-se de que se trata de uma apresentação oral, portanto a ficha servirá como apoio a ela; evitem ler palavra por palavra como em uma simples leitura em voz alta.

▸ Ensaio

1▸ Organizem o conteúdo da exposição com o material que conseguirem: foto, ilustração, mapa.

2▸ Escolham quem falará em nome do grupo, ou seja, quem será o expositor. Se preferirem, essa função pode ser compartilhada por todos os componentes do grupo.

3▸ Ensaiem várias vezes para que não seja necessário consultar a ficha.

4▸ Os demais membros do grupo também devem ter amplo domínio das informações, para dar o apoio necessário ao expositor no caso de ele encontrar-se em dificuldade para lembrar ou localizar algum dado sobre o animal.

5▸ Nos ensaios, avaliem se o expositor fala com clareza e com o tom de voz adequado e se apresenta os dados pesquisados de forma a prender a atenção dos colegas. Se houver oportunidade, filmem ou gravem os ensaios para facilitar essa avaliação.

▸ Apresentação

1▸ No dia da apresentação verifiquem se o material que reuniram (ficha, imagens do animal, mapa) está organizado.

2▸ Aguardem a vez e iniciem a apresentação fazendo uma breve saudação aos colegas.

3▸ Procurem se sentir tranquilos no momento da apresentação, pois, se vocês se prepararam de maneira adequada, ela tem tudo para ser realizada com sucesso.

4▸ No encerramento da apresentação, não se esqueçam de agradecer aos colegas pela atenção.

5▸ Guardem todo o material usado para a apresentação oral, pois ele será útil para a produção de texto ao final da unidade.

CONEXÕES ENTRE TEXTOS, ENTRE CONHECIMENTOS

Outras linguagens: Ilustração

Nos Estados Unidos, cientistas conduziram um estudo sobre os animais que são os mais queridos, que atraem mais interesse e simpatia. As imagens desses animais são bastante usadas em propagandas e filmes, mas as pessoas não se dão conta de que muitos deles estão ameaçados de extinção.

Os dez animais mais queridos e populares identificados por uma pesquisa, segundo publicação *on-line* do jornal *O Globo*.

Observe as escolhas feitas pelos ilustradores:
- Os animais posam para a foto como um grupo, ordenados, com os maiores atrás, formando uma pirâmide.
- Todos os animais estão representados com características de seres humanos: usam camisas, ternos, gravatas, jaquetas, lenços, flores, brincos...
- Os animais estão representados com expressão de seriedade, como se todos os olhares estivessem dirigidos para a câmera.
- O cenário é uma rua de uma cidade aparentemente grande, com prédios e pessoas reais nas calçadas.

Agora converse com os colegas:

1▸ A foto foi utilizada em um texto que, entre outros assuntos, trata do risco de extinção de muitos animais. Se os animais da foto fossem retratados exatamente como são na realidade e no seu *habitat* natural, em vez de aparecerem como se fossem seres humanos e na rua de uma cidade, o efeito para a conscientização da ameaça de extinção seria o mesmo? Por quê?

2▸ Quais dos animais representados vocês identificam?

3▸ Quais animais dessa ilustração também estão representados no infográfico? Qual é a situação de risco deles?

4▸ Em sua opinião, qual deles foi identificado em primeiro lugar como o mais querido, o mais popular?

5▸ Entre os animais identificados pela pesquisa, não há nenhum da fauna brasileira. Se essa pesquisa tivesse sido feita no Brasil, com respostas exclusivas de pessoas do nosso país, você acha que os animais da lista seriam os mesmos? Por quê?

Minha biblioteca

Procura-se! – Galeria de animais ameaçados de extinção. Vários autores. Companhia das Letrinhas.

E seus animais favoritos, quais são? Será que eles estão em extinção? Uma maneira de descobrir pode ser por meio desse livro, que reúne artigos escritos por professores e pesquisadores de diversas universidades do Brasil e do mundo, publicados originalmente na revista *Ciência Hoje das Crianças*, sobre animais em risco de extinção, seus costumes e as condições de seu *habitat*. Há também fotos, fichas técnicas sobre as espécies e ilustrações.

A arte como forma de conhecimento

As ilustrações do infográfico dos animais em risco e a dos animais mais queridos da seção *Outras linguagens* mostram que a arte é uma forma de preservação. Há animais que deixaram de existir e só se pode conhecê-los pelo trabalho primoroso de alguns ilustradores científicos. Veja a seguir algumas ilustrações de diferentes artistas.

Hurdia victoria

Esse era um animal peculiar, datado de mais de 500 milhões de anos atrás. Com a aparência de um monstro, o *Hurdia victoria* era um predador de apenas meio metro. Mas com garras de lagosta e muitos dentes.

[...]

Mamute

Os mamutes peludos eram maiores que os mastodontes e tinham presas curvadas, ao invés de retas. Eles desapareceram há cerca de 10 mil anos, e os cientistas ainda não estão certos se foi culpa da mudança climática — a Era do Gelo havia terminado nesse momento — ou se a caça humana desempenhou o papel mais importante. Alguns até acreditam que foi um cometa que os levou à extinção.

[...]

Parapropalaehoplophorus septentrionalis

O *P. septentrionalis*, um parente gigante e primitivo do tatu, provavelmente pesava 90 kg. Ele vagava no alto dos Andes, no norte do Chile, há 18 milhões de anos.

MARQUES, Andre. 24 incríveis criaturas ancestrais. Disponível em: <https://hypescience.com/23270-24-incriveis-criaturas-ancestrais/>. Acesso em: 17 set. 2018. Adaptado.

▸ Qual das ilustrações científicas mais chamou sua atenção? Por quê? Converse com os colegas.

Mapa de espécies ameaçadas: outra forma de representação visual

No mapa a seguir há a distribuição de algumas espécies ameaçadas de extinção entre os estados do Brasil.

1▸ Procure o estado em que você mora e identifique as espécies ameaçadas na sua região.

Brasil: alguns animais ameaçados de extinção

Mamíferos
- Cervo-do-pantanal
- Jaguatirica / Gato-do-mato / Gato-maracajá / Onça-pintada
- Ariranha
- Baleia jubarte
- Boto-amarelo
- Bugio
- Sagui-da-serra-escuro / Mico-leão-dourado
- Peixe-boi-da-amazônia / Peixe-boi-marinho

Répteis
- Jararaca-de-alcatrazes
- Tartaruga-verde

Aves
- Trinta-réis-real
- Águia-cinzenta
- Bicudo
- Albatroz-de-sobrancelha
- Arara-azul-grande

Fonte: elaborado com base em IBGE. *Atlas geográfico escolar*. 6. ed. Rio de Janeiro, 2012.

2▸ Fale sobre suas descobertas e ouça o que os colegas têm a dizer sobre o mapa observado.

Língua: usos e reflexão

Determinantes do substantivo

No infográfico você viu "uma lista de animais". Observe como ocorre o detalhamento das informações sobre a lista:

uma → **lista** ← de animais

O substantivo *lista* está acompanhado de palavras — *uma* e *de animais* — que alteram seu sentido. Observe:

- *uma* — não define qual é a lista especificamente. Dizemos que é uma ideia indefinida sobre lista.
- *de animais* — acrescenta uma característica à ideia de lista.

Essas palavras são chamadas de **determinantes** do substantivo: são palavras que alteram a ideia expressa pelo substantivo.

▶ Observe as expressões destacadas nas frases a seguir. Em seu caderno, faça um esquema como o apresentado abaixo, escrevendo o substantivo ao centro e em volta as palavras que acrescentam sentidos a ele.

☐ → ☐ ← ☐

a) "**A minhoca albina**, que pode chegar a 1 m de comprimento [...]."
b) "[...] mas falta **algum dado essencial** para estimar **o risco de extinção**."

Cada uma das palavras ou expressões que acompanham o substantivo o determina de forma diferente, isto é, acrescenta-lhe ideias diferentes. Observar os detalhes das relações entre as palavras nos textos é uma maneira de enriquecer as ideias que eles transmitem.

As palavras e as expressões que acompanham o substantivo qualificando-o e detalhando-o pertencem a diferentes classes gramaticais. Vamos estudar algumas dessas classes gramaticais a seguir.

Adjetivo

Releia outro trecho do infográfico e observe como foi caracterizado o substantivo *cartilha*:

Mas é preciso seguir uma cartilha rígida de regras...

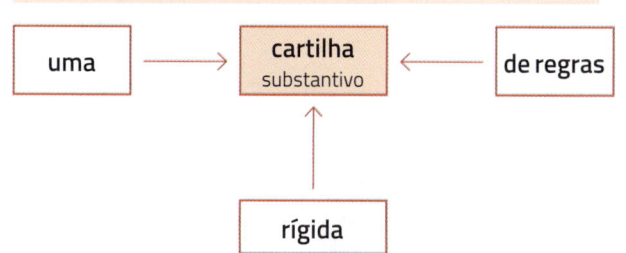

uma → **cartilha** (substantivo) ← de regras
↑
rígida

O substantivo *cartilha* fica mais preciso com o acréscimo de determinantes. Observe:
- Tem uma qualidade: é **rígida**.
- Tem um assunto: é **de regras**.

Essas palavras e expressões que caracterizam o substantivo pertencem a uma classe de palavras, ou classe gramatical:
- *rígida*: **adjetivo**;
- *de regras*: **locução adjetiva**, um conjunto de palavras que expressa uma característica.

> **Minha biblioteca**
>
> **Anfíbios**. Jaime Bertoluci. Ática.
>
> Se você gosta de ler textos informativos e se interessa por animais, provavelmente vai gostar deste livro de Jaime Bertoluci: em um texto claro, preciso e jornalístico, o livro traz um panorama sobre os anfíbios.

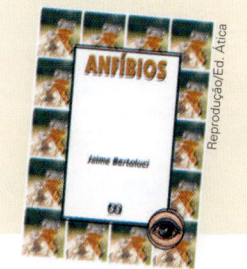

Veja como essas classes de palavras podem enriquecer os sentidos de um texto. O trecho a seguir é parte de uma história sobre uma personagem chamada Luísa, uma menina que "tinha muitas luas".

Como será isso?

Observe como a autora Diléa Frate apresenta a personagem e a caracteriza.

As luas de Luísa
Diléa Frate

A Terra tem uma lua, Saturno tem vinte, mas Luísa, temperamental, imprevisível, criativa, brincalhona, chorona, risonha, generosa, carente e absurda, tinha pelo menos umas trinta luas perto de si. Cada lua representava um estado de espírito diferente. A melhor lua iluminava as brincadeiras noturnas quando Luísa ficava acordada até tarde jogando, brincando, pulando na cama, vendo TV, fazendo maluquices e olhando pro céu.

Era quando a mãe chegava e dizia: "Pare com isso, amanhã você tem que acordar cedo". O que já era o suficiente para despertar a pior das luas: a do mau humor. Nesse momento ela batia o pé, chorava, xingava, e a mãe dizia apenas: "Luísa, você é de lua!". E fechava a janela. [...]

FRATE, Diléa. *Histórias para acordar*. São Paulo: Companhia das Letrinhas, 1996. p. 72.

> **Ouça mais**
>
> *Roda que rola*. Ponto de Partida e Meninos de Araçuaí. Sonhos e Sons. CD.
>
> O CD *Roda que rola* resultou do encontro do grupo de teatro Ponto de Partida com os Meninos de Araçuaí, o coro de crianças de uma ONG que usa a cultura como instrumento de desenvolvimento e reintegração social. Tem canções divertidas que misturam pequenos sons, palavras, ruídos e a imaginação de quem as escuta.

A primeira frase do texto sobre Luísa faz uma enumeração das mudanças de características da menina, isto é, de suas "luas". Releia:

> A Terra tem uma lua, Saturno tem vinte, mas Luísa, temperamental, imprevisível, criativa, brincalhona, chorona, risonha, generosa, carente e absurda, tinha pelo menos umas trinta luas perto de si.

Ao enumerar essas características, o narrador faz uma **descrição da personagem**, ajudando o leitor a conhecê-la.

Descrever é dar detalhes e características de alguém ou de alguma coisa.

1 **Em dupla.** Releiam juntos o texto: na primeira frase, mudanças do humor de Luísa indicam formas diferentes de agir. Das características expressas no trecho, copiem no caderno o que se pede:
a) As características que descrevem as "melhores luas".
b) As características que descrevem as "piores luas".

2 Observe o esquema. Qual é a importância para o texto das palavras que circundam o substantivo *Luísa*?

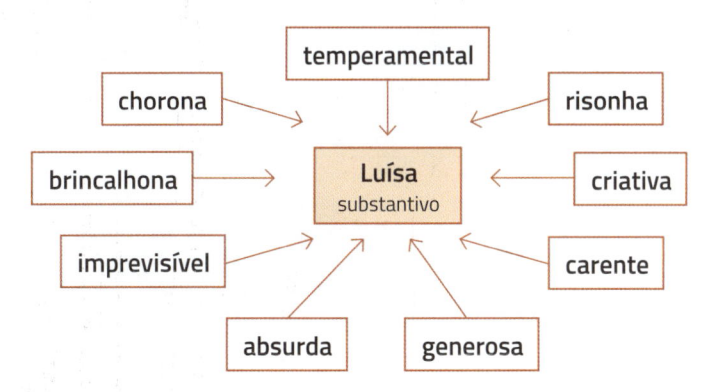

```
            temperamental
  chorona                    risonha
brincalhona      Luísa       criativa
             substantivo
 imprevisível                carente
         absurda   generosa
```

> Palavras como *carente*, *risonha*, *absurda* são **adjetivos**. **Adjetivo** é a classe de palavras utilizada para **caracterizar**, **qualificar** o substantivo.

3 Leia mais um trecho da história de Luísa e suas luas:

> Luísa navegou nos bons e maus humores por alguns anos, até que um dia percebeu que o tempo, com sua velocidade, também parecia absurdo, esticando as crianças, envelhecendo os adultos, expandindo o universo e apagando e acendendo as estrelas. [...] Foi quando se deu conta do brilho da lua real, cheia e prateada que ilumina os corações apaixonados. [...]
>
> FRATE, Diléa. op. cit., p. 72.

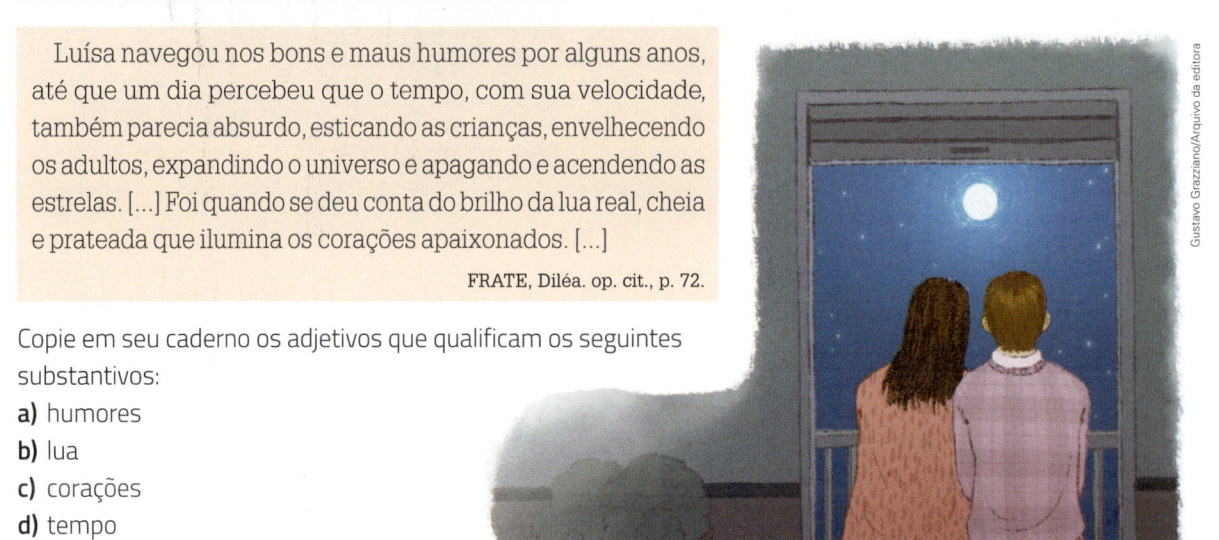

Copie em seu caderno os adjetivos que qualificam os seguintes substantivos:
a) humores
b) lua
c) corações
d) tempo

Locução adjetiva

Releia:

> A melhor lua iluminava as brincadeiras **noturnas** quando Luísa ficava acordada até tarde jogando [...].

A palavra destacada é um adjetivo que pode ser substituído por uma expressão equivalente. Observe:

brincadeiras **noturnas** ⟶ brincadeiras **da noite**

A expressão *da noite* equivale ao adjetivo *noturna*. É uma expressão formada por duas palavras: *da* e *noite*.

> **Locução adjetiva** é o nome dado a uma expressão usada em um texto com a mesma função de um adjetivo.
>
> Os **adjetivos** e as **locuções adjetivas** são palavras e expressões que, ao caracterizarem os substantivos, ajudam a enriquecer as descrições que fazemos.

Atividades: adjetivo e locução adjetiva

1 ▶ Desafio! Imagine que você esteja chegando a um lugar como o da foto abaixo e fique muito impressionado com a paisagem. Você então quer falar de sua impressão sobre o lugar para um amigo. Liga para ele e começa a descrever como é esse local. Como você vai descrever o lugar para que ele entenda o que tem de especial?

a) Observe que a imagem tem planos mais próximos e mais distantes de quem a observa. Planeje sua fala levando em conta esses planos e os detalhes da imagem:

- Do plano mais próximo de quem observa: como é a estrada, qual é o tamanho e a aparência das pedras, o tipo de vegetação próxima.
- Dos planos mais distantes: o que há nesses planos, em que cores, como está o dia.
- Defina o local, de maneira geral, dizendo se parece agitado ou calmo.
- Identifique os elementos que dão pistas disso.
- Fale sobre o que mais o impressiona na imagem e por quê.

b) Aguarde a vez de apresentar sua fala. Cada pessoa pode ressaltar detalhes diferentes daquilo que a impressionou. Por isso, ouça com atenção o que seus colegas vão descrever.

c) Registre no caderno sua descrição.

Nem sempre é possível transformar as locuções adjetivas em adjetivos correspondentes. Por exemplo:

> Um carrinho **de pipoca** tombou na porta **do estádio**.

As locuções adjetivas destacadas no exemplo não têm adjetivos equivalentes. Quando existe adjetivo equivalente, pode-se empregá-lo para tornar o texto mais conciso. São escolhas que você pode fazer.

2 ▶ Desafio! Em grupo. Releiam o infográfico "Como um animal é declarado extinto?". Dividam-se em nove grupos.

NÃO AVALIADA
Espécies dentro dessa categoria não foram estudadas seguindo os critérios da IUCN. A maioria das espécies existentes no planeta não está avaliada, e por isso não é incluída na Red List.

INFORMAÇÃO INSUFICIENTE
São as espécies pouco conhecidas pelos cientistas. Em alguns casos, até são bastante estudadas, mas falta algum dado essencial para estimar o risco de extinção. Não é considerada uma categoria de risco.

MENOR PREOCUPAÇÃO
É o que se diz das espécies que foram analisadas, mas não se enquadram em nenhuma das categorias anteriores. Seu cachorro ou canário estão aqui, assim como outros animais com grande área de ocupação e populações numerosas.

QUASE AMEAÇADA
É uma espécie que foi analisada e não se enquadra nos níveis de risco. Mas chega perto. Os animais que por suas características podem entrar nas categorias mais graves ficam nessa lista.

VULNERÁVEL
Espécies que, dentre as ameaçadas, são as que estão em melhor condição. Para entrar nessa categoria é preciso que exista uma redução de pelo menos 30% na população do bicho nos últimos dez anos e que eles vivam em uma área de até 20 mil km².

AMEAÇADA

Categoria que enquadra as espécies que tiveram redução de pelo menos 50% em sua população nos últimos dez anos. Uma espécie também entra na lista se a sua área de extensão de ocorrência (onde ela é avistada) for inferior a 5 mil km².

CRITICAMENTE AMEAÇADA

Espécie que ainda existe na natureza, mas que está desaparecendo aos poucos. Para entrar nessa lista, é preciso que, nos últimos dez anos, os animais tenham sido reduzidos em 80% ou mais e que sua área de ocorrência seja menor que 100 km².

EXTINTA NA NATUREZA

Categoria das espécies que têm os últimos representantes somente em cativeiro – centros de estudos, zoológicos e viveiros. Algumas são mantidas no cercado para serem preservadas e, futuramente, reintroduzidas na natureza.

EXTINTA

Classificação dada a uma espécie que não existe mais, com a comprovação de que o último animal está morto. O padrão foi criado em 1994 para substituir outro, considerado impreciso, que determinava extinto aquele animal que não fosse visto nos últimos 50 anos.

a) Cada grupo deve:
- analisar no infográfico as explicações sobre uma das nove categorias que indicam o estado de preservação de um animal;
- localizar no texto os adjetivos e as locuções adjetivas, de acordo com a categoria;
- formular uma explicação de como esses adjetivos e locuções adjetivas contribuem para a caracterização das categorias e para a construção dos sentidos do infográfico.

b) Ao final, cada grupo deve apresentar sua análise. Com a ajuda do professor, elaborem coletivamente uma conclusão sobre o uso dos adjetivos e locuções adjetivas no texto.

3 ▸ No quadro abaixo, reescreva as expressões transformando os adjetivos destacados em locuções adjetivas correspondentes.

Adjetivos	Locuções adjetivas
seres **terrestres**	
escola **estadual**	
rua **florida**	
dia **nublado**	
fauna **marinha**	
confiança **ilimitada**	
amigo **corajoso**	

4 ▸ Pesquise, em gramáticas escolares, outras locuções adjetivas que costumam ser construídas pelos falantes da língua portuguesa.

5 ▸ Imagine que você fosse escrever uma frase como a que inicia o texto "As luas de Luísa", da escritora Diléa Frate, transcrito na página 118 deste livro.

a) Reescreva a frase em seu caderno, completando-a. Para isso, empregue **adjetivos** que enumerem características suas. Não se esqueça de organizar a enumeração com vírgulas.

> A Terra tem uma lua, Saturno tem vinte, mas eu, ▪, tenho pelo menos umas trinta luas perto de mim.

b) Leia para seus colegas o que você escreveu e ouça o que eles escreveram.

As palavras utilizadas para indicar a nacionalidade ou a procedência de algo ou de alguém são chamadas de **adjetivos pátrios** ou **gentílicos**. Exemplos: *brasileiro, colombiano, salvadorense, manauense, porto-alegrense*. Os adjetivos gentílicos podem se referir ao país, ao estado ou ao município de origem de uma pessoa. Os adjetivos pátrios referem-se especialmente à nação em que o indivíduo nasceu ou à qual pertence como cidadão.

6 ▸ Leia o anúncio publicitário reproduzido a seguir. Ele foi elaborado por ocasião das comemorações dos 450 anos de fundação da cidade de São Paulo, em 2004.

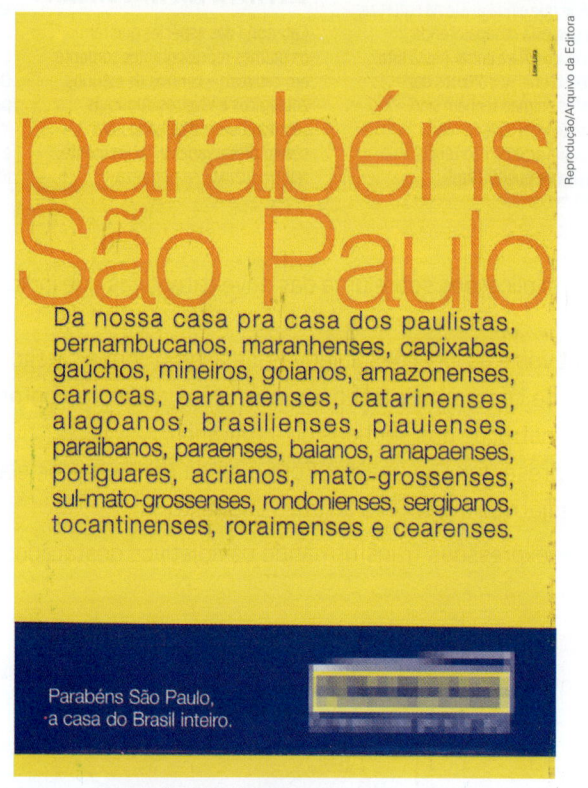

> **parabéns São Paulo**
> Da nossa casa pra casa dos paulistas, pernambucanos, maranhenses, capixabas, gaúchos, mineiros, goianos, amazonenses, cariocas, paranaenses, catarinenses, alagoanos, brasilienses, piauienses, paraibanos, paraenses, baianos, amapaenses, potiguares, acrianos, mato-grossenses, sul-mato-grossenses, rondonienses, sergipanos, tocantinenses, roraimenses e cearenses.
>
> Parabéns São Paulo, a casa do Brasil inteiro.

VEJA SÃO PAULO. São Paulo: Abril, n. 4, 28 jan. 2004.

a) No texto desse anúncio, observe o emprego de adjetivos pátrios ou gentílicos. Em seu caderno, escreva a que estado do Brasil pertencem os cidadãos designados por estes adjetivos que foram empregados na propaganda: *capixaba, gaúcho, carioca, potiguar.*

b) Em sua opinião, ao homenagear a cidade de São Paulo em uma propaganda publicada em revista de circulação nacional, a empresa anunciante tenta valorizar sua própria imagem junto aos leitores dessa publicação? Explique.

Há várias situações em que precisamos empregar adjetivos pátrios. Uma delas se dá no preenchimento de informações pessoais em fichas de identificação ou cadastros.

7 ▸ Copie a ficha abaixo no caderno e, em seguida, complete-a com seus dados. Caso você não saiba todos os dados, pergunte a alguém de sua família.

Ficha de identificação			
Nome completo:			
Endereço:		CEP:	
RG:			
Filiação:			
Nacionalidade:		Naturalidade:	

Observações:
- Para indicar a nacionalidade, deve-se empregar o adjetivo correspondente ao **país** onde a pessoa nasceu.
- Para indicar a naturalidade, deve-se empregar o nome da **cidade** ou o adjetivo correspondente à cidade onde a pessoa nasceu.

8 ▶ Os adjetivos pátrios fazem parte de nosso dia a dia, como se pode observar nos títulos de notícias a seguir. Em seu caderno, transcreva os adjetivos pátrios e indique o lugar a que se referem.
   a) "Principal linha de investigação para sumiço de norueguês no Rio é afogamento" (*O Globo*, Rio de Janeiro, 2 jun. 2018)
   b) "Britânicos sofrem com maior alta no preço da gasolina em 18 anos" (*Valor Econômico*, São Paulo, 5 jun. 2018)
   c) "PM mineira impede ação de policiais cariocas que forçavam saída de caminhões na BR-116" (*Estado de Minas*, Belo Horizonte, 30 maio 2018)
   d) "Brasilienses passam o feriado na fila para abastecer carro" (*TV Brasil*, Rio de Janeiro, 31 maio 2018)

Artigo

▶ Leia a história em quadrinhos a seguir e responda às questões no caderno.

LAERTE. Lola, a Andorinha. *Folha de S.Paulo*. São Paulo, 25 jun. 2011. Folhinha, p. 8.

a) Na fala "Agora, um filme. Um filme pra comer pipoca pra usar meus dentes!", o leitor descobre qual é o filme?
b) Qual é o filme a que a personagem assiste? Justifique sua resposta com base em elementos da história em quadrinhos.
c) Qual poderia ser a frase da personagem Lola para explicitar que gostaria de assistir ao filme que é indicado nessa história em quadrinhos?
d) Leia sua frase para os colegas, conforme orientação do professor. Ouça a produção deles e, com a turma toda, defina: O que Lola precisaria trocar, na frase da história em quadrinhos, para indicar o filme com mais precisão?

Releia o início do conto "História de Trancoso", apresentado na Unidade 1 deste livro, observando as palavras em destaque.

> Era uma vez **um fazendeiro** podre de rico, que viajava solitário.
> — Ah, quem me dera encontrar por aí um companheiro de estrada...
> Não é que encontrou? Num rancho em que parou para beber água, **o fazendeiro** achou um padre querendo seguir viagem, mas morria de medo.
>
> SANTOS, Joel Rufino dos. *O saci e o curupira e outras histórias do folclore*. São Paulo: Ática, 2017.

Note que um mesmo substantivo tem um efeito diferente conforme a palavra que o acompanha.

- Ao falar *um fazendeiro*, a palavra *um* indica que o narrador ainda não identificou o personagem: ele está indeterminado, indefinido.
- Ao empregar *o fazendeiro*, o narrador indica que o fazendeiro é determinado, definido, e o leitor já sabe a quem o narrador se refere.

As palavras *um/uma/o/a* ou *uns/umas/os/as* que acompanham os substantivos são **artigos**.

> **Artigo** é a palavra que acompanha o substantivo associando-lhe efeitos de determinação ou de indeterminação. O artigo pode ser:
> - **definido**: quando determina, define algo específico, individualiza um substantivo: *o, os, a, as*;
> - **indefinido**: quando indetermina, generaliza, indica algo comum, não específico: *um, uns, uma, umas*.

Numeral

Releia um trecho do infográfico:

> Para entrar nessa lista, é preciso que, nos últimos **dez** anos, os animais tenham sido reduzidos [...]

Nesse trecho, observe que a palavra *dez* está se referindo ao substantivo anos. Ela indica a **quantidade** exata de anos para entrar na lista. No cotidiano, são diversas as situações em que temos de indicar quantidades.

1. Leia a seguir o trecho de uma reportagem sobre segurança no trânsito.

> A moto é o veículo que mais mata no Brasil. Das 37,3 mil mortes que ocorreram no trânsito no país em 2016, as motocicletas foram responsáveis por 12,1 mil, o que representa 32% de acordo com as informações mais recentes do Observatório Nacional de Segurança Viária.
>
> Os automóveis vêm em segundo lugar, com 24% das vítimas. [...]
>
> PEREIRA, Clarice. *Folha de S.Paulo*, 15 jun. 2018, Seminários Folha — Segurança no Trânsito, p. 4 e 6.

Em seu caderno, escreva por extenso:

a) o ano referente ao número de mortes por motocicleta apresentado;

b) a porcentagem correspondente à participação das motos no número de mortes em 2016;

c) a porcentagem correspondente à participação dos veículos no número de mortes no mesmo ano.

As palavras que expressam números, quantidades, são os **numerais**. No texto foram utilizadas quantidades expressas por meio de **algarismos** (*37,3 mil, 12,1 mil, 2016, 32%, 24%*) e por meio de **palavras** (*mil, segundo*).

Vamos considerar a escrita por extenso de quantidades. Assim, veremos que os numerais podem ser empregados com diferentes finalidades:

- para indicar uma quantidade definida: dois mil e trinta; setenta;
- para indicar um aumento da quantidade inicial: dobro;
- para indicar uma parte de um todo: dois terços.

> **! Atenção**
>
> Veja, ao final do livro, nos quadros de ampliação dos estudos gramaticais, uma relação com outros numerais para consultar quando considerar necessário.

Os numerais podem ter diferentes classificações, observe:

Numerais			
Cardinais	Ordinais	Multiplicativos	Fracionários
Indicam quantidades definidas.	Indicam a ordem de elementos numa série.	Indicam o aumento de uma quantidade.	Indicam parte(s) de um todo.
Um, dois, três...	Primeiro, segundo, terceiro...	Dobro, triplo...	Meio, metade, um terço...

Em geral, usamos **algarismos arábicos** na representação numérica: 1, 24, 178... Outra forma de representar uma quantidade ou uma ordem numérica é utilizando **algarismos romanos**. Veja alguns exemplos:

- Indicação dos séculos.
  Exemplo: "Minha mãe nasceu no século XX. Eu, no século XXI."
- Indicação de capítulos de livros.
  Exemplo: "Meu irmão gostou de ler os capítulos V e VI daquele livro."
- Titulação de reis, imperadores e papas.
  Exemplo: "Dom Pedro II não era o filho mais velho de Dom Pedro I."

2▶ Desafio! Leia outra história em quadrinhos da andorinha Lola e responda às questões a seguir.

LAERTE. Lola, a Andorinha. *Folha de S.Paulo*. São Paulo, 17 set. 2011. Folhinha, p. 8.

a) Essa história em quadrinhos ilustra um hábito bastante recomendável para combater o desperdício de água. Que hábito é esse?

b) Em seu caderno, copie da história a palavra criada por Haroldo para representar um numeral fracionário, isto é, um numeral que indica parte de um todo.

c) Responda: na história em quadrinhos, que numeral poderia representar a intenção do morcego, ou seja, transmitir a ideia de parte de um todo?

d) No caderno, copie os outros numerais empregados na história em quadrinhos. Consulte o quadro da página 124 e escreva como são classificados.

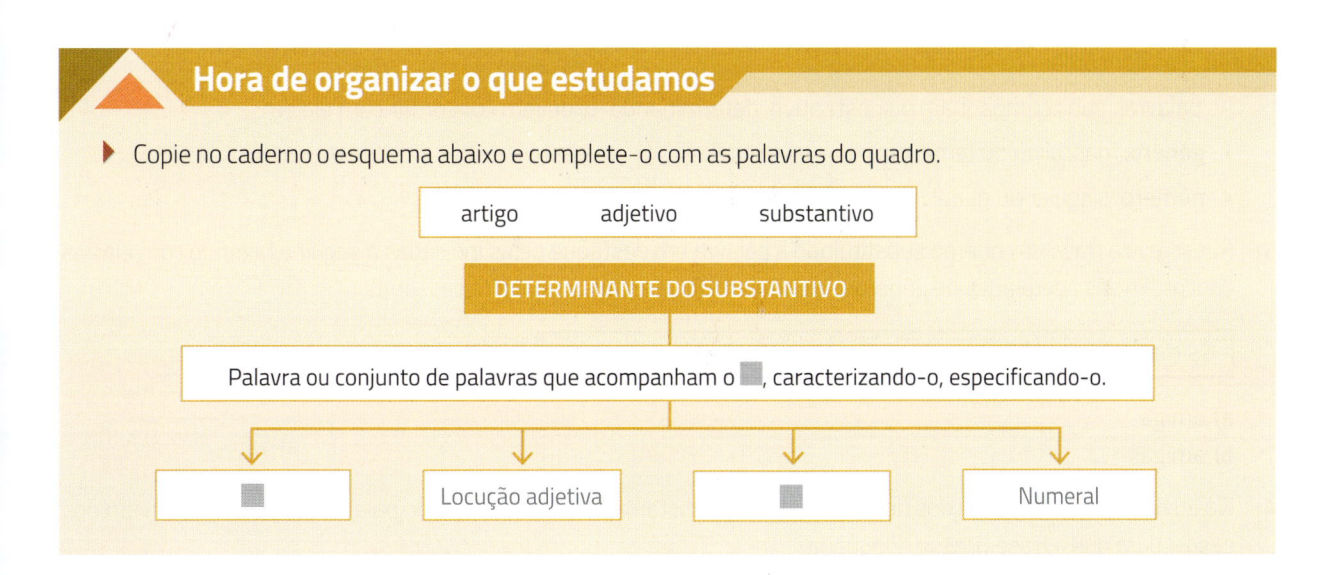

Hora de organizar o que estudamos

▶ Copie no caderno o esquema abaixo e complete-o com as palavras do quadro.

| artigo | adjetivo | substantivo |

DETERMINANTE DO SUBSTANTIVO

Palavra ou conjunto de palavras que acompanham o ■, caracterizando-o, especificando-o.

| ■ | Locução adjetiva | ■ | Numeral |

Concordância nominal

1▸ Releia esta fala da andorinha Lola:

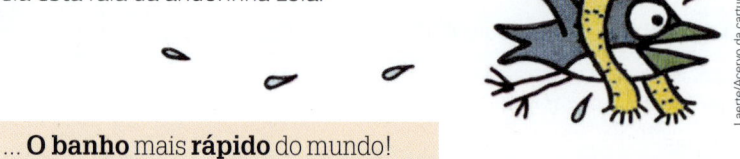

... **O banho** mais **rápido** do mundo!

Observe:

o → **banho** (substantivo) ← rápido

Reescreva a fala de Lola no caderno substituindo a palavra *banho* pela palavra *corrida*. Faça as adaptações necessárias.

2▸ Em seu caderno, reescreva a fala de Lola de duas maneiras:

a) usando a palavra *banhos* no lugar da palavra *banho*;

b) substituindo a palavra *banho* pela palavra *corridas*.

c) O que você observou na reescrita das frases?

Na frase a seguir, o substantivo *amigos* é acompanhado por várias palavras. Leia e observe o esquema abaixo.

Os meus dois melhores **amigos** da escola mudaram de cidade.

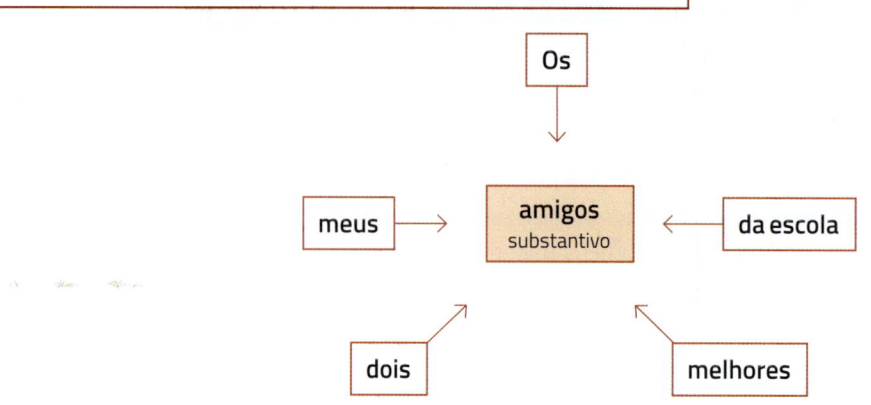

Os ↓
meus → **amigos** (substantivo) ← da escola
dois ↗   ↖ melhores

As palavras em torno do substantivo *amigos* concordam com esse termo em gênero (masculino) e em número (plural). Elas concordam com o substantivo.

As palavras que acompanham o substantivo, determinando-o, devem concordar com ele em:

- **gênero**: masculino ou feminino;
- **número**: singular ou plural.

3▸ Reescreva a frase no caderno substituindo a palavra em destaque pelas indicadas a seguir e fazendo com elas as concordâncias adequadas de gênero e de número. Faça as adaptações necessárias.

Os meus dois melhores **amigos** da escola mudaram de cidade.

a) amiga
b) amigas

4▸ Na atividade anterior, além dos determinantes do substantivo, que outro tipo de palavra você alterou, em um dos casos, para que a frase ficasse adequada?

UNIDADE 4 • Da informação ao conhecimento

> **No dia a dia**

Variação de uso da concordância nominal (do substantivo com seus determinantes)

Em geral, espera-se que os determinantes de um substantivo concordem com ele em gênero e número. Mas, no dia a dia, nem sempre a concordância ocorre assim.

1▸ Leia um trecho de uma bela canção de Renato Teixeira. Se for possível, ouça-a também. Observe os versos destacados.

Raízes
Renato Teixeira

Galo cantou
Madrugada na Campina
Manhã menina
Tá na flor do meu jardim
Hoje é domingo
Me desculpe eu tô sem pressa
Nem preciso de conversa
Não há nada pra cumprir

Passar o dia
Ouvindo o som de umas viola
Eu quero que o mundo agora
Se mostre pros bem-te-vi
Mando daqui das bandas do rural lembranças
Vibrações da nova hora
Pra você que não tá aqui
[...]

TEIXEIRA, Renato. *Ao vivo em Tatuí*, 1999.
Disponível em: <www.vagalume.com.br/renato-teixeira/raizes.html>. Acesso em: 18 set. 2018.

a) Como foi feita a concordância entre os termos nos versos destacados? Explique.

b) Levando em conta o ambiente que a letra dessa canção pretende representar, responda: Você acha que a letra ficaria melhor se fosse escrita como se lê abaixo?

> **Ouvindo o som de umas violas**
> Eu quero que o mundo agora
> **Se mostre pros bem-te-vis**

2▸ É comum ouvir frases com a concordância entre as palavras semelhante a essa que ocorre na letra de canção? Dê um exemplo.

3▸ Você conhece outras músicas em que a linguagem usada na letra se aproxima da maneira como as pessoas do local retratado falam? Quais?

A letra dessa canção reflete uma realidade, a das pessoas que vivem na zona rural, onde o galo canta, os bem-te-vis voam. Procura aproximar a canção da fala do dia a dia, em que, muitas vezes, não são seguidas todas as regras de concordância indicadas pela norma-padrão, apresentada na gramática normativa. Isso acontece tanto na zona rural como na zona urbana. A letra da canção está adequada à situação comunicativa a que ela pertence.

Algumas pessoas, no entanto, desconsideram a diversidade e afirmam que só há um modo de falar e de escrever uma língua: aquele que segue as regras da norma-padrão.

Ao valorizar uma **única variedade** do uso da língua, pode-se estimular o **preconceito linguístico**. Respeitar **a diversidade do português brasileiro**, além de não estigmatizar os usuários das inúmeras variedades da nossa língua, reforça nossa identidade como povo de uma pluralidade cultural imensa.

Ao estudar a língua, podemos nos apropriar de várias formas de expressão: conhecemos melhor como fazemos as escolhas mais espontâneas e também nos apropriamos do modo de estabelecer a comunicação em situações mais formais para identificar um texto escrito dessa maneira ou para produzir textos com essas características, como um trabalho escolar, um artigo ou uma notícia nos jornais, uma ata de reunião, um documento oficial...

Atividades: concordância nominal

Leia um trecho sobre a chegada de artistas franceses na época do Brasil Império.

> Em 1807, o príncipe regente de Portugal, Dom João, encurralado e com medo de ser preso, fugiu com a família real para terras brasileiras. Foi assim que o país passou a receber forte influência cultural europeia. A partir de 1815, com a queda de Napoleão, os laços entre Portugal e França são retomados. Um ano depois, desembarcaram no Rio de Janeiro um grupo de artistas franceses, liderados por Joachim Lebreton. Neste grupo encontravam-se artistas como Debret. [...]
>
> DELPHINO, Cristiane. Missão artística francesa. *Site História Brasileira*.
> Disponível em: <www.historiabrasileira.com/brasil-imperio/missao-artistica-francesa/>. Acesso em: 25 jun. 2018.

Em um texto informativo deve predominar a linguagem mais cuidada, mais formal. Trata-se de um texto em que a concordância entre os termos de uma frase é um aspecto a que seu autor deve estar sempre atento.

1▸ Releia este trecho do texto:

> Foi assim que o país passou a receber forte influência cultural europeia.

Em seu caderno organize um esquema com quatro quadrinhos, como se vê abaixo. No quadrinho central, escreva o substantivo *influência*. Os outros três quadros devem estar em volta desse central. Complete os quadrinhos com as palavras ou expressões que determinam ou especificam esse substantivo. Para isso, observe quais palavras estão ligadas a ele.

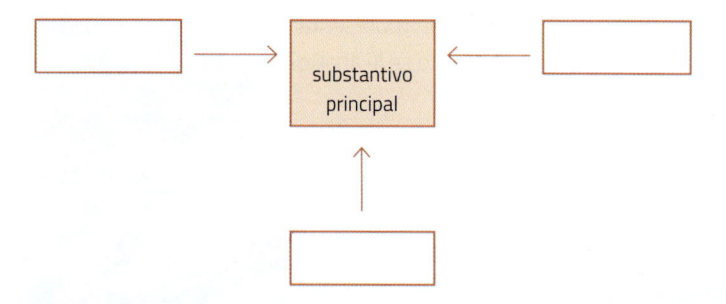

[esquema: substantivo principal ao centro, com três quadros ligados por setas]

2▸ Em seu caderno, reescreva a frase trabalhada na atividade anterior substituindo a palavra *influência* pelas palavras a seguir. Estabeleça a concordância adequada entre os termos e faça as adaptações necessárias.
a) conselho
b) atuações

Desafios da língua

Tonicidade

1▸ Um aluno deverá ler as frases a seguir em voz alta:
 I. A **secretária** da escola ficou muito feliz com a homenagem feita pelos alunos.
 II. A **secretaria** da escola não abrirá amanhã, pois todos os funcionários farão um curso em outro local.
Responda: O que você percebeu em relação à pronúncia das palavras destacadas nas duas frases lidas?

A diferença entre as palavras acima destacadas é a posição da sílaba falada com mais intensidade em cada uma:

| secre**tá**ria | secreta**ri**a |

A sílaba falada com mais intensidade em uma palavra é a sílaba tônica.

> **Sílaba** é o som ou o conjunto de sons da palavra que é pronunciado em um só impulso da voz.
> **Sílaba tônica** é aquela que é pronunciada com maior intensidade de voz em uma palavra.

UNIDADE 4 • Da informação ao conhecimento

2▸ Leia as palavras a seguir em voz alta e, depois, marque a sílaba na qual recai o acento tônico.

resolver	capítulo
sacerdote	feijão
urubu	português
vendaval	felicíssimo
material	poderoso
barro	principal
antepassado	ótimo
merecido	moleque

Identificamos a posição da sílaba tônica de uma palavra contando as sílabas do fim para o começo da palavra, ou seja, da direita para a esquerda. Esse procedimento facilita a classificação da palavra quanto à posição da sílaba tônica, pois na língua portuguesa a sílaba tônica está sempre entre as três últimas.

Dependendo da posição que a sílaba tônica ocupa nas palavras, estas podem ser classificadas em **oxítonas**, **paroxítonas** e **proparoxítonas**. Observe:

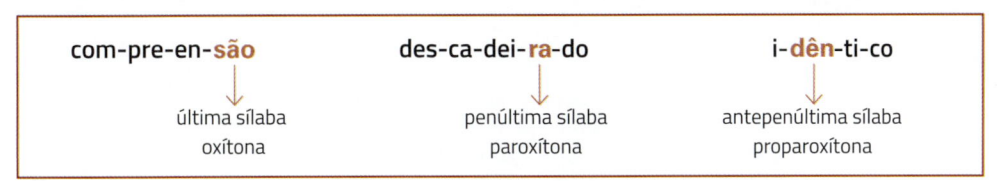

com-pre-en-**são**	des-ca-**dei**-ra-do	i-**dên**-ti-co
última sílaba	penúltima sílaba	antepenúltima sílaba
oxítona	paroxítona	proparoxítona

3▸ Leia as palavras a seguir. Depois copie o quadro mais abaixo no caderno e, em suas colunas, distribua as palavras lidas. Dica: repita a leitura quantas vezes forem necessárias. Leia em voz alta as palavras a serem distribuídas procurando identificar a sílaba tônica; conte da direita para a esquerda para saber qual é ela.

montanha	janela	estômago
colecionador	imensidade	obstáculo
timidez	precioso	madrepérola
série	horizontal	fenômeno
televisão	órfão	jornal
telespectador	bombeiro	gravador
fiação	semanal	louvável
sólido	anteriormente	glória
floricultura	papelaria	excentricidade
torcedor	náusea	indígena

Proparoxítonas	Paroxítonas	Oxítonas

Em diversas gramáticas há uma seção chamada **prosódia**, que indica qual deve ser a sílaba tônica em algumas palavras, de acordo com a pronúncia considerada oficial ou padrão das palavras da língua portuguesa.

De acordo com a prosódia, deve-se dizer, por exemplo:

- ru**bri**ca e não **rú**brica;
- pu**di**ca e não **pú**dica;
- ru**im** e não **ru**im;
- gra**tui**to e não gratuito.

Alguns dicionários indicam a pronúncia padrão das palavras que compõem os verbetes. Assim, quando houver dúvidas sobre como pronunciar alguma palavra, é possível recorrer a um dicionário.

Outro texto do mesmo gênero

AMEAÇADOS

Hoje em dia, muitas espécies de plantas e animais estão ameaçadas pela ação de uma única criatura: o ser humano. Com sua habilidade de modificar e destruir habitats, os humanos estão provocando a extinção de uma variedade de formas de vida.

20%

A Lista Vermelha de 2008 elaborada pela União Internacional para a Conservação da Natureza (UICN) mostra que 20% das espécies de mamíferos (1.140 das 5.000 conhecidas) estão ameaçadas de extinção.

DESMATAMENTO

Em 1995, auge do desmatamento da Floresta Amazônica, uma área de 29.000 km² foi destruída.

3,3 KM² POR HORA,

ou 80 quilômetros quadrados por dia, área maior que a ilha de Manhattan, em Nova York.

DECLÍNIO DAS BALEIAS

Sua população antes do início da caça às baleias é estimada em

350.000

Hoje, existem entre 8.000 e 14.000

Um declínio de **97%**

SALVEM OS TIGRES

Dados de 2011 mostram um aumento nas populações de tigres – de 1.411 em 2007 para 1.706. Esse aumento se deve à proteção dos principais habitats da espécie.

2007
1.411

2011
1.706

DESMATAMENTO EM BORNÉU

A cobertura vegetal na ilha de Bornéu (em verde)

1950

2010

DECLÍNIO DOS ELEFANTES

O número de elefantes no Chade caiu de

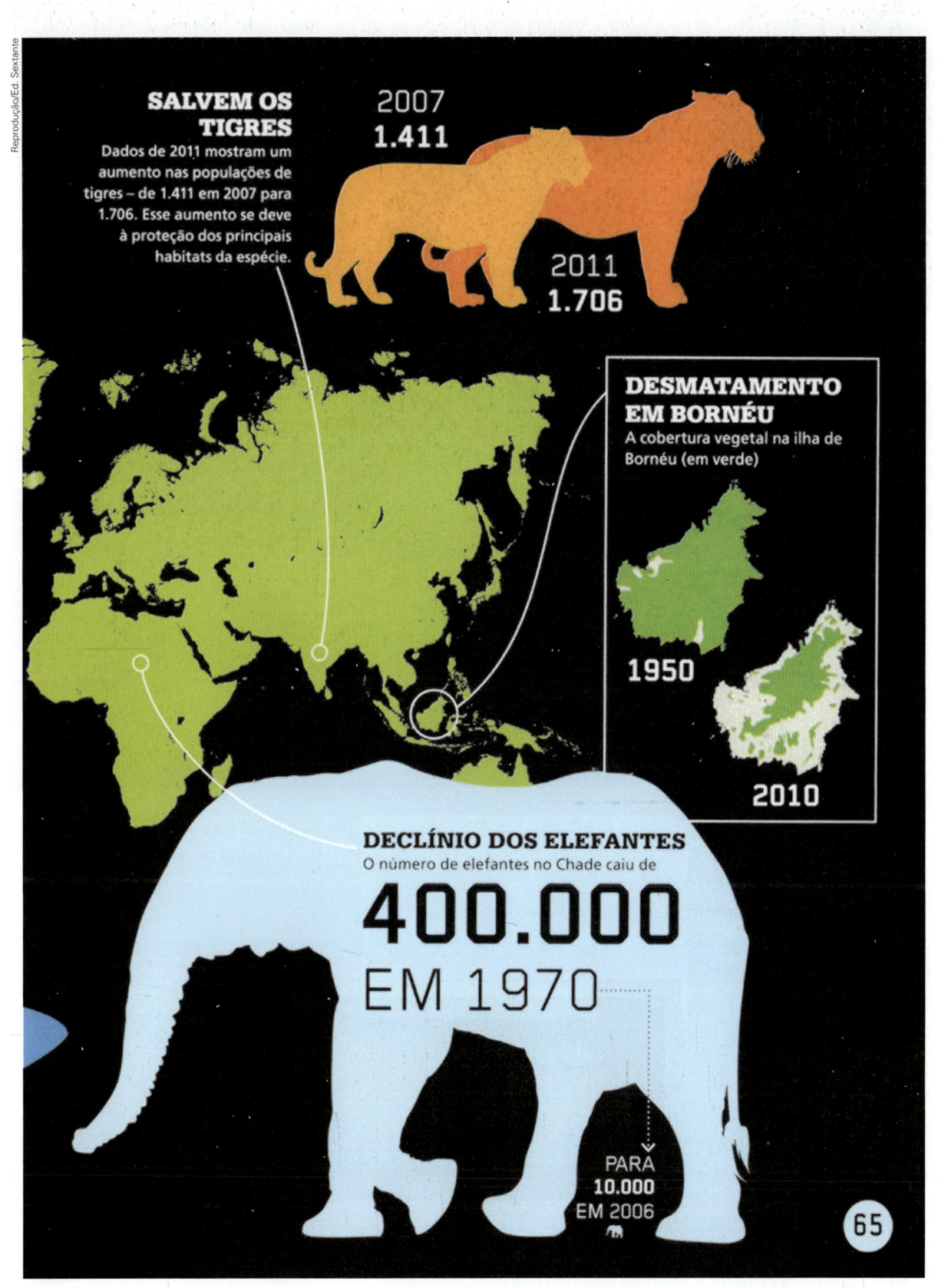

400.000

EM 1970

PARA
10.000
EM 2006

RICHARDS, Jon. *O mundo em infográficos*. Rio de Janeiro: Sextante, 2013. p. 64-65.

1 Converse com os colegas sobre as questões a seguir.

   a) Que informações desse infográfico têm relação com as informações do infográfico do início da unidade?
   b) Qual informação dada nesse texto impressionou mais você? Por quê?
   c) O que você já sabia por ter tido informações sobre o assunto por meio dos meios de comunicação?

2 Releia estes dois trechos do infográfico:

DECLÍNIO DAS BALEIAS
Sua população antes do início da caça às baleias é estimada em
350.000
Hoje, existem entre **8.000 e 14.000**
Um declínio de **97%**

DECLÍNIO DOS ELEFANTES
O número de elefantes no Chade caiu de
400.000 EM 1970
PARA **10.000 EM 2006**

Compare as informações e assinale as alternativas mais adequadas para completar a frase a seguir.
Pelas informações lidas no infográfico sobre animais, é possível concluir que a queda no número:

   a) de baleias foi maior do que a queda no número dos elefantes.
   b) dos elefantes foi próxima à queda no número das baleias.
   c) dos elefantes foi o maior.

3 Observe novamente este trecho e os dados apresentados:

2007 **1.411**
2011 **1.706**

   a) Assinale a alternativa correta. Quanto às informações dadas nesse recorte, é possível afirmar que:
   - o número de tigres diminuiu ao longo dos anos.
   - o número de tigres aumentou ao longo dos anos.

   b) Explique sua resposta, apoiando-se nas informações do texto.

PRODUÇÃO DE TEXTO

Infográfico

O professor vai separar a turma em três grandes grupos. Cada um vai produzir um **infográfico** sobre animais em risco de extinção para apresentar aos alunos dos anos iniciais da escola.

Para isso, vocês vão juntar no grande grupo o material feito pelos pequenos grupos na atividade realizada na seção *Prática de oralidade*.

▶ Preparação

1▸ **Em grupo.** Vejam o esquema para esta produção de texto:

```
                    INFOGRÁFICO
        ┌───────────────┼───────────────┐
   Tema/assunto    Intenção/finalidade   Leitor/público-alvo
        │               │                   │
  Animais em risco   Registrar e         Para a turma da sala
  de extinção.       compartilhar        e os alunos dos anos
                     informações.        iniciais da escola.
```

2▸ Coletem as fichas, as fotos, as ilustrações, os mapas e outros materiais produzidos pelos pequenos grupos.

3▸ Pensem na melhor forma de apresentar esse material de pesquisa. Conversem sobre a linguagem e a escolha das imagens (o aspecto gráfico-visual) do infográfico para atrair os pequenos leitores dos anos iniciais.

▶ Primeira versão — Distribuição das informações

1▸ Em uma folha de papel grande, distribuam as fichas, as imagens e os mapas, escolhendo a melhor forma de apresentar o infográfico. Se não houver fotos, façam desenhos dos animais. Se tiverem dificuldade, desenhem apenas a silhueta, isto é, o contorno deles.

2▸ Escolham um título que chame a atenção. Usem cores variadas, letras de diferentes tamanhos, ilustrações, títulos menores e não se esqueçam de dar destaque ao **grupo de risco** em que se encontra o animal, baseando-se na informação do infográfico da leitura inicial.

▶ Revisão

1▸ Releiam e revejam o infográfico para verificar se a distribuição dos textos e das imagens ficou atraente e se não há nenhuma informação incompleta ou palavra escrita de maneira inadequada.

2▸ Avaliem:
- se os desenhos ajudam a compreender as informações;
- se as informações estão bem organizadas na folha de papel.

Circulação

1. Exponham o infográfico inicialmente para os colegas da sala. Peçam aos colegas dos outros grupos sugestões de melhoria e deem sugestões a eles também.

2. Finalmente exponham o infográfico para os alunos dos anos iniciais.

Reservem todo o material que vocês utilizaram para produzir o infográfico, pois ele será reutilizado na próxima seção, em que vocês serão convidados a produzir um infográfico digital.

Minha biblioteca

O mundo em infográficos – A vida, o Universo e tudo mais. Jon Richards e Ed Simkins. Sextante.

Que tal aprender sobre as mudanças climáticas que afetam nosso planeta? Ou descobrir mais informações sobre as galáxias e os mistérios do Universo? Por meio de recursos gráfico-visuais, como ícones e ilustrações, esse livro traz informações sobre esses e muitos outros assuntos, de maneira divertida e instigante.

INTERATIVIDADE

Infográfico digital

Nesta unidade, você já fez a leitura do infográfico "Como um animal é declarado extinto?", além do infográfico que trata do desmatamento e dos animais ameaçados de extinção em algumas regiões do mundo, e viu de que maneira os recursos verbais e visuais combinam-se nesse gênero textual para produzir sentidos e apresentar informações de modo mais atraente, organizado e dinâmico.

Jean Galvão/Arquivo da editora

Agora você e seus colegas vão criar um infográfico digital. Ao final do trabalho, vocês poderão divulgar suas produções no *blog* da turma; assim, os infográficos podem ser acessados por mais pessoas. Sigam as etapas e bom trabalho!

> Os **infográficos digitais** podem ser **estáticos** ou **animados**.
> **Estáticos**: apresentam textos e imagens sem movimento e geralmente são publicados em livros, revistas e jornais impressos ou digitais.
> **Animados**: podem apresentar animações de apenas alguns elementos ou ser totalmente produzidos em forma de vídeos animados, sendo divulgados em jornais e revistas digitais, em redes sociais e outras mídias.

INFOGRÁFICO 135

▸ Preparação

1▸ Em grupo. Reúna-se com os mesmos colegas com os quais você realizou a pesquisa sobre o animal em risco de extinção e produziu o infográfico na seção anterior, *Produção de texto*.

2▸ Antes de usarem a ferramenta para criar infográficos digitais, vocês devem:
- digitar os textos que escreveram na seção *Produção de texto*;
- digitalizar as imagens selecionadas anteriormente e/ou pesquisar novas imagens;
- deixar as imagens em tamanho e formato semelhantes.

> **! Atenção**
> Salvem todos os textos e as imagens que usarão no infográfico em um dispositivo (como um *pendrive*, por exemplo) ou serviço de armazenamento de dados (também conhecido como armazenamento "na nuvem").

▸ Produção

1▸ No dia, horário e local combinados, você e seus colegas vão usar o computador e acessar a ferramenta de criação de infográficos digitais indicada pelo professor.

2▸ Em algumas dessas ferramentas costuma haver formatos prontos de infográfico digital que podem ser usados e modificados por cada usuário. Esses formatos prontos são chamados de *layout*. Escolham então o *layout* que considerarem ser o mais interessante e adequado. Se precisarem, peçam a ajuda do professor para fazer essa escolha.

▸ *layout*: projeto gráfico de material a ser reproduzido em papel ou em meio digital; *design*.

3▸ Criem e digitem um título para o infográfico no espaço destinado a isso.

4▸ Copiem e colem os textos que vocês digitaram, distribuindo-os nos lugares adequados.

5▸ Insiram no infográfico as imagens que vocês digitalizaram.

6▸ Digitem, nos campos destinados a isso, o nome de cada um de vocês como autores do infográfico e também as fontes de pesquisa.

▸ Revisão e finalização

1▸ Revisem os textos, conferindo se as informações foram digitadas corretamente e se estão de acordo com as fontes da pesquisa.

2▸ Analisem se o texto verbal e as imagens estão adequados, favorecendo a leitura das informações, e façam os ajustes necessários.

3▸ Salvem a versão final do infográfico em um *pendrive* ou outro dispositivo indicado pelo professor.

▸ Divulgação e circulação

1▸ Conversem com o professor e decidam:
- como farão a publicação, no *blog* da turma, dos infográficos produzidos;
- de que maneira vão divulgar a atualização dessa página, para que a comunidade escolar e os familiares saibam que os infográficos foram publicados e possam acessá-los.

2▸ Para fazer a postagem no *blog*, elaborem um breve texto de apresentação do *post* que reunirá todos os infográficos produzidos. Esse texto deve chamar a atenção do leitor e provocar seu interesse pelo conteúdo publicado.

▸ *post*: texto, imagem ou qualquer outro conteúdo publicado em uma página da internet.

Autoavaliação

Chegou o momento de fazer um balanço de tudo o que foi estudado na Unidade 4. Leia o quadro de conteúdos para recordar o que estudou e, no caderno, avalie seu desempenho usando os tópicos propostos a seguir como orientação. Isso ajudará você na hora de organizar seus estudos.

Meu desempenho

- **Compreendi bem** (registre no caderno os itens que você compreendeu)
- **Avancei em** (registre no caderno os itens em que você melhorou)
- **Preciso rever** (registre no caderno os itens que você precisa estudar mais)
- **Outras observações e/ou outras atividades**

	UNIDADE 4
Gênero Infográfico	**LEITURA E INTERPRETAÇÃO** • Leitura do infográfico "Como um animal é declarado extinto?" • Texto verbal e não verbal • Organização, linguagem e recursos empregados na construção de infográficos **PRODUÇÃO** **Oral** • Pesquisa para exposição oral, em grupo **Escrita** • Montagem de infográfico • Interatividade: produção de infográfico digital
Ampliação de leitura	**CONEXÕES** • Outras linguagens: Ilustração • A arte como forma de conhecimento • Mapa de espécies ameaçadas: outra forma de representação visual **OUTRO TEXTO DO MESMO GÊNERO** • Infográfico "Ameaçados"
Língua: usos e reflexão	• Determinantes do substantivo: adjetivo, locução adjetiva, artigo, numeral • Concordância nominal • Desafios da língua: tonicidade, sílaba tônica
Participação em atividades	• Orais • Coletivas • Em grupos

138

UNIDADE 5

Registro de vivências e memória

Registrar experiências por escrito nos ajuda a relembrar detalhes de nossa vida. Será que é isso que os jovens que aparecem nas imagens estão fazendo? Você tem o hábito de registrar por escrito fatos de sua vida? Se sim, onde costuma fazer esse registro? E por que isso é importante para você? Se não, como faz para guardar experiências que considera valiosas?

Nesta unidade você vai:
- ler e interpretar relato pessoal;
- identificar a intenção do relato pessoal;
- identificar e utilizar discurso indireto no relato pessoal;
- produzir relato pessoal: oral, escrito e digital;
- estabelecer coesão textual por meio dos pronomes;
- reconhecer e utilizar os pronomes pessoais, possessivos, demonstrativos e indefinidos;
- comparar usos no cotidiano: *a gente* e *nós*;
- rever a acentuação das palavras oxítonas, paroxítonas e proparoxítonas.

RELATO PESSOAL

Os textos que registram fatos que foram vividos por quem os conta recebem o nome de **relato pessoal**. Em geral, quem produz esse tipo de texto tem o objetivo de revelar que os acontecimentos organizados ali fizeram parte da realidade.

Leia dois trechos do relato das experiências vividas por três irmãs: as gêmeas Laura e Tamara e a caçula Marininha. Elas registraram em um livro acontecimentos de uma viagem à Antártica, um continente em que a temperatura pode ser extremamente baixa! O primeiro trecho é a apresentação desse livro, e o segundo conta uma das aventuras vividas por elas e os pais.

> Esse lugar também é chamado de Antártida.

Será que a leitura desse relato pessoal ajudará você a ter sensações e sentimentos semelhantes aos das pessoas envolvidas na ocasião registrada?

Leitura

Férias na Antártica
Laura, Tamara e Marininha Klink

Partir

1   Nascemos numa família que gosta de viajar de barco, e muito. Crescemos enquanto nosso pai construía um novo veleiro, o Paratii 2. Pessoas que nunca tinham visto um barco antes também participaram da sua construção, que aconteceu devagar, longe do mar e com muito esforço. Quando ficou pronto, tornou-se famoso pelas viagens que fez e por ser um dos barcos mais modernos do mundo. Nossa mãe sabia que o barco era seguro e que poderia levar toda a nossa família. Então pediu para irmos todos juntos numa próxima vez e nosso pai concordou! Ficamos felizes porque, finalmente, não ficaríamos na areia da praia dando tchau.

Partimos para uma longa viagem e deixamos nossos avós com saudades. Viajamos para um lugar que muitas pessoas nem imaginam como é. Para chegarmos lá, balançamos para cima e para baixo, para um lado e para o outro, com movimentos nem um pouco agradáveis, nada parecidos com os que experimentamos em terra firme.

Fomos para um continente que não tem dono, bandeira ou hino, onde sentimos temperaturas abaixo de zero. Dizem que ali é tudo branco e só tem gelo, mas enquanto viajávamos fomos descobrindo muitas cores e diferentes tons de branco.

Sempre nos perguntam: "O que vocês fazem lá?". "Tudo!" é a nossa resposta. É um lugar muito especial chamado Antártica. E por que é tão especial assim?

5   Leia este livro e descubra!

[...]

Chegamos?

Quando deixamos a América do Sul rumo à Antártica, passamos pelo extremo sul do continente americano, o famoso cabo Horn. A partir dali, navegamos pelo estreito de Drake. Com muito mar pela frente, estamos sempre acompanhados por muitas aves marinhas, principalmente petréis e albatrozes.

> **Drake (passagem ou estreito de Drake):** porção de mar situada entre a América do Sul e a Antártica, conhecida pelas difíceis condições meteorológicas marítimas.

Conforme nos aproximamos da Antártica, a água vai esfriando, ficando mais densa e o alimento começa a ficar mais concentrado, atraindo um número maior de animais. É como se entrássemos num enorme carrossel de animais e *icebergs* que flutuam em volta do continente antártico. Esse cinturão azul que abraça o continente é chamado de Convergência Antártica.

Ali sabemos que estamos mais perto do nosso destino do que de casa, e temos a sensação de que a viagem dos nossos sonhos está acontecendo.

Depois de cruzarmos o Drake — que é a parte chata porque todo mundo passa mal no barco —, nossa ansiedade aumenta ainda mais. Alguns sinais indicam que finalmente estamos chegando: não vemos mais albatrozes no céu, sentimos o vento gelado no rosto e não dá mais para ir do lado de fora sem luvas e gorros. Começamos a ver grupos de pinguins saltando para fora da água e focas se exibindo no mar.

Quando nosso pai diz que já é possível encontrar um *iceberg* no caminho, a gente fica mais tempo do lado de fora do barco fazendo companhia para ele no frio. Achamos que ele gosta de sentir frio. Nós gostamos só um pouquinho e logo queremos voltar para o calor da cabine. Mas como esse é um momento especial, temos um combinado no barco: quem avistar o primeiro *iceberg* da viagem ganha um prêmio. Assim a gente sente coragem de ficar mais tempo no frio!

[...]

RELATO PESSOAL

Quanto mais nos aproximamos da Antártica, maior é o número de *icebergs*. Eles vão surgindo, com formatos e tamanhos diferentes. O que varia bastante também são as cores. É, as cores! Dependendo da posição do sol, das condições climáticas do dia, do tamanho do *iceberg*, da largura da parede de gelo, da densidade e de outros elementos, um *iceberg* pode ser muito diferente do outro.

Mesmo de longe, eles são muito diferentes. Não são apenas blocos de gelo. Cada um é único. São tons de branco, cinza, azul e verde muito diferentes dos que estamos acostumados a ver no Brasil. Leva um tempo pra gente se acostumar. A água vai batendo pouco a pouco no *iceberg* e o gelo vai se moldando, sendo esculpido em pontas, rampas, pequenas piscinas e cavernas. Formam-se até pontas de gelo que lembram estalactites, que a gente pode pegar com as mãos e brincar de "picolés de gelo"!

Muita gente conhece a frase "isso é apenas a ponta do *iceberg*", que usamos para dizer que tem muito mais do que parece em alguma coisa. Isso acontece porque a parte do *iceberg* que está acima do mar corresponde a apenas 30% do seu total; o resto está submerso. Esse fato também é conhecido, mas ver *icebergs* ao vivo nos leva a pensar em coisas que nem todo mundo pensa: quando um *iceberg* derrete, ele vai subindo ou capota e mostra a parte que estava debaixo d'água? [...]

KLINK, Laura; KLINK, Tamara; KLINK, Marininha. *Férias na Antártica*. São Paulo: Grão, 2010.

Marininha, **Tamara** e **Laura Klink** são filhas dos velejadores Marina Bandeira e Amyr Klink. Na época em que o livro foi publicado, as gêmeas Laura e Tamara tinham 13 anos e a caçula, Marina, 10 anos. O pai delas, que também é comandante de embarcações e escritor, já publicou livros sobre suas viagens, como *Cem dias entre céu e mar*, lançado pela Companhia das Letras.

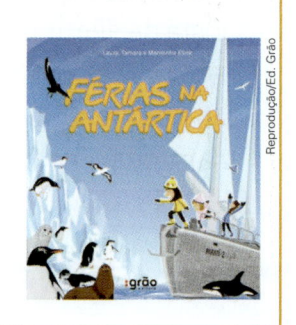

Os albatrozes e os petréis, citados no texto que você acabou de ler, são aves marinhas que se distribuem por quase toda a extensão do oceano Antártico.

Albatroz.

Petrel-gigante.

UNIDADE 5 • Registro de vivências e memória

Interpretação do texto

Compreensão inicial

Em um relato pessoal, quem escreve tem por objetivo registrar acontecimentos, seu ponto de vista ou suas impressões sobre os fatos mencionados.

Responda no caderno às seguintes questões:

1. O relato pessoal que você leu envolve um acontecimento e as pessoas que dele participam.
   a) Qual foi o acontecimento registrado nesse relato?
   b) Quem participa dele?

2. Logo no início do relato, as meninas comentam: "[...] finalmente, não ficaríamos na areia da praia dando tchau". Qual seria o significado dessa afirmação?

3. No segundo parágrafo do relato, as três irmãs afirmam: "Viajamos para um lugar que muitas pessoas nem imaginam como é". Na sequência, elas apresentam alguns dados gerais sobre a região. Identifique esse trecho e, no caderno, copie três informações gerais sobre a Antártica fornecidas por elas nesse ponto.

4. Em determinado trecho do relato, as irmãs descrevem **os sinais** da aproximação do barco junto ao continente. Identifique o trecho e indique, no caderno, os sinais escolhidos pelas autoras do relato para mostrar que:
   a) estavam mais próximas do destino do que de casa;
   b) estavam finalmente chegando ao destino.

5. *Iceberg* é um termo inglês. Trata-se de uma grande massa de gelo flutuante desprendida de uma geleira. As meninas afirmam, porém, que os *icebergs* não são "apenas blocos de gelo" e dedicam alguns parágrafos inteiros a eles.
   a) Que particularidades dos *icebergs* chamaram a atenção delas?
   b) Por que as irmãs deram tantos detalhes dessas massas de gelo flutuantes?

6. No trecho lido, as irmãs Klink fazem referência aos lugares por onde passaram e fornecem a localização precisa do espaço geográfico. Copie em seu caderno os lugares mencionados por elas.

Linguagem e construção do texto

Férias na Antártica é um relato pessoal, por isso, em muitos momentos, é possível identificar nesse texto o uso de uma linguagem mais espontânea, mais informal. O fato de ter sido escrito por três jovens também contribui para essa informalidade.

Releia os trechos a seguir:

> [...] Assim a gente sente coragem de ficar mais tempo no frio!

> [...] Leva um tempo pra gente se acostumar.

A substituição da primeira pessoa do plural *nós* pela expressão *a gente* caracteriza o emprego de uma linguagem mais familiar, mais informal. Ao mesmo tempo, por desejarem registrar com mais exatidão o que veem, em muitos momentos do relato as meninas empregam uma linguagem mais **objetiva**, mais precisa.

> Dependendo da posição do sol, das condições climáticas do dia, do tamanho do *iceberg*, da largura da parede de gelo, da densidade e de outros elementos, um *iceberg* pode ser muito diferente do outro.

Observe que, para serem mais objetivas no que descrevem, elas utilizaram expressões cujo uso é mais comum em textos da área científica, como "condições climáticas" e "densidade".

1 ▸ Em seu caderno, copie outro trecho do texto em que as meninas usaram a linguagem de forma mais objetiva para descrever com detalhes o que viram.

2 ▸ As irmãs Klink relatam uma experiência marcante vivida por elas. Por isso, a linguagem do relato revela também suas emoções e seus sentimentos. Em alguns trechos, é usada uma linguagem **subjetiva**, isto é, que permite ao leitor perceber os gostos, as impressões e os sentimentos pessoais das irmãs no texto.
Observe o trecho destacado:

> **Achamos** que ele gosta de sentir frio. Nós gostamos **só um pouquinho** e logo **queremos** voltar para o **calor** da cabine.

Transcreva em seu caderno outro trecho em que se verifique o emprego de uma linguagem mais subjetiva, isto é, que revele sentimentos ou impressões pessoais.

Tempo verbal

O texto que você leu pode ser dividido em duas partes: **antes** da viagem e **durante** sua realização. Ao relatar a experiência, as irmãs Klink estão em outro momento, em que a aventura vivida — as férias na Antártica — já acabou; portanto, tudo o que contam da viagem pertence ao passado delas.

1 ▸ Observe o uso dos tempos verbais no relato de fatos que ocorreram **antes da viagem**:

> Crescemos enquanto nosso pai construía um novo veleiro, o Paratii 2. Pessoas que nunca tinham visto um barco antes também participaram da sua construção, que aconteceu devagar, longe do mar e com muito esforço.

a) No caderno, indique o tempo verbal que predomina no trecho acima.

b) Copie outro trecho do relato em que esse tempo predomine.

Barco Paratii 2, de Amyr Klink, pai das irmãs Klink.

2 ▸ Observe o emprego dos tempos verbais em outro momento do texto (**durante a viagem**):

> Ali sabemos que estamos mais perto do nosso destino do que de casa, e temos a sensação de que a viagem dos nossos sonhos está acontecendo.

a) No caderno, indique o tempo verbal que predomina nesse trecho.

b) Copie outro trecho em que esse tempo predomine.

3 ▸ Compare o uso dos tempos verbais nos trechos estudados nas atividades 1 e 2 e responda no caderno: Que efeito o uso do **tempo presente** provoca nos trechos que você leu do relato *Férias na Antártica*, em que todos os fatos mencionados já aconteceram, ou seja, fazem parte do passado de quem os conta?

Discurso indireto

Nesta unidade, você leu o relato de uma viagem de família envolvendo pai, mãe e três filhas.

1▸ Releia o trecho a seguir:

> Partimos para uma longa viagem e deixamos nossos avós com saudades.

Responda no caderno:

a) Qual das filhas relata os fatos?
b) O que você observou no trecho reproduzido acima para responder ao item **a**?
c) Reescreva a frase como se apenas uma das irmãs Klink tivesse escrito o relato de viagem.

2▸ Releia este outro trecho:

> Sempre nos perguntam: "O que vocês fazem lá?". "Tudo!" é a nossa resposta.

Reescreva-o no caderno como se fosse relatado apenas por uma das irmãs, ou seja, no singular: *eu*.

3▸ Observe:

Pessoa gramatical	Singular	Plural
1ª pessoa	eu	nós
3ª pessoa	ele/ela	eles/elas

Releia o trecho inicial do relato e responda em seu caderno às questões propostas.

> Nascemos numa família que gosta de viajar de barco, e muito. Crescemos enquanto nosso pai construía um novo veleiro, o Paratii 2. [...] Nossa mãe sabia que o barco era seguro e que poderia levar toda a nossa família.

a) Qual é a pessoa gramatical, ou **pessoa do discurso**, usada por quem relata esse trecho?
b) Que palavras empregadas nesse trecho comprovam essa resposta?
c) Identifique no texto *Férias na Antártica* outro trecho em que se reconhece essa pessoa gramatical.

4▸ Os fatos da viagem poderiam ter sido relatados no singular, apenas por uma das filhas, utilizando o pronome *eu*. Entretanto, optou-se por um relato na 1ª pessoa do plural, com o uso de *nós*. Em sua opinião, qual é o efeito produzido por esse relato no plural?

No conto popular "História de Trancoso", na Unidade 1, os diálogos entre o fazendeiro, o padre e o roceiro são registrados de forma direta, isto é, as falas dos personagens são reproduzidas no texto como se eles mesmos estivessem falando.

Nos trechos do relato que você leu nesta unidade, porém, as falas são apresentadas de outro modo. Frequentemente se usa o **discurso indireto**, em que se conta para o leitor o que foi falado.

Releia o trecho a seguir observando como é reproduzida a fala de alguém no relato:

> [...] nosso pai diz que já é possível encontrar um *iceberg* no caminho [...].

Se esse trecho estivesse registrado como diálogo, em **discurso direto**, poderia ficar assim:

> Nosso pai diz:
> — Já é possível encontrar um *iceberg* no caminho.

5▸ No caderno, reescreva o trecho a seguir utilizando o discurso direto. Observe que há mais de uma fala.

> Nossa mãe [...] pediu para irmos todos juntos numa próxima vez e nosso pai concordou!

6. O relato lido, que compõe o livro *Férias na Antártica*, é feito na 1ª pessoa do plural. Em seu caderno, reescreva os trechos do livro reproduzidos nos itens a seguir como um relato na 3ª pessoa do plural.

a)
> Era só a gente ficar sentada que logo um pinguim-papua curioso se aproximava.
>
> KLINK, Laura; KLINK, Tamara; KLINK, Marininha. *Op. cit.* O mundo dos pinguins, p. 54.

b)
> Alguns sinais indicam que finalmente estamos chegando: não vemos mais albatrozes no céu, sentimos o vento gelado no rosto e não dá mais para ir do lado de fora sem luvas e gorros.

▷ Tamara com pinguins-papua.

7. Reescreva no caderno o trecho a seguir, passando-o para o discurso direto e fazendo as adaptações necessárias.

> Desde pequenas, sabemos que os piratas dão a vida para encontrar tesouros. E nós ficamos impressionadíssimas quando nosso pai disse em nossa primeira viagem à Antártica que iríamos procurar um tesouro deixado anos atrás por ele e seus amigos em um lugar chamado Pleneau.
>
> KLINK, Laura; KLINK, Tamara; KLINK, Marininha. *Op. cit.* Caça ao tesouro, p. 24.

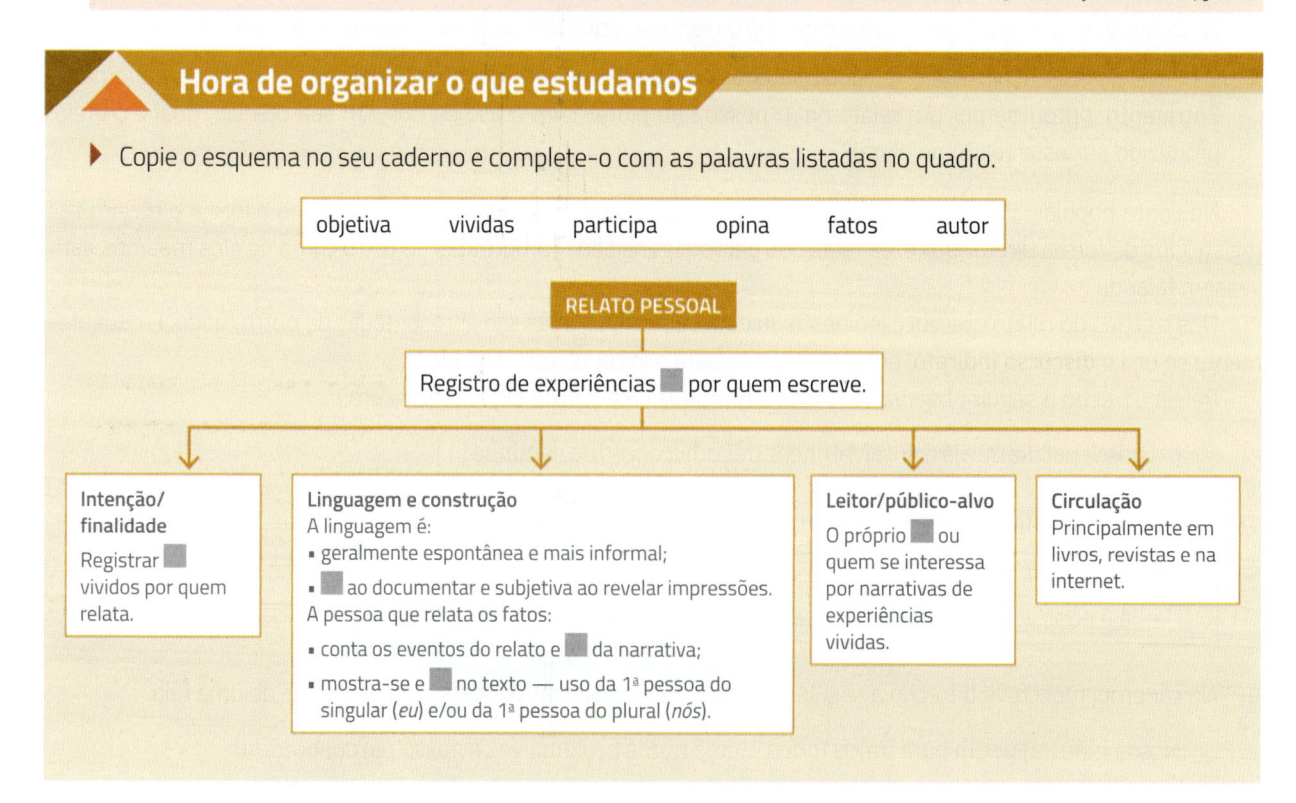

Hora de organizar o que estudamos

▶ Copie o esquema no seu caderno e complete-o com as palavras listadas no quadro.

| objetiva | vividas | participa | opina | fatos | autor |

RELATO PESSOAL

Registro de experiências ■ por quem escreve.

Intenção/finalidade
Registrar ■ vividos por quem relata.

Linguagem e construção
A linguagem é:
- geralmente espontânea e mais informal;
- ■ ao documentar e subjetiva ao revelar impressões.

A pessoa que relata os fatos:
- conta os eventos do relato e ■ da narrativa;
- mostra-se e ■ no texto — uso da 1ª pessoa do singular (*eu*) e/ou da 1ª pessoa do plural (*nós*).

Leitor/público-alvo
O próprio ■ ou quem se interessa por narrativas de experiências vividas.

Circulação
Principalmente em livros, revistas e na internet.

Prática de oralidade

Conversa em jogo

Viajar é sempre um prazer?

As irmãs Klink relatam que a viagem para a Antártica teve momentos de desconforto: o balanço do barco fez os viajantes passarem mal no estreito de Drake, além do frio intenso que todos enfrentaram. Porém, as meninas mostram-se muito contentes por estarem vivendo uma aventura: essa foi a viagem dos sonhos delas.

Converse com os colegas sobre estas questões:

1. Em sua opinião, viajar é sempre bom? Por quê?
2. Qual é o destino da viagem dos seus sonhos? Você já foi a esse lugar?

Relato pessoal oral

As irmãs Klink fizeram um relato escrito de um acontecimento que ficou marcado na lembrança delas: uma viagem à Antártica com os pais. A proposta é que você também relate um fato de sua vida. Mas você vai fazer isso oralmente, contando o que aconteceu para os colegas e o professor.

A vida é composta de momentos que sempre nos marcam de alguma maneira. Procure se lembrar de uma experiência que tenha ficado registrada de modo especial em sua memória e que você gostaria de relatar aos colegas.

➤ Preparação

1. Busque na memória um fato marcante:
   - o que e como aconteceu;
   - as pessoas envolvidas;
   - o lugar onde aconteceu;
   - quando aconteceu.

2. Organize o relato planejando o que vai contar. Para iniciá-lo, você pode:
   - dar aos ouvintes uma ideia geral do fato principal; por exemplo, no caso de uma viagem, pode-se informar o destino, quando foi realizada, na companhia de quem.
   - dar uma ideia das emoções que essa experiência provocou. Ela foi divertida? Houve momentos difíceis? Se sim, eles foram superados?, etc. Organize o relato com base nessas e em outras lembranças.

➤ Ensaio

1. Ensaie a sua apresentação. Para isso, considere se você:
   - vai relatar primeiro o que foi divertido e depois explicar os momentos difíceis;
   - prefere relatar os acontecimentos na ordem em que ocorreram, ressaltando o clímax, ou seja, a parte que considera mais importante.

2. Lembre-se de ensaiar o modo como você vai falar: o ritmo da fala, o volume da voz, a pronúncia das palavras. É importante também tentar pensar nas palavras que você vai usar para conectar as ideias: dizer o que veio antes ou depois do quê, o que motivou algo e qual a sua consequência, como e quando aconteceu, etc.

3. Pense também em como vai reproduzir as falas. Considere que a reprodução das falas no relato oral pode variar, pois, quando falamos, podemos escolher entre o discurso indireto e o direto. Quando se usa o discurso direto, pode-se mudar um pouco o modo de falar para imitar a maneira como outra pessoa fala.

➤ Roda de relatos

1. É hora de fazer o seu relato para os colegas. Antes, porém, aguarde o professor organizar a roda de relatos.
2. Na hora da apresentação, lembre-se de adotar boa postura, olhar para as pessoas enquanto fala, manter a voz clara e alta. Ouça o relato dos colegas com atenção e respeito.

CONEXÕES ENTRE TEXTOS, ENTRE CONHECIMENTOS

Outras linguagens: Mapa e ilustração

No relato, as irmãs mencionam a **Convergência Antártica**. Leia uma definição objetiva sobre esse lugar:

> A **Convergência Antártica** é uma região que cerca o continente antártico. Nessa zona cruzam-se três oceanos: Atlântico, Pacífico e Índico. Nela o clima é bem frio e a vida marinha é bastante diferente da existente nas águas quentes que a circundam.

Observe essa região no mapa a seguir.

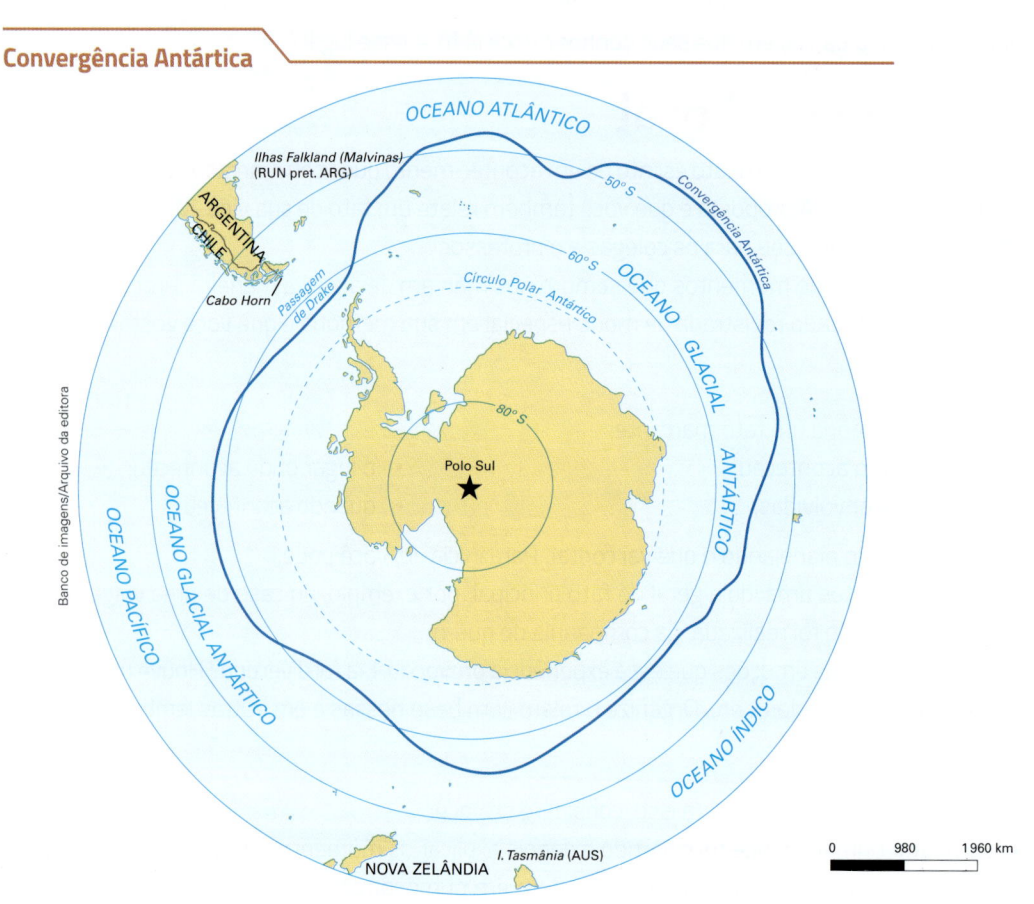

Convergência Antártica

Adaptado de: ATLANTE Geografico Metodico De Agostini 2009-2010. Novara: Istituto Geografico De Agostini, 2009.

1. Identifique no mapa os locais mencionados no relato da viagem das irmãs Klink:

   a) cabo Horn.

   b) estreito (ou passagem) de Drake.

   c) linha que demarca a Convergência Antártica.

As irmãs Klink descrevem a Convergência Antártica de modo mais subjetivo. A preocupação delas, no livro, é mostrar a impressão que tiveram ao avistar essa região, e não descrevê-la objetivamente. Releia:

> É como se entrássemos num enorme carrossel de animais e *icebergs* que flutuam em volta do continente antártico. Esse cinturão azul que abraça o continente é chamado de Convergência Antártica.

2▶ Observe a seguir a ilustração dessa região feita para o livro *Férias na Antártica*.
Compare esta imagem com o mapa reproduzido na página anterior. Que diferença você observou entre eles?

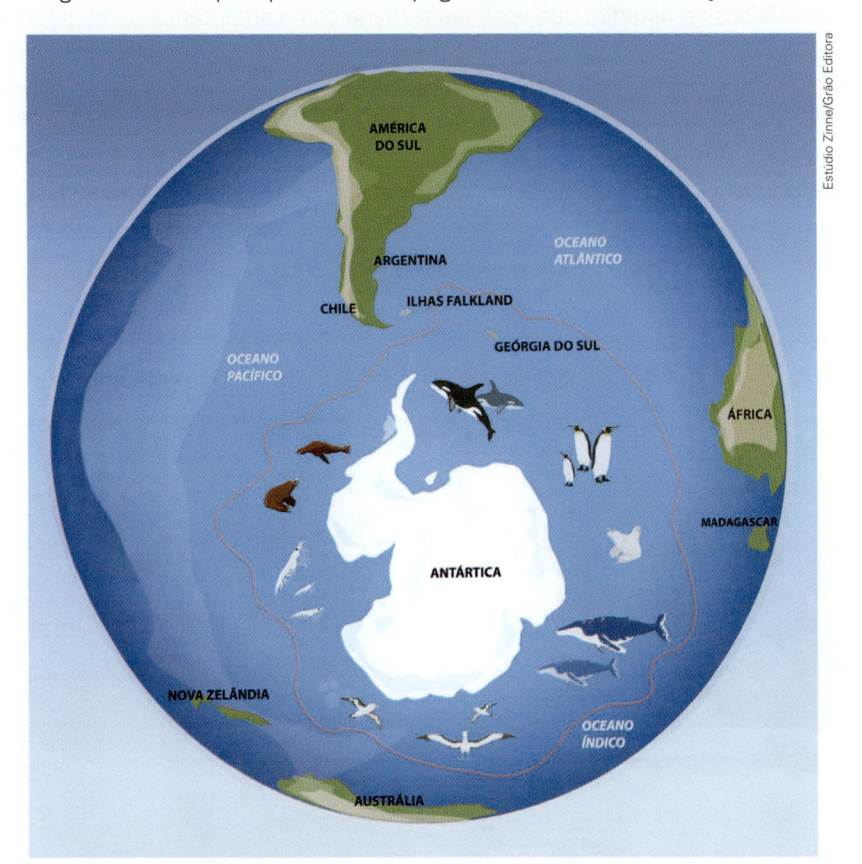

Fotos da viagem, um relato documentado

Em um relato de experiências, como é o caso do registro produzido pelas irmãs Klink, uma condição fundamental é que se apresentem fatos realmente vividos. Nesse caso, a inclusão de fotos ao longo do relato comprova a experiência e amplia as ideias e as impressões que o texto verbal expressa.

▶ Veja as fotos a seguir e reflita: Elas desempenham essa função documental?

▽ Pai e filhas na Antártica.

▽ As irmãs se divertem dentro do veleiro.

RELATO PESSOAL 149

Icebergs: um pouco de conhecimento científico

O trecho do livro *Férias na Antártica* que você leu termina com comentários sobre os misteriosos *icebergs*. Leia-o mais uma vez:

> Muita gente conhece a frase "isso é apenas a ponta do *iceberg*", que usamos para dizer que tem muito mais do que parece em alguma coisa. Isso acontece porque a parte do *iceberg* que está acima do mar corresponde a apenas 30% do seu total; o resto está submerso. Esse fato também é conhecido, mas ver *icebergs* ao vivo nos leva a pensar em coisas que nem todo mundo pensa: quando um *iceberg* derrete, ele vai subindo ou capota e mostra a parte que estava debaixo d'água? [...]

É possível perceber que as garotas se impressionaram com esses blocos de gelo dos quais vemos apenas a parte que fica fora da água. Confira a impressão que eles causam observando esta foto de *icebergs*:

David Doubilet/Getty Images

Foi justamente essa parte misteriosa, escondida, que as levou a fazer a indagação final do parágrafo: Como será que esses blocos de gelo derretem? Leia, a seguir, a resposta para uma questão semelhante, reproduzida do *site* da revista *Recreio*.

Por que *icebergs* não derretem?

Na verdade, eles derretem! *Icebergs* são pedaços de gelo gigantescos que se desprendem de geleiras e flutuam no oceano. Quando permanecem em regiões mais frias, eles derretem bem pouco, porque são bem grandes e conservam a baixa temperatura. Mas os *icebergs* que flutuam até locais de águas mais quentes e sofrem mais diretamente a ação dos raios solares podem até derreter totalmente. Vários cientistas estão estudando os impactos do aquecimento global nesse processo.

Disponível em: <http://recreio.uol.com.br/noticias/curiosidades/por-que-icebergs-nao-derretem.phtml#.Wwm9y0gvzIU>.
Acesso em: 26 jun. 2018.

Agora você já sabe como ocorre o processo de derretimento, mas isso não diminui a curiosidade despertada por essa parte de gelo que fica dentro do mar. Tanto é assim que o fotógrafo Ralph A. Clevenger, também encantado com esse fenômeno, fez a fotomontagem abaixo, que circula na internet como se fosse uma fotografia real. Trata-se, na verdade, de uma composição digital formada por quatro fotografias diferentes: uma do céu e uma da água, tiradas na Califórnia, nos Estados Unidos; uma do topo do *iceberg*, tirada na Antártica; e a da base do *iceberg*, fotografada no Alasca acima da água, mas invertida na composição final. Ao juntar essas fotografias, o artista procura dar uma ideia de um *iceberg* inteiro.

▶ **fotomontagem**: termo empregado para denominar a associação de duas ou mais imagens com o objetivo de formar uma imagem nova.

Uma curiosidade com relação a *icebergs* envolve um navio transatlântico chamado *Titanic*. Em 1912, durante sua viagem inaugural, que iria da Inglaterra aos Estados Unidos, esse navio chocou-se com um *iceberg* no oceano Atlântico e afundou, provocando a morte de muitas pessoas.

Fotomontagem de Ralph A. Clevenger: ao juntar quatro fotografias diferentes, o fotógrafo procura representar a parte acima da água e a parte submersa de um *iceberg*.

Tirinha como uma forma de apresentar o conhecimento científico

Leia a tirinha de Francisco Caruso e Luisa Daou, respectivamente professor e aluna do Centro Brasileiro de Pesquisas Físicas (CBPF).

Disponível em: <www.cbpf.br/~caruso/tirinhas/webvol04/vol4.htm>. Acesso em: 26 maio 2018.

▶ Responda: Por que, na tirinha, afirma-se que os *icebergs* representam um terror maior para os submarinos?

Língua: usos e reflexão

Coesão textual e uso de pronomes

1. Releia este parágrafo do relato das irmãs Klink. Observe a palavra destacada.

> Quanto mais nos aproximamos da Antártica, maior é o número de *icebergs*. **Eles** vão surgindo, com formatos e tamanhos diferentes. O que varia bastante também são as cores. É, as cores! Dependendo da posição do sol, das condições climáticas do dia, do tamanho do *iceberg*, da largura da parede de gelo, da densidade e de outros elementos, um *iceberg* pode ser muito diferente do outro.

Converse com os colegas e responda:

a) A palavra destacada *eles* faz referência a que outra palavra já utilizada nesse trecho?

b) Que expressão escrita depois de *eles* está relacionada com essa palavra? O que você observou para responder a essa pergunta?

2. As frases a seguir são sobre o trecho que você releu na atividade anterior. Copie-as no caderno e complete-as:

> Para não repetir a palavra ▨, usou-se a palavra ▨.
> Essa palavra liga o nome ▨ com o que se diz, na sequência, a respeito dessas pedras de gelo: ▨.

3. Não são só as irmãs Klink que escrevem relatos pessoais! Esse gênero de texto, em que se apresentam fatos vividos no cotidiano, é muito comum. Leia a tirinha e confira o que a personagem Mafalda relata em seu diário.

QUINO. *Toda Mafalda*. São Paulo: Martins Fontes, 2008. p. 94.

a) Mafalda parece "conversar" com o seu diário. Que expressão usada pela menina dá essa impressão?

b) O relato de Mafalda, que está concentrado nos dois primeiros quadrinhos, tem um tempo bem marcado. Quando aconteceu o fato relatado por ela? Justifique.

c) Agora, observe os dois primeiros quadrinhos e responda: Que recurso gráfico Quino, o cartunista que criou a tirinha, utilizou para indicar que o segundo quadrinho é continuação do primeiro?

d) No terceiro quadrinho não há texto verbal. O autor utilizou como recurso visual a expressão facial de Mafalda. Qual é o significado dessa expressão no quadrinho?

e) O último quadrinho mostra Mafalda escrevendo em seu diário com muita concentração. Qual poderia ser o significado do texto que ela registrou?

Observe as palavras que apareceram no último quadrinho da tirinha de Mafalda.

> (d)**este** diário   **se** limita   **estas** notas   **sua** autora

Este e *estas* são pronomes que se referem a um diário específico, o de Mafalda, e a determinadas notas, escritas por essa personagem.

O pronome *se*, por sua vez, faz referência à direção do diário, isto é, à própria Mafalda. Isso também acontece com o pronome *sua*, relativo à palavra *autora*.

Esses pronomes foram empregados para fazer referência a algum elemento do texto. No caso do pronome *sua*, seu emprego evita a repetição de "estas notas". Se o pronome não tivesse sido usado, esse trecho poderia ficar assim: ("[...] se limita a publicar estas notas sem compartilhar da opinião da autora destas notas").

> O uso de pronomes estabelece relações entre elementos presentes no texto, favorecendo a **coesão textual**.

A seguir, você vai estudar os **tipos de pronomes** que tornam um texto coeso.

Pronomes pessoais

Leia a tira abaixo. Depois, responda no caderno às atividades propostas na sequência.

BROWNE, Chris. Hagar. *Folha de S.Paulo*. São Paulo, 4 ago. 2003. Ilustrada, p. E9.

1▶ Nessa tira, Hagar fala: "Eu consegui!". Porém, ele não diz o que conseguiu. Pela leitura da tira, é possível descobrir a que ele se refere?

2▶ No primeiro quadrinho da tira, Hagar refere-se a uma ação que, segundo o personagem, ele realizou, por isso usa o pronome *eu*. Releia:

No terceiro quadrinho, no entanto, Helga, a mulher de Hagar, faz uma correção: "Nós conseguimos!". Responda: O que ela espera com essa correção?

3 Releia a fala de Hagar no primeiro quadrinho:

> Trabalhei a vida inteira, e hoje posso dizer... "Eu consegui!"

Reescreva essa fala de acordo com a maneira como Helga gostaria que Hagar tivesse anunciado sua realização.

4 Copie no caderno o texto a seguir e continue a história de acordo com o que acontece nos quadrinhos, como se você fosse um narrador-observador. Para fazer isso, você terá de passar as falas para o discurso indireto.

> Hagar disse a sua esposa que ele tinha trabalhado a vida inteira e, finalmente, podia dizer que ele tinha conseguido. Ela ■.

5 Na reescrita da atividade anterior, quais palavras foram empregadas para substituir os termos *eu* e *nós*?

6 Leia esta frase:

> A esposa de Hagar o corrigiu dizendo: "Nós conseguimos!".

Nessa frase, a palavra *o* pode ser considerada um artigo? Explique.

As palavras *eu*, *nós*, *ele*, *ela*, *eles* podem ser usadas para fazer referência aos personagens envolvidos na história — Hagar e Helga — e são chamados de **pronomes pessoais**.

7 Releia um trecho do relato de Laura, Tamara e Marininha e observe as palavras destacadas.

> Quando **nosso pai** diz que já é possível encontrar um *iceberg* no caminho, **a gente** fica mais tempo do lado de fora do barco fazendo companhia para **ele** no frio. Achamos que **ele** gosta de sentir frio. **Nós** gostamos só um pouquinho e logo queremos voltar para a cabine.

a) Copie o quadro no caderno e complete-o com a(s) palavra(s) e expressões destacadas no texto que se refere(m) aos termos indicados.

Pai	As irmãs Klink

b) O que os termos marcados na atividade anterior indicam?

Na leitura do relato, esses **pronomes pessoais** nos ajudam a identificar quem narra os fatos, ou quem participa dos acontecimentos: indicam as **pessoas gramaticais** ou as **pessoas do discurso**. Eles foram usados no texto para substituir os substantivos e também para evitar a repetição dos nomes.

Leia o quadro a seguir:

> Os **pronomes pessoais** são classificados de acordo com a pessoa do discurso ou com a pessoa gramatical a que se referem:
> - 1ª pessoa — quem fala: *eu/nós/a gente*;
> - 2ª pessoa — com quem se fala; no Brasil, em algumas regiões, usam-se *tu/vós* e, em outras, esses pronomes são substituídos por *você/vocês*;
> - 3ª pessoa — pessoa ou coisa de que se fala: *ele/ela, eles/elas*.

A expressão *a gente*, em substituição aos pronomes *eu* e *nós*, tem sido muito empregada na linguagem cotidiana, sobretudo nas situações mais informais, embora também possa ser observada, especialmente na língua falada, em situações mais formais.

Algumas gramáticas aconselham que se evite a expressão *a gente* em circunstâncias muito formais, em particular na comunicação escrita, como nos textos científicos.

Outros pronomes pessoais

▶ Leia esta tira:

WATTERSON, Bill. *O ataque dos perturbados monstros de neve mutantes e assassinos*. São Paulo: Conrad, 2010. p. 51.

a) Nessa tira, Calvin está fazendo um relato oral de um fato, de uma experiência? Converse com os colegas e, depois, expliquem suas respostas.

b) Veja que, no último quadrinho, a palavra *mim* empregada por Calvin substitui o pronome *eu*. Responda em seu caderno: Qual é a outra palavra usada, na tira, que pode substituir o pronome *eu*?

Observe a relação:

eu ⟶ me ⟶ mim

As palavras *me* e *mim* também são pronomes pessoais. O quadro a seguir mostra como esses pronomes são apresentados tradicionalmente em uma gramática.

	Pronomes pessoais	
	Retos	Oblíquos
1ª pessoa do singular	eu	me, mim, comigo
2ª pessoa do singular	tu	te, ti, contigo
	você	se, si, consigo, lhe, o, a
3ª pessoa do singular	ele, ela	se, si, consigo, lhe, o, a
1ª pessoa do plural	nós	nos, conosco
2ª pessoa do plural	vós	vos, convosco
	vocês	se, si, consigo, lhes, os, as
3ª pessoa do plural	eles, elas	se, si, consigo, lhes, os, as

Os pronomes *você* e *vocês* são empregados em grande parte do Brasil como 2ª pessoa. Observe:

Tu te lembras da tua infância? ⟶ **Você se** lembra da sua infância?

Observe também que o pronome *se*, do caso oblíquo, corresponde também à 3ª pessoa. Dessa forma, os verbos que se referem aos pronomes *você* e *vocês* são empregados na 3ª pessoa.

> **No dia a dia**

Variações de uso

Já vimos que, no que se refere a pronomes, há variações de uso no português brasileiro. Veja a seguir:

A expressão *a gente*

Em muitas ocasiões, sobretudo na linguagem cotidiana mais informal e na mídia, a expressão *a gente* é usada para substituir os pronomes *eu* e *nós*. Mas ela pode ter outros usos também.

Leia esta frase:

> Eu gostaria que você viajasse comigo porque a gente não se sente bem sozinha em lugares novos.

1. **Em dupla.** Observem a construção acima e conversem sobre as alternativas a seguir: Qual delas indica o sentido possível da expressão *a gente* nessa frase?
   - Trata-se da pessoa que fala, o *eu*, referindo-se a si mesma.
   - A expressão refere-se apenas ao *eu* e à pessoa com quem se está falando.
   - A expressão refere-se às pessoas em geral.

2. Leia a seguir o trecho de uma letra de canção e observe como a palavra *gente* é utilizada.

Fome come
Sandra Peres e Paulo Tatit

Gente,
eu tô ficando impaciente

A minha fome é persistente
Come frio, come quente

Come o que vê pela frente
Come a língua, come o dente

Qualquer coisa que alimente
A fome come simplesmente

Come tudo no ambiente
Tudo que seja atraente

É uma forma absorvente
Come e nunca é suficiente

Toda fome é tão carente
Come o amor que **a gente** sente

A fome come eternamente
No passado e no presente

A fome é sempre descontente
[...]

PALAVRA CANTADA. *Canções curiosas*. MCD World Music, 2000.

Na letra dessa canção, os autores fazem referência não só à fome de alimentos, mas também à fome de maneira geral: a fome que "come o amor que a gente sente" e que é "descontente". Escreva no caderno o sentido com que a palavra *gente* foi empregada em:

a) "Gente, eu tô ficando impaciente";

b) "Come o amor que a gente sente".

Para cada pessoa do caso reto, há **pronomes pessoais oblíquos**. Essa relação será estudada em momento oportuno. Agora, vamos ver como o emprego dos pronomes poderia nos ajudar na produção de textos.

Pronomes *você* e *tu*

Em alguns lugares das regiões Norte, Nordeste e Sul do Brasil, o pronome *tu* é bastante utilizado. Na linguagem do dia a dia, é comum o emprego misturado dos pronomes *tu* e *você* e seus correspondentes *lhe, o, a* e *te*. Veja estes exemplos:

> Se você resolver ir comigo ao cinema, me avise. Passo pra **te** pegar.

> Nossa! Há quanto tempo não **te** vejo! Você está bem?

Note que, em cada uma das falas, são empregados *te* (que se refere ao pronome *tu*, de 2ª pessoa) e *você* (usado como pronome de 3ª pessoa).

Se na segunda fala se empregasse apenas a 2ª pessoa, teríamos:

> Nossa! Há quanto tempo não te vejo! Tu **estás** bem?

Se fosse empregada apenas a 3ª pessoa, teríamos:

> Nossa! Há quanto tempo não o(a) vejo! Você **está** bem?

Observe também que nesses exemplos os verbos foram alterados para concordar com os pronomes. Leia um trecho da letra da canção "*Sei lá*", de Gabriel o Pensador.

Sei lá

Gabriel o Pensador, Itaal Shur e Jonathan Maron

[...]
Sei lá, tanta coisa eu tenho aqui pra **te** dizer...
Tanta coisa eu tenho em mim pra falar pra **você**.
Tanta coisa eu tinha, mas não tenho mais, tanta coisa que ficou pra trás, mas agora vai.
Agora vai ficar meio ridículo, como todas as cartas de amor, que eu nunca **te** escrevi.
[...]

GABRIEL O PENSADOR. *Seja você mesmo. Mas não seja sempre o mesmo.*
Sony, 2001.

Em textos que exigem uma linguagem mais formal — como é o caso de textos jornalísticos, artigos científicos, relatórios, documentos ou cartas para autoridades, requerimentos, entre outros —, a variação mais aceita é a proposta pelas regras da gramática normativa. Por essas regras, não se devem utilizar em um mesmo texto diferentes pessoas gramaticais (por exemplo, *você* e *tu*) ao se referir a um mesmo ser, por exemplo. Mas, como você pôde observar, na linguagem do dia a dia é comum que isso ocorra.

Usos mais formais dos pronomes pessoais do caso oblíquo

1▸ O uso de pronomes é um recurso para evitar a repetição desnecessária de nomes e, assim, melhorar a fluidez do texto. Observe, por exemplo, o efeito que a repetição produz no trecho a seguir.

> O barco Paratii 2 é um dos mais modernos do mundo. **O barco Paratii 2** foi construído por Amyr Klink para enfrentar desafios em alto-mar. Klink fez **o barco Paratii 2** com tanto cuidado que foi possível levar a própria família em segurança até a Antártica.

a) Reescreva esse trecho no caderno substituindo as repetições destacadas por pronomes.

b) Que pronomes você empregou para evitar a repetição? Escreva no caderno.

2▸ Leia o trecho de uma reportagem sobre problemas que um grupo de pinguins enfrentou na África.

> Um grupo de pinguins-africanos busca abrigo em uma cabana abandonada na ilha Halifax. Até a primeira década do século XX, mercadores haviam retirado todo o guano no qual os pinguins escondem os ovos, obrigando-**os** a deixá-**los** expostos e vulneráveis a animais carniceiros. Hoje restam menos de 30 mil casais reprodutores desses pinguins.
>
> NATIONAL GEOGRAPHIC BRASIL. ano 12, n. 137, ago. 2011, p. 71.

▸ **guano:** matéria resultante do acúmulo de excrementos e de cadáveres de aves marinhas utilizada como fertilizante.

Observe os pronomes destacados: *-os* e *-los*. Responda em seu caderno: A que termos do texto eles se referem?

Leia com o professor as informações a seguir sobre outros usos dos pronomes pessoais.

Algumas formas de utilizar os **pronomes pessoais** são mais comuns na linguagem formal, ao passo que outras são mais utilizadas na linguagem informal, coloquial. Observe:

> Eles vão deixar os **pinguins** expostos.
> Eles vão deixar **eles** expostos. ⟶ uso de pronome na linguagem coloquial, mais informal
> Eles vão deixá-**los** expostos. ⟶ uso de pronome na linguagem mais formal

> Não conhecia **as irmãs Klink**.
> Não conhecia **elas**. ⟶ uso de pronome na linguagem coloquial, mais informal
> Não **as** conhecia. ⟶ uso de pronome na linguagem mais formal

UNIDADE 5 • Registro de vivências e memória

Os pronomes pessoais do caso oblíquo também indicam pessoas do discurso e podem ser usados para eliminar repetições excessivas em textos. Observe:

> Luana devolveu **o livro** das irmãs Klink ontem. Só depois percebi que **o livro** estava um pouco rasgado. Achei melhor encapar **o livro** e guardar **o livro**, pois é **um livro** de que gostei muito.

Com o emprego de pronomes, essa frase pode ficar assim:

> Luana devolveu **o livro** das irmãs Klink ontem. Só depois percebi que **ele** estava um pouco rasgado. Achei melhor encapá-**lo** e guardá-**lo**, pois é **um livro** de que gostei muito.

Repare que esses pronomes são alterados quando empregados com as formas verbais.

Em *encapá-lo* e *guardá-lo*, -**lo** é o pronome pessoal *o*, que, ao se juntar a uma forma verbal terminada em **r** (*encapar* e *guardar*), ganha a letra **l** para que haja adequação sonora. Veja:

> Encapar **o livro**. ⟶ Encapar **ele**. (uso informal)
> Encapar + **o** = Encapá-**lo**. (uso formal)
>
> Vender **as laranjas**. ⟶ Vender **elas**. (uso informal)
> Vender +**as** = Vendê-**las**. (uso formal)

Isso ocorrerá sempre que a forma verbal for terminada em **r**, **s**, **z**:

> Guardar **o livro**. ⟶ Guardá-**lo**.
>
> Guardamos **o livro**. ⟶ Guardamo-**lo**. (Esse registro está se tornando incomum.)
>
> Traz **o livro**. ⟶ Trá-**lo**. (Esse registro tem ocorrido cada vez com menos frequência no português do Brasil.)

Agora observe esta outra ocorrência:

> Luana e Carolina perceberam que o livro das irmãs Klink estava um pouco rasgado, encaparam **o livro** e guardaram **o livro**, pois é **um livro** de que gostaram muito.

Em uma linguagem mais formal, em que se evitam as repetições, essa frase pode ficar assim:

> Luana e Carolina perceberam que **o livro** das irmãs Klink estava um pouco rasgado, encaparam-**no** e guardaram-**no**, pois é **um livro** de que gostaram muito.

Nesse exemplo, -**no** é o pronome pessoal *o*, que, ao se juntar com o verbo *encapar* no plural, com a terminação **m**, ganha o **n**. Veja:

> Luana e Carolina leram **a história** sobre a viagem das irmãs Klink. ⟶ Leram **ela**. (uso informal)
> Leram + **a** = Leram-**na**.
>
> Encaparam **o livro**. ⟶ Encaparam **ele**.
> Encaparam + **o** = Encaparam-**no**.
>
> Encaparam **os livros**. ⟶ Encaparam **eles**.
> Encaparam + **os** = Encaparam-**nos**.

3 ▸ Converse com os colegas sobre esses usos. Como vocês falariam essas frases, por exemplo, em uma conversa com amigos?

Atividades: emprego dos pronomes pessoais

1▸ Leia os quadrinhos:

ITURRUSGARAI, Adão. Trupe. *Folha de S.Paulo*. São Paulo, 27 out. 2001. Folhinha, p. F8.

  a) A menina da tira utiliza uma linguagem mais espontânea, informal, ou uma linguagem mais planejada, formal? Dê um exemplo para explicar sua resposta.

  b) Na situação comunicativa apresentada nos quadrinhos, por que o emprego de uma linguagem mais formal e monitorada não seria adequado?

  c) Explique por que a presença do gato na última tira produz um efeito humorístico.

2▸ Vamos analisar o uso que a personagem, na tira, fez dos pronomes *você* e *tu*. Responda no caderno.

  a) Qual é a forma que predomina na fala da personagem: *você* ou *tu*? Explique.

  b) Há alguma ocorrência em que se perceba a presença do *tu*? Se houver, copie.

3▸ Reescreva no caderno as frases a seguir, substituindo a expressão destacada por um pronome oblíquo. Empregue os pronomes como você acha que deveria ocorrer numa situação mais formal de comunicação. Faça adequações e consulte o quadro de pronomes, se necessário.

  a) Podem ficar sossegados: eu emprestarei o livro *Férias na Antártica* **pra você, pro Marquinhos, pra Sílvia, enfim, pra todos vocês**.

  b) Você quer que nós levemos **todos os cachorros, o Pipoca, a Teca, o Glub, a Tetéu**, para passear mesmo com chuva?

  c) Você pode almoçar **comigo, com o Pedro, com a Celina e com a Pati** hoje?

4▸ Reescreva as frases no caderno substituindo as palavras destacadas pelo pronome correspondente.

  a) A menina concordou em levar o gato à feira e escondeu **o gato** na mochila.

  b) As laranjas estavam maduras; por isso João e sua mulher venderam **as laranjas** por um preço baixo.

  c) Ao final da feira, os produtos estavam mais baratos. Pessoas compraram os **produtos mais baratos**.

  d) A professora avisou que já corrigiu as provas e que vai entregar **as provas** amanhã.

  e) Havia bilhetes sobrando, mas os organizadores do espetáculo não quiseram vender **os bilhetes** para não lotar o auditório.

  f) Os alunos fizeram uma leitura expressiva do poema escolhido. A professora vai comentar **a leitura expressiva**.

UNIDADE 5 • Registro de vivências e memória

5. No anúncio publicitário ao lado, brinca-se com algumas possibilidades de sentido da palavra *nós* para convencer os leitores de que os serviços da empresa anunciada ajudam os clientes a resolver seus problemas.

   a) Em quais sentidos a palavra *nós* foi empregada no anúncio?

   b) Esse anúncio tem como uma de suas intenções a de brincar com a linguagem. Se não houvesse essa intenção, como deveria estar escrita a frase "Você com nós", considerando um uso mais formal?

   c) Como você explicaria o uso da imagem de uma corda no anúncio?

6. Leia este texto sobre o turismo em Portugal:

   ## Portugal
   A casa é nossa!

   Em Portugal, a gente se sente em casa. Se não na nossa própria, pelo menos na da vó. A língua, claro, ajuda. Enquanto a gente, às vezes, pena para entender o autêntico português de Camões, os lisboetas sabem gírias brasileiras de cor e salteado. E mais: eles conhecem nossas novelas, nossas celebridades, nossa comida, nossa história — talvez mais do que nós mesmos. [...]

   ▷ Torre de Belém, Lisboa, Portugal, 2014.

   Viajar pelo mundo. São Paulo: Rac Mídia. Ed. 101, 2017. p. 46.

   a) No trecho da reportagem que você acabou de ler, por que se afirma que o brasileiro se sente em casa quando está em Portugal?

   b) Responda no caderno: Na linguagem do dia a dia a expressão *a gente* se refere a que pessoa do discurso?

   c) No caderno, reescreva a frase "Em Portugal, a gente se sente em casa." substituindo a expressão *a gente* por um pronome equivalente. Faça os ajustes necessários.

   d) No subtítulo da reportagem, lê-se "A casa é nossa!". Como ficaria essa frase se usássemos a expressão "a gente"? Faça os ajustes necessários.

7. **Desafio!** Vamos ver quem descobre primeiro. No caderno, explique a diferença entre um *a* e outro em cada uma das frases a seguir. Quem descobrir deve levantar a mão e mostrar por escrito só para o professor, que vai dizer quem foi o primeiro a acertar.

   a) **A** velha casa finalmente seria reconstruída com **a** ajuda de vários artistas.

   b) **A** avó de Paulo gosta muito dele: todos os dias ele **a** ajuda em suas tarefas.

Outros pronomes: possessivos, demonstrativos e indefinidos

Em vários trechos do texto *Férias na Antártica*, a presença de quem faz o relato é marcada por outros pronomes além dos pessoais.

Leia o trecho reproduzido a seguir e observe as palavras destacadas:

> Crescemos enquanto **nosso** pai construía um novo veleiro, o Paratii 2. [...] Quando ficou pronto, tornou-se famoso pelas viagens que fez e por ser um dos barcos mais modernos do mundo. **Nossa** mãe sabia que o barco era seguro e que poderia levar toda a **nossa** família.

Veleiro de Amyr Klink.

Os termos em destaque são pronomes que indicam a posse de algo ou de um ser vivo, referindo-se à pessoa que fala.

Os pronomes são classes de palavras presentes tanto na fala como na escrita. Podem servir para indicar posse, situar as coisas em relação aos falantes, indicar ideias indeterminadas, indefinidas.

1 ▸ Leia a história em quadrinhos a seguir:

SOUSA, Mauricio de. *Almanaque do Piteco & Horácio*. São Paulo: Mauricio de Sousa, n. 6, set. 2011.

Escreva no caderno: Em sua opinião, adiantaria Horácio tentar mudar a forma de pensar da personagem que ele encontra sentada sobre a pedra? Justifique sua resposta.

2. Releia estes trechos do diálogo dos personagens da história em quadrinhos:

— Não tenho **nenhum** problema... Mas sei que **isso** não vai durar! [...]

— Eu sinto que, mais dia, menos dia, o destino vai me aprontar **alguma**!

— Bem! Problemas **todos** nós temos, um dia ou outro! [...]

— Vou preparando **minha** cabeça pra qualquer desgraça que vá acontecer, mesmo antes que aconteça!

Copie no caderno o quadro a seguir. Observe os termos destacados nas falas e distribua-os entre as colunas do quadro, conforme a indicação de sentido que apresentam.

Indicam posse	Apontam ou situam algo em relação ao falante	Indicam ideias indeterminadas, indefinidas
Pronome possessivo	Pronome demonstrativo	Pronome indefinido

3. Leia esta tira e responda às questões no caderno.

SOUSA, Mauricio de. Turma da Mônica. *O Estado de S. Paulo*. São Paulo, 25 out. 2007. Caderno 2. p. D8.

a) O pronome possessivo indica a quem pertence algo. Na expressão "meu maior desejo", de quem é o desejo?

b) No segundo quadrinho, qual palavra indica que o arco-íris está muito próximo da tira?

Observe que esses pronomes concordam com o substantivo a que se referem em **gênero** (masculino ou feminino) e **número** (singular ou plural):

- meu desejo/meus desejos;
- minha vontade/minhas vontades;
- esta tira/estas tiras;
- este quadrinho/estes quadrinhos.

Esses pronomes também são **determinantes** dos substantivos.

Veja a seguir o quadro dos **pronomes possessivos** e o quadro dos pronomes demonstrativos.

Pronomes possessivos		
Pessoa	Singular	Plural
1ª eu/nós	meu(s), minha(s)	nosso(s), nossa(s)
2ª tu/vós, você(s)	teu(s), tua(s), seu(s), sua(s)	vosso(s), vossa(s), seu(s), sua(s)
3ª ele(s)/ela(s)	seu(s), sua(s)	seu(s), sua(s)

Os **pronomes demonstrativos** indicam a proximidade do ser indicado com a pessoa que fala.

Pronomes demonstrativos		
Indica que o ser ou o objeto está próximo de quem fala	este(s), esta(s)	isto
Indica que o ser ou o objeto está próximo da pessoa com quem se fala	esse(s), essa(s)	isso
Indica que o ser ou o objeto está distante da pessoa com quem se fala	aquele(s), aquela(s)	aquilo

Você viu que os **pronomes indefinidos** indicam ideias ou quantidades indeterminadas, imprecisas.

4▸ Leia esta tira e responda no caderno às questões propostas.

> **! Atenção**
> Veja, ao final do livro, nos quadros de ampliação dos estudos gramaticais, uma relação com pronomes indefinidos para consultar quando considerar necessário.

Quadrinho 1: DAQUI A ALGUNS DIAS, MAMÃE SOL FAZ CHOCAR TUDO ISTO! / VAI SER LINDO! / MILHÕES DE BEBEZINHOS!

Quadrinho 3: QUEM VAI DAR CARINHO PRA ESSA CRIANÇADA TODA?

FIM

SOUSA, Mauricio de. *Almanaque do Piteco & Horácio*. São Paulo: Mauricio de Sousa, n. 6, set. 2011. p. 61.

a) Em cada um dos quadrinhos o personagem Horácio apresenta uma fisionomia diferente. Escreva quais são essas fisionomias e o provável motivo, de acordo com a história, de o personagem apresentá-las.

b) Que palavras presentes no primeiro quadrinho deixam imprecisas as quantidades de dias e de ovos que a Mamãe Sol vai chocar?

c) No último quadrinho, que expressão da fala de Horácio enfatiza a ideia de "muitas crianças"?

Hora de organizar o que estudamos

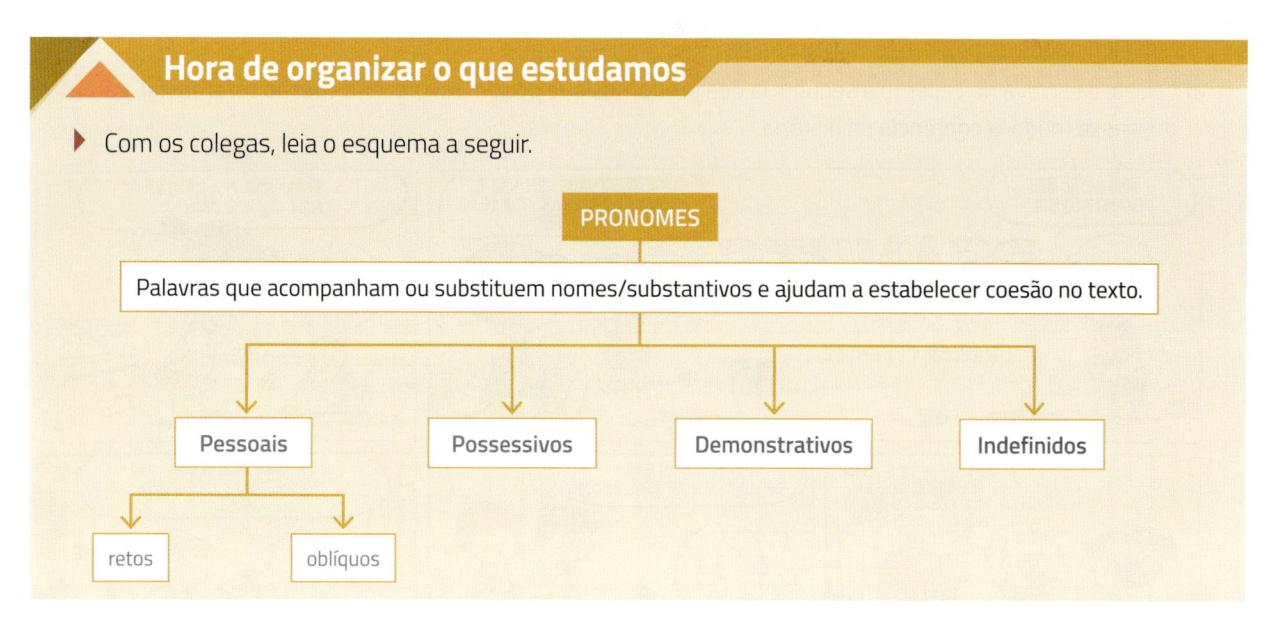

▶ Com os colegas, leia o esquema a seguir.

```
                    PRONOMES
Palavras que acompanham ou substituem nomes/substantivos e ajudam a estabelecer coesão no texto.

    Pessoais      Possessivos     Demonstrativos    Indefinidos
   /      \
 retos   oblíquos
```

Atividades: pronomes possessivos, demonstrativos e indefinidos

1▶ Reescreva no caderno as frases a seguir substituindo o ▪ pelo pronome possessivo adequado.

a) Pego muitos livros sobre viagem emprestados na biblioteca. Em ▪ casa todos gostam muito desse tipo de leitura.

b) Você e eu podemos nos encontrar na terça-feira à tarde para falar sobre o livro *Férias na Antártica*. Podemos deixar ▪ outras tarefas para a quarta-feira.

c) ▪ resultados na escola não estão muito bons porque você fica tempo demais no computador.

d) Queria que ▪ passaporte ficasse pronto logo, senão perderei a data de ▪ viagem.

2▶ Leia a tira a seguir. Nela, os pronomes demonstrativos foram substituídos pelos números 1, 2 e 3.

RECRUTA ZERO — MORT WALKER

ESCUTE **1**, GIZMO... DECIDIRAM NÃO FABRICAR MAIS **2** NOVO APARELHO QUE RECITA POESIAS EM JAVANÊS!

TAMBÉM, QUEM IRIA QUERER UMA COISA **3**?

SNIFF...

WALKER, Mort. Recruta Zero. *O Estado de S. Paulo*, 17 fev. 2008, p. 20. Caderno TV&lazer.

Escreva no caderno os pronomes demonstrativos adequados para substituir os números que estão nos balões de fala.

3▶ Reescreva no caderno as frases a seguir modificando as expressões destacadas com a inclusão de pronomes indefinidos a fim de tornar as informações menos precisas.

a) **Três tempestades fortes** atingiram **as regiões Sul e Sudeste** do Brasil na última madrugada.

b) O professor gostaria que a turma do 6º ano apresentasse **três sugestões** de livros ainda nesta semana.

c) **Meu vizinho** deve ter esquecido as chaves na porta.

RELATO PESSOAL 165

4. Foram eliminados os pronomes da história em quadrinhos a seguir.

   a) Leia-a e escreva no caderno a sequência dos pronomes que podem favorecer a **coesão referencial**, garantindo, desse modo, a **coerência** na história.

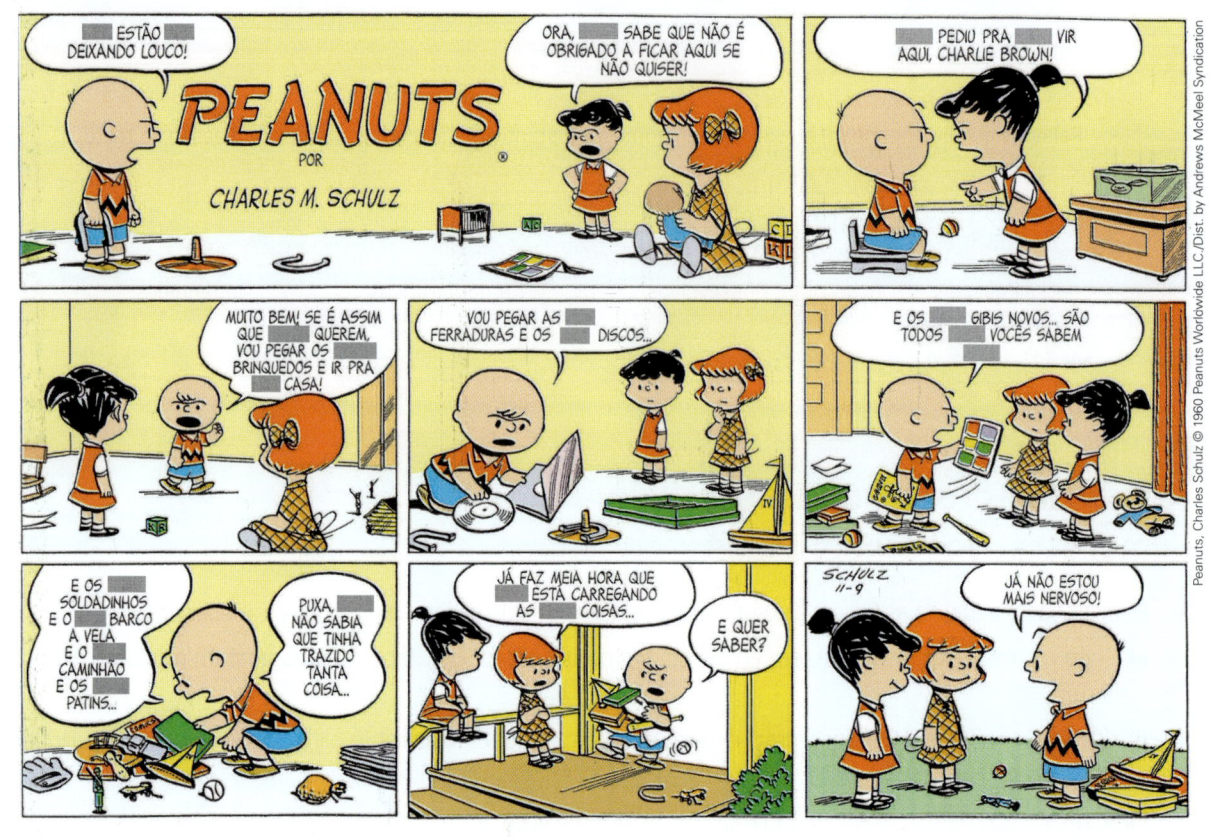

   SCHULZ, Charles. *Peanuts completo.* 1950 a 1952. Porto Alegre: L&PM, 2014. p. 265.

   b) Agora responda no caderno: No começo dos quadrinhos, Charlie Brown está bravo com suas amigas, mas, ao final, já não está mais nervoso. O que provocou essa mudança?

Desafios da língua

Acentuação I

1. Um aluno vai ler em voz alta as frases a seguir para a turma toda. Depois de ouvi-las, copie-as em seu caderno e indique a **sílaba tônica** das palavras destacadas em cada uma.

   a) Guardar **mágoa** alimenta ressentimentos.

   b) Quem sempre **magoa** as pessoas com que convive não merece amizades sinceras.

   c) O **contágio** da dengue pode ser evitado com cuidados muito simples.

   d) **Contagio** meus amigos com a felicidade que sinto.

2. Responda: O que a mudança de posição da sílaba tônica provocou?

Além da mudança de posição da sílaba tônica, observa-se que as palavras foram diferenciadas com uma marca: o acento gráfico.

Na língua portuguesa, há duas marcas de escrita que são consideradas acentos gráficos com a função de indicar sílaba tônica:

- o acento agudo (´), que se coloca sobre as vogais para indicar som aberto: já, pé, avó, café;
- o acento circunflexo (^), que se coloca sobre as vogais para indicar som fechado: lê, avô, polêmico, câmara.

Acento gráfico é uma marca da escrita empregada geralmente para indicar a sílaba tônica de uma palavra.

3 ▸ **Em dupla.** Todas as palavras dos boxes desta atividade apresentam acento gráfico. Analisem os três grupos de palavras (1, 2 e 3) e verifiquem qual é a regra de acentuação que funciona em cada um. No caderno, escrevam a regra usando as frases de orientação que constam nos itens.

Grupo 1

xará	carajás	gambá	pajé	pontapés
Tietê	avô	cipós	carijó	alguém
vinténs	Belém	convém	parabéns	maré

Belém, PA, 2017.

Escreva no caderno os itens abaixo, que darão **dicas** para a elaboração de cada regra. Observe que será necessário completar os itens **a** e **b**.

a) Quanto à posição da sílaba tônica, todas as palavras desse grupo são ▇.

b) As terminações que se repetem nas palavras são ▇.

c) Formulem a regra que apresenta esses critérios.

Grupo 2

móvel	útil	tônus	tênis	bênção	louvável
álbuns	órfãs	pólen	hífen	Vênus	álbum
bíceps	repórter	tórax	ímã	pônei	têxtil

Escreva no caderno os itens abaixo, que darão **dicas** para a elaboração de cada regra. Observe que será necessário completar os itens **d** e **e**.

d) Quanto à posição da sílaba tônica, todas as palavras desse grupo são ▇.

e) As terminações que se repetem nas palavras são ▇.

f) Formulem a regra que apresenta esses critérios.

Tenista Serena Williams, 2018.

Grupo 3

cômodo	sólido	límpido	penúltimo	ângulo
Galápagos	vermífugo	flácido	dinâmico	lâmpada

g) Para este conjunto de palavras não há dicas. Qual é a regra?

Ilha Bartolomeu, Galápagos, 2014.

4▸ Copie as frases a seguir no caderno e acentue adequadamente as palavras que devem receber acento gráfico. Para isso, consulte as regras estudadas.

a) O vendaval provocou panico na população.

b) É provavel que as plantações de cafe sejam prejudicadas pelas geadas.

c) Ana começou a frequentar a academia e está fazendo ginastica.

d) A musica brasileira faz sucesso em diversos lugares do mundo.

e) Os indices de poluição atingiram um patamar alarmante no ultimo ano.

f) Muitos taxis aguardavam, na porta do teatro, a saída dos espectadores.

5▸ Em dupla. Pesquisem três manchetes de jornais em que haja palavras acentuadas de acordo com as regras estudadas nesta seção. Copiem-nas no caderno, destaquem a sílaba acentuada e justifiquem o acento.

Outro texto do mesmo gênero

Ao ler um trecho do livro *Férias na Antártica*, você acompanhou algumas das aventuras das irmãs Klink em uma viagem em família.

Agora, leia dois dos relatos extraídos dos diários de Júlia e Luísa, os quais fazem parte de um livro chamado *O hambúrguer era de carneiro: diário de uma viagem à Índia*.

As duas meninas, primas e amigas, foram encarregadas pela avó de fazer o registro diário de uma viagem que as três fizeram à Índia.

Além de se divertir com as experiências dessas viajantes, você vai conhecer aspectos curiosos sobre os habitantes do Nepal, país vizinho à Índia e à China, cuja capital é Katmandu. Antes, confira no mapa a localização desses países, situados no continente asiático.

Índia, Nepal e China

Fonte: elaborado com base em IBGE: *Atlas geográfico escolar*. 6 ed. Rio de Janeiro, 2012.

Diário de uma viagem à Índia
Daniela Chindler

Katmandu, 10 de fevereiro

Hoje o dia foi sinistro! Fomos passear pelo centro histórico e encontramos homens santos, chamados sadus. Eles têm umas manias bem esquisitas. Cobrem o corpo com cinza e ficam meditando em umas posições difíceis de se equilibrar. A vovó explicou que são posições de ioga. Os sadus de verdade andam quase pelados (e ninguém liga). Tinha um sadu que devia ser meio falsificado porque estava todo vestido e em troca de umas moedas deixava os turistas tirarem foto ao lado dele. Era um "santo" pra turista ver. O cabelo desse sadu era tão comprido que ia da cabeça (como todo cabelo) até a ponta do pé e ainda sobrava um pedacinho que arrastava no chão. Era muito feio. Pente não passava por ali fazia anos.

Depois encontramos uns encantadores de serpente. É, eles existem mesmo, não é só em filme. Queria que o Davi, o Pedro, os dois meninos mais legais da minha escola, e o Diego, meu irmão, vissem isso. Eles iam achar muito irado. Os homens guardavam as serpentes em cestinhas de palha. Tinha um encantador de serpentes que tocava uma flauta e da cestinha aparecia uma naja. Eu sabia que era naja porque elas são largas aqui junto do pescoço, já vi em desenho animado. Tinha um menino segurando umas cobras muito enroladas umas nas outras. Elas estavam emboladas como os fios do computador da minha mãe. Eu só soube que eram três porque contei três cabeças.

E o mais incrível era um homem com uma jiboia imensa de gorda e comprida (se ela desenrolasse toda, ficaria maior do que eu). Fiquei de boca aberta. O homem da jiboia ofereceu a cobra para a minha vó segurar. E se a cobra estrangulasse a vovó? Já ouvi falar de cobra que mata até um boi, e um boi é bem maior do que a avó de qualquer pessoa. E depois de enforcar, a cobra engole o boi todinho sem mastigar. É, cobra não mastiga, os dentes só servem de pazinha para ir empurrando a presa lá para dentro. Mas voltando à cena da jiboia...

minha vó é toda metida a esperta e já estava sorrindo, pensando no sucesso que ia ser mostrar para a turma da hidroginástica a foto dela com uma cobra a tiracolo. Mas na hora H, na hora de estender a mão e segurar o bicho, ela ficou com medo e escapou de virar lanche de jiboia. E eu escapei de ficar órfã de vó no meio do Nepal.

    Luísa

    [...]

Nepal, 11 de fevereiro

    No nosso terceiro e último dia no Nepal, fomos conhecer a cidade de Patan, que é bem pertinho de Katmandu. Era um reino antigo e muito poderoso que já foi chamado de "Vila da beleza" e "Vila dos mil tetos dourados". Lá moram muitos artesãos que trabalham bem à beça com o ouro e a prata.

    A Lorena, que adora dançar, não ia acreditar no que a gente encontrou em Patan: pagodes. Quando o guia falou: "Agora vocês vão conhecer um pagode"; eu pensei: "Ih, bobeou, até parece... a gente tá cansada de ouvir pagode lá no Rio. Tem aquele maravilhoso do Zeca Pagodinho: 'descobri que te amo demais / descobri em você minha paz [...]' ". Na mesma hora puxei a música e a Luísa me acompanhou, o guia não entendeu nada. A vovó interrompeu, explicando que pagode, no Nepal, não tem nada a ver com nosso pagode. Pagode aqui é um tipo de palácio com muitos tetos. Então lá fomos nós conhecer um monte de pagodes.

    Júlia

> CHINDLER, Daniela. *O hambúrguer era de carneiro*: diário de uma viagem à Índia. Rio de Janeiro: Rocco, 2004. p. 46, 47, 50.

1> Gostou de ler as aventuras relatadas por Luísa e Júlia nas duas cidades do Nepal: Katmandu e Patan? Qual relato pessoal você apreciou mais, o das irmãs Klink ou das duas primas? Converse com um colega e conte por quê.

2> Releia o relato para observar:

    a) a intenção das meninas, ao escrever as páginas do diário: contar tudo o que aconteceu em um dia ou registrar os aspectos mais curiosos do que viveram?

    b) a participação de cada uma nos fatos relatados: elas eram só observadoras dos acontecimentos ou participavam deles?

    c) as escolhas de linguagem feitas pelas meninas: mais monitorada e formal ou mais espontânea e informal?

3> Responda: Você gostaria de ler o livro *O hambúrguer era de carneiro*, de Daniela Chindler, com os relatos de viagem das duas primas? Por quê?

Minha biblioteca

Diário de Pilar na Grécia. **Flávia Lins e Silva e Joana Pena. Pequena Zahar.**

Nesse livro, você embarca com Pilar, seu amigo Breno e o gato Samba para uma viagem cheia de aventuras à Grécia. Lá, essa turma passeia pela mitologia grega, repleta de heróis, e Pilar descobre alguns dos maiores mistérios da vida.

Você também pode viajar para outros lugares fascinantes por meio de outros livros da série, como *Diário de Pilar no Egito* e *Diário de Pilar em Machu-Picchu*.

PRODUÇÃO DE TEXTO

Relato pessoal

Nesta unidade você leu relatos de viagem que marcaram a memória de quem os escreveu: as irmãs Klink gostaram tanto das férias na Antártica que registraram a experiência em um livro, e as primas Luísa e Júlia escreveram diariamente sobre o mundo que encontraram em sua viagem à Índia e a países vizinhos, como o Nepal.

Seja uma viagem, seja um fato do dia a dia, todas as pessoas vivem experiências marcantes. Na seção *Prática de oralidade* você relatou oralmente uma experiência que ficou marcada em sua memória. Agora, tente se lembrar de outra ocasião especial para relatar: dessa vez, porém, por escrito.

Siga as orientações a seguir para produzir seu texto.

» **Planejamento**

1. **Em dupla.** Retomem as características do gênero **relato pessoal**, que vocês estudaram nesta unidade.

2. Depois, individualmente, escolha um fato que você viveu e que gostaria de relatar: uma viagem, como fizeram as irmãs Klink e as meninas Luísa e Júlia; uma comemoração em família; uma festa que tenha sido muito significativa; um encontro que marcou sua vida; um trabalho realizado; uma tarefa desafiadora.

3. Para a produção do **seu texto**, oriente-se pelos itens presentes neste esquema:

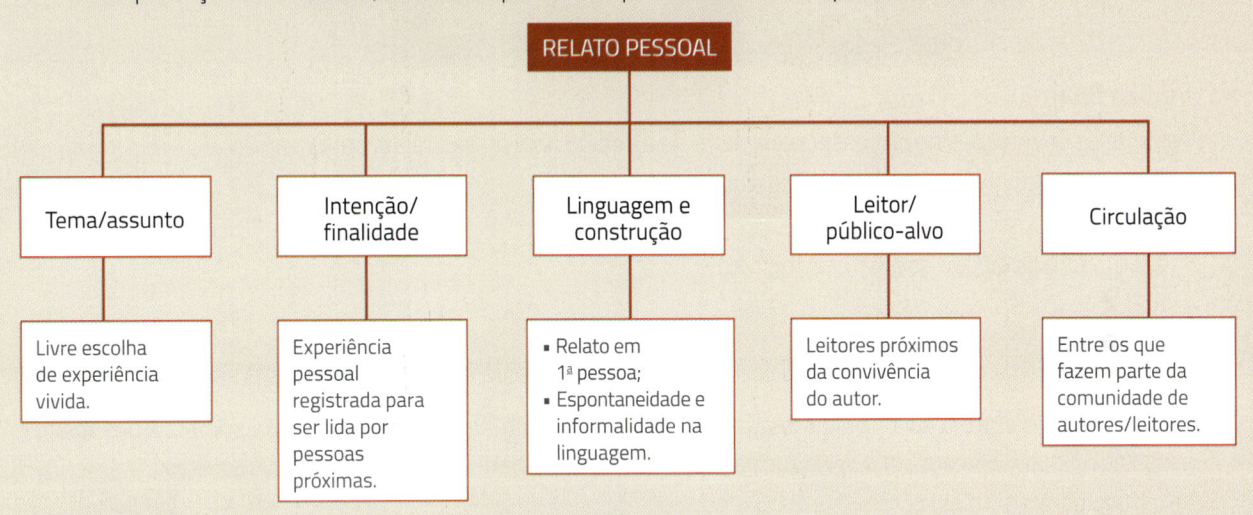

RELATO PESSOAL

Tema/assunto	Intenção/finalidade	Linguagem e construção	Leitor/público-alvo	Circulação
Livre escolha de experiência vivida.	Experiência pessoal registrada para ser lida por pessoas próximas.	• Relato em 1ª pessoa; • Espontaneidade e informalidade na linguagem.	Leitores próximos da convivência do autor.	Entre os que fazem parte da comunidade de autores/leitores.

4. Selecione e organize os fatos vividos com base nos itens pensados na leitura do esquema. Anote no caderno também:
   - pensamentos, impressões e sentimentos em relação ao fato escolhido;
   - palavras ou expressões que são muito significativas para esse relato.

Pense no efeito que você vai dar ao seu relato: se de humor, de aventura, de suspense; se pretende emocionar o leitor; etc.

» **Primeira versão**

1. Em uma folha avulsa, faça a primeira versão do texto a lápis, de modo a poder reescrever livremente o que for necessário, alterando a sequência de frases ou de parágrafos, mudando a pontuação ou ajustando a grafia de palavras.

2. Interrompa a escrita sempre que ficar em dúvida sobre como continuar o relato. Se julgar necessário, releia o que já escreveu antes de decidir continuar o texto e retome suas anotações.

❱❱ Revisão

1 ❱ Releia o relato que você reproduziu e observe se:
- o texto atingiu o objetivo de registrar a experiência vivida por você do modo pretendido inicialmente (com efeito de humor, de aventura, de suspense...);
- o relato ficou coerente, isto é, há relação entre as partes em que os fatos foram estruturados;
- há algum ajuste a fazer no que se refere à pontuação, grafia de palavras, substituição de algum termo por sinônimo ou por pronome a fim de evitar repetições e propiciar coesão ao texto.

2 ❱ Troque a primeira versão do seu texto com a de um colega para que um possa fazer uma leitura crítica do texto do outro.

3 ❱ Com respeito, fale ao colega o que achou do texto dele e dê sugestões que possam ajudá-lo a melhorar a produção. Ouça o que ele tem a dizer sobre o seu texto com atenção.

Chris Borges/Arquivo da editora

❱❱ Versão final

Aguarde as orientações do professor para saber se a versão final do seu relato será:
- manuscrita em folha avulsa ou no caderno;
- digitada para ser impressa;
- acompanhada ou não de ilustração ou foto.

❱❱ Divulgação

1 ❱ Decida se concorda ou não em disponibilizar seu relato pessoal para que outras pessoas possam lê-lo.

2 ❱ Se for consenso entre a sala divulgar os textos produzidos, pode-se criar uma antologia impressa dos relatos pessoais ou publicá-la em um *blog* da turma. Nesse caso, combinem com o professor e os colegas:
- o título para a antologia;
- a organização dos textos: por temas, por ordem alfabética dos títulos dos relatos pessoais, dos nomes dos autores, etc.
- a elaboração da capa e do sumário.

3 ❱ Se vocês optarem por imprimir a antologia, o livro poderá circular entre os alunos de outras turmas e, depois, ficar disponível na biblioteca da escola.

4 ❱ Outra possibilidade é propor a publicação dos relatos no *blog* da turma. Para essa proposta de circulação, considerem as orientações abaixo.
- Os textos deverão ser digitados e as ilustrações ou imagens inseridas devem ser digitalizadas e organizadas para serem publicadas com os relatos.
- Os relatos podem ser publicados todos de uma vez ou semanalmente, assim os leitores poderão ler aos poucos os textos produzidos pela turma. Nesse caso, podem-se discutir com os colegas e o professor os critérios para organizar a publicação dos relatos pessoais.
- Pensem, com o professor, em formas de divulgar o *blog* da turma para a comunidade escolar.

INTERATIVIDADE

Vlog

Nesta unidade, você e seus colegas leram alguns relatos pessoais e produziram outros por meio de apresentações orais e textos escritos. Agora vocês vão se reunir em grupos para criar *vlogs* de relatos de experiências vividas pela turma até o momento neste ano escolar.

> O *vlog* é uma prática de linguagem muito semelhante a outra que você já conhece bem na cultura digital: o *blog*. O *vlog* é uma espécie de *blog* em formato de vídeo. A grande diferença entre eles está mesmo na forma de publicação. Enquanto o produtor do *blog*, ou seja, o blogueiro, publica principalmente textos e imagens em sua página da internet, o produtor do *vlog*, ou seja, o *vlogger*, disponibiliza vídeos em um canal por meio de uma plataforma de compartilhamento de vídeos.

Para desenvolver os *vlogs* de relatos da turma, escolham projetos educativos que vocês realizaram até agora, procedimentos e dicas de estudo ou outras experiências que consideram bem-sucedidas como estudantes e que desejam compartilhar com outros alunos de sua escola e até de outras.

As produções de vocês ficarão disponíveis *on-line* em uma plataforma de compartilhamento de vídeos, administrada pelo professor ou por outro profissional da escola, para livre consulta. O *link* para os *vlogs* produzidos poderá ser divulgado no *blog* do colégio para convidar todos da comunidade a acessá-los.

▸ Planejamento

Converse com os colegas e com o professor e programem-se para a atividade.
- Escolham um local silencioso e com boa acústica para gravar os vídeos.
- Combinem datas e horários para realizar as filmagens, a edição e a finalização dos *vlogs*, bem como a publicação deles. Vejam com o professor uma maneira de participar do compartilhamento dos vídeos no momento em que ele for enviar o *vlog* de seu grupo.

▸ Preparação

1▸ **Com a turma toda.** O professor vai expor alguns *vlogs* semelhantes aos que vocês deverão produzir como inspiração para as produções da turma. Assistam aos vídeos com atenção e, em seguida, troquem ideias com os colegas sobre os conteúdos apresentados e o estilo de cada *vlogger*.

2▸ Converse com os colegas de grupo para escolher o que acham interessante compartilhar com outros estudantes. Vocês podem, por exemplo, falar sobre uma atividade que desenvolveram coletivamente e com a qual tiveram bons resultados, compartilhar dicas de estudo em grupo ou até falar de algum aprendizado decorrente de uma experiência não muito proveitosa. O importante é eleger algo que possa ser interessante para diferentes estudantes!

3▸ Selecionado o assunto, desenvolvam coletivamente o texto que servirá de base para o vídeo, considerando tudo o que já estudaram nesta unidade sobre o relato pessoal. Sigam as etapas que desenvolveram na produção escrita nesta unidade, como rascunho, revisão, edição e reescrita, mas lembrem-se de adaptar o texto de acordo com a nova circulação em vídeo. Façam ajustes considerando a intenção e o público-alvo.

> **❗ Atenção**
> Levem em conta que o texto vai ser falado e direcionado a estudantes como vocês. Por isso, usem uma linguagem espontânea e informal e tentem prender a atenção dos espectadores até o final do vídeo.

4▸ Façam um roteiro de desenvolvimento para o *vlog*, indicando os momentos em que cada um falará e como farão a filmagem. É importante que vocês se revezem para que todos apareçam no vídeo.

5▸ Decidam também se, no *vlog*, haverá passagens com animações de textos ou imagens e combinem com o professor quando e em que programa ou ferramenta digital serão feitas a inserção desses elementos e a edição final do trabalho.

6. Ensaiem como se já estivessem gravando: treinem do início ao fim do roteiro sem interrupções. Lembrem-se de que um vídeo todo fragmentado exige uma edição muito trabalhosa.

▶ Produção

1. Reúna-se com o seu grupo no espaço definido para a captação do vídeo e façam a gravação de acordo com o que foi planejado no roteiro.

2. Quando forem protagonizar a leitura/fala, não se esqueçam de articular bem as palavras e de prestar atenção na entonação, nos gestos e nas expressões corporais e faciais: esses recursos também imprimem sentidos naquilo que é dito em produções audiovisuais.

3. Tentem fazer a gravação sem dar muitas pausas. Para isso, sigam ao máximo o texto roteirizado e levem em conta o que verificaram nos ensaios.

> **Atenção**
> Lembrem-se de que no início do *vlog* vocês devem se apresentar para o possível público que vai assisti-los e, ao final, se despedir!

▶ Edição

1. Após a gravação do vídeo, reúna-se com o seu grupo na sala de informática ou em outro espaço com computadores na escola e façam a edição do vídeo e a inserção de textos digitados e imagens, se houver.

2. Salvem o *vlog* finalizado no local indicado pelo professor, que ficará responsável por publicá-lo em uma plataforma de compartilhamento de vídeos.

3. Usando um editor de texto, elaborem e digitem um título para o *vlog*, uma descrição do vídeo com os créditos e uma pequena apresentação do conteúdo. Em seguida, salvem essas informações, pois elas serão utilizadas na hora da publicação.

▶ Divulgação

1. Auxiliem o professor no que for possível quando ele for publicar o *vlog* de seu grupo na plataforma de compartilhamento de vídeos. Decidam qual será a imagem de capa do vídeo e verifiquem se as informações textuais digitadas anteriormente foram transferidas para os campos corretos: título, apresentação, descrição, etc.

2. Para fazer a postagem no *blog* e convidar os alunos da escola a assistir aos *vlogs* da turma, elaborem um breve texto de apresentação para o *post* no qual será disponibilizado o *link* para as produções da turma. Selecionem também uma imagem convidativa para esse *post* no *blog* da escola.

Autoavaliação

Chegou o momento de fazer um balanço de tudo o que foi estudado na Unidade 5. Leia o quadro de conteúdos para recordar o que estudou e, no caderno, avalie seu desempenho usando os tópicos propostos a seguir como orientação. Isso ajudará você na hora de organizar seus estudos.

Meu desempenho

- **Compreendi bem** (registre no caderno os itens que você compreendeu)
- **Avancei em** (registre no caderno os itens em que você melhorou)
- **Preciso rever** (registre no caderno os itens que você precisa estudar mais)
- **Outras observações e/ou outras atividades**

\	UNIDADE 5
Gênero Relato pessoal	**LEITURA E INTERPRETAÇÃO** • Leitura do relato pessoal *Férias na Antártica*, de Laura, Tamara e Marininha Klink • Características do relato pessoal e da linguagem escolhida para sua organização • Identificação do discurso indireto na elaboração do relato pessoal **PRODUÇÃO** **Oral** • Relato de experiência vivida • Interatividade: produção de *vlog* **Escrita** • Produção escrita de um relato pessoal para a antologia da turma
Ampliação de leitura	**CONEXÕES** • Outras linguagens: Mapa e ilustração • Fotos da viagem: relato documentado • *Icebergs*: conhecimento científico • Tirinha: outra forma de apresentar o conhecimento científico **OUTRO TEXTO DO MESMO GÊNERO** • *O hambúrguer era de carneiro: diário de uma viagem à Índia*, Daniela Chindler
Língua: usos e reflexão	• Variedades linguísticas • Pronomes: pessoais, possessivos, demonstrativos e indefinidos e coesão pronominal • Desafios da língua: acentuação das palavras oxítonas, paroxítonas e proparoxítonas
Participação em atividades	• Orais • Coletivas • Em grupo

Reprodução/Jornal Correio Braziliense

Reprodução/Jornal O Pioneiro

CORREIO B

www.correiobraziliense.com.br

LONDRES, 1808, HIPÓLITO JOSÉ DA COSTA, BRASÍLIA, 1960, ASSIS CHATEAUBRIAND

BRASÍLIA, DISTRITO FEDERAL, 14 DE JANEIRO DE 2018

Lucas Nickson não abre mão da liberdade que o carro proporciona.

A capit
busca

Apesar de terem sido vendidos mais de 60 mil veículos no DF em 2017 e da previsão de um aumento de 10% no total de emplacamentos para 2018, especialistas chamam a atenção para a mudança no conceito de mobilidade como serviço. Brasília ain

Voo com os
anjos

Com o auxílio de rapel, os homens da polícia ambiental capturaram a garça que havia se tornado atração especial da Catedral Metropolitana há mais de quatro semanas. Ela adejava entre as esculturas suspensas, criadas por Ceschiatti, durante as celebrações.
PÁGINA 24

O centenário de
Athos
Bulcão

Exposição com 300 obras no CCBB revela as facetas pouco conhecidas do artista como pintor, desenhista, gravurista e autor de fotomontagens.
DIVERSÃO & ARTE, CAPA

ESTADO DE M

www.em.com.br

BELO HORIZONTE, QUINTA-FEIRA

COMO SERÁ O
ESTUDO DO IBGE REVELA CARACTERÍSTICAS DAS POPULAÇÕE

PASCHOAL MOURA, DE 78 ANOS, E VALNETE BONIFÁCIA, DE 65, FAZEM PARTE DE PARCELA DA POPULAÇÃO M

ITALIANOS DESCOBREM
LAGO SUBTERRÂNEO SOB CAMADA CONGELADA ENCONTRADO PELO RADAR DA

COLIGAÇÕES
GERAM BRIGAS
INTERNAS EM
PARTIDOS
PÁGINA 3

BRASIL EM FOCO
MARCÍLIO DE MORAES

"Apesar do susto em maio, a inflação vai fechar o ano abaixo dos 4,5% fixados como meta para 2018"
PÁGINA 9

Reprodução/Jornal Estado de Minas

| QUINTA-FEIRA
17 DE NOVEMBRO DE 2016

I DENI

Noelita e Jo
com o neto
Rampinelli e
página 08.

Estradas da
causa das ch

Projetos de escolas
são classificados pa
do Programa Agrinh

Treinamento da Campanha da
2017: em defesa da vida será

176

UNIDADE 6

Notícias: fragmentos da realidade...

Observe as fotos ao lado: são imagens de capas de jornais. Você costuma ler jornais? Se sim, que tipo de texto espera encontrar neles? De que maneira hoje podemos nos atualizar sobre o que acontece em nosso bairro, em nossa cidade e em outras partes do mundo? Releia o título desta unidade e converse com os colegas: o que ele pode significar?

Nesta unidade você vai:

- ler e interpretar o gênero notícia;
- identificar partes, elementos e recursos empregados nas notícias;
- fazer distinção entre notícias confiáveis e *fake news*;
- refletir sobre uso de linguagem formal e informal na notícia;
- produzir notícia falada e escrita;
- identificar verbos;
- reconhecer os tempos verbais;
- empregar verbos como forma de marcar o tempo;
- identificar e empregar advérbios e locuções adverbiais como forma de marcar circunstância de tempo, modo, lugar;
- empregar acento gráfico em formas verbais.

NOTÍCIA

Os textos que você vai ler nesta unidade são exemplos de notícia. A **notícia** relata fatos acontecidos, realmente vividos, citando nomes de pessoas e lugares que existem e as datas em que esses fatos ocorreram.

O título de uma notícia geralmente é produzido com a intenção de despertar a atenção e o interesse dos leitores.

Leia o título da notícia a seguir. Ele chama a sua atenção? Para você, o que é mais difícil do que ganhar na loteria? Leia a notícia para descobrir.

Leitura

Morador encontra osso de titanossauro em estrada: 'Mais fácil ganhar na Mega-Sena'

Fóssil é o fêmur de um dinossauro com mais de 20 metros de comprimento e que viveu há mais de 80 milhões de anos. Osso foi levado de Jaci para o Museu de Paleontologia em Uchoa.

Por G1 Rio Preto e Araçatuba
29/11/2017 08h24 Atualizado 29/11/2017 14h05

Um morador de Jaci (SP) encontrou no fim de semana um fóssil de um dinossauro na zona rural da cidade. O comerciante Romildo Goldoni estava trabalhando quando viu o objeto curioso e o levou para casa.

"Eu levei e pensei em chegar em casa brincando dizendo que era um osso de dinossauro, mas não imaginava que seria mesmo."

▶ **Mega-Sena:** jogo da loteria.
▶ **fóssil:** restos ou vestígios de seres vivos que estão depositados nas camadas terrestres.
▶ **fêmur:** osso da coxa.

▷ Morador de Jaci encontra osso de dinossauro em zona rural da cidade.

Após estudos, especialistas identificaram o objeto como sendo o osso fêmur de uma das patas de um titanossauro com mais de 20 metros de comprimento e que viveu há mais de 80 milhões de anos.

O comerciante achou o caso inusitado. "Para achar outro igual esse é mais fácil ganhar na Mega-Sena", brinca Romildo.

Ao chegar com o osso em casa, o filho de Romildo, o pequeno João Guilherme Goldoni de 6 anos de idade, teve a certeza de que os dinossauros existiram mesmo e não estavam apenas ilustrados nos livros infantis.

"Ter um osso de dinossauro dentro de casa é estranho, mas é bem legal", diz o garoto.

Romildo colocou o osso em cima do balcão da sua loja de construções e o lugar também começou a atrair moradores curiosos. "É esquisito, não dá para dizer nada", diz o pedreiro João Pereira.

Abertura de estrada

O fóssil foi achado em uma área que recentemente foi escavada para a abertura de uma estrada, o que fez com que ficasse à mostra.

O paleontólogo Fabiano Vidoi Iori analisou o local e encontrou uma peça que possivelmente seja um dente de um dinossauro carnívoro, além de pequenos pedaços de ossos que podem ser do mesmo ou até de outro dinossauro que viveu na cidade.

> **inusitado:** que causa estranheza por ser fora do comum.
>
> **paleontólogo:** especialista que estuda os seres vivos de períodos antigos da Terra analisando os fósseis desses seres.

"Os fósseis da região, da formação de São José do Rio Preto, são bem resistentes. A rocha se desfaz, mas o fóssil se mantém preservado. Por isso Romildo teve a sorte de achar o objeto", comenta o paleontólogo.

O fóssil foi levado para o Museu de Paleontologia em Uchoa. Ele será estudado e depois ficará exposto no museu.

Disponível em: <https://g1.globo.com/sp/sao-jose-do-rio-preto-aracatuba/noticia/morador-encontra-osso-de-tiranossauro-em-estrada-mais-facil-ganhar-na-mega-sena.ghtml>. Acesso em: 7 jul. 2018.

Interpretação do texto

Compreensão inicial

1. Uma notícia deve sempre trazer algumas informações básicas sobre o fato relatado. De acordo com a notícia que você leu, responda no caderno às perguntas a seguir.

   a) **O que** aconteceu?

   b) **Quem** participou do fato?

   c) **Quando** aconteceu?

   d) **Onde**?

   e) **Como** o fato aconteceu?

   f) **Por que** isso aconteceu?

2. O texto informa que o fato ocorreu "no fim de semana". É possível, porém, saber a data precisa desse acontecimento. Explique essa afirmação.

3. O comerciante levou o objeto para casa, mesmo sem saber o que era. Copie do texto a informação que mostra que ele não sabia se tratar de um osso de dinossauro.

4. O filho do comerciante gostou de ter um osso de dinossauro em casa? Copie o trecho da notícia que confirma sua resposta.

5. Copie no caderno as informações sobre o osso obtidas após estudos realizados.

6. A notícia traz algumas informações sobre o local da descoberta. O que possibilitou que o comerciante encontrasse o fóssil de dinossauro?

7. O que o paleontólogo disse sobre o fato noticiado?

8. Em seu depoimento, Romildo usa o termo *Mega-Sena*, um nome próprio composto formado por dois vocábulos. Observe:

MEGA–SENA

↓ ↓
grande   conjunto de seis elementos

Trata-se do nome de um jogo em que o ganhador é definido por meio de um sorteio. Explique por que Romildo empregou essa palavra em seu depoimento.

9. O que foi feito com o fóssil encontrado?

10. A notícia que você leu foi publicada em diferentes jornais. Leia e compare as manchetes dadas a essa notícia.

> Morador encontra osso de titanossauro em estrada: 'Mais fácil ganhar na Mega-Sena'
> Disponível em: <https://g1.globo.com>. Acesso em: 6 jun. 2018.

> Fóssil de titanossauro é encontrado por acaso no interior de São Paulo
> Disponível em: <https://www1.folha.uol.com.br>. Acesso em: 6 jun. 2018.

> Museu de Uchoa estuda fóssil de Titanossauro encontrado em Jaci
> Disponível em: <http://www.gazetainterior.com.br>. Acesso em: 6 jun. 2018.

> Morador acha parte de osso de dinossauro herbívoro durante obra
> Disponível em: <https://ciencia.estadao.com.br>. Acesso em: 6 jun. 2018.

a) Em sua opinião, qual desses títulos atrai mais a atenção do leitor? Por quê?

b) No caderno, escreva outro título para essa notícia com a intenção de chamar a atenção dos leitores. Leia o título que você escreveu para os colegas e ouça os deles. Em seguida, converse com os colegas e identifiquem aqueles que chamam mais a atenção do leitor e por quê.

Linguagem e construção do texto

Organização e recursos da notícia

Uma notícia pode ser publicada em diferentes meios: jornal, revista, televisão, rádio, internet.

A notícia que você leu nesta unidade foi publicada em um jornal digital, veiculado na internet. Mesmo que circulem em diferentes meios, as notícias podem ter algumas partes comuns.

1 Com os colegas, leia e observe as partes que compõem a notícia.

Título: destaca a principal informação sobre o fato noticiado.

Linha-fina: frase abaixo do título, que traz um breve resumo da notícia.

Vídeo: recurso utilizado em notícias publicadas na internet.

Lide: primeiro parágrafo do texto, apresenta as principais informações sobre a notícia (o quê, quem, quando, onde, como, por quê).

Corpo da notícia: apresenta o detalhamento do fato.

SÃO JOSÉ DO RIO PRETO E ARAÇATUBA

Morador encontra osso de titanossauro em estrada: 'Mais fácil ganhar na Mega-Sena'

Fóssil é o fêmur de um dinossauro com mais de 20 metros de comprimento e que viveu há mais de 80 milhões de anos. Osso foi levado de Jaci para o Museu de Paleontologia em Uchoa.

Por G1 Rio Preto e Araçatuba
29/11/2017 08h24 · Atualizado há 10 meses

Morador de Jaci encontra fóssil em área rural da cidade.

Um morador de Jaci (SP) encontrou no fim de semana um fóssil de um dinossauro na zona rural da cidade. O comerciante Romildo Goldoni estava trabalhando quando viu o objeto curioso e o levou para casa.

> "Eu levei e pensei em chegar em casa brincando dizendo que era um osso de dinossauro, mas não imaginava que seria mesmo."

Após estudos, especialistas identificaram o objeto como sendo o osso fêmur de uma das patas de um titanossauro com mais de 20 metros de comprimento e que viveu há mais de 80 milhões de anos.

O comerciante achou o caso inusitado. "Para achar outro igual esse é mais fácil ganhar na Mega-Sena", brinca Romildo.

Ao chegar com o osso em casa, o filho de Romildo, o pequeno João Guilherme Goldoni de 6 anos de idade, teve a certeza de que os dinossauros existiram mesmo e não estavam apenas ilustrados nos livros infantis.

> "Os fósseis da região, da formação de São José do Rio Preto, são bem resistentes. A rocha se desfaz, mas o fóssil se mantém preservado. Por isso Romildo teve a sorte de achar o objeto", comenta o paleontólogo.

O fóssil foi levado para o Museu de Paleontologia em Uchoa. Ele será estudado e depois ficará exposto no museu.

Veja mais notícias da região no G1 Rio Preto e Araçatuba

Morador de Jaci encontra osso de dinossauro em zona rural da cidade. — Foto: Reprodução/TV TEM

Data: dia, mês e ano em que a notícia foi publicada. Na internet, o horário da publicação também pode ser informado.

Olho: trecho destacado em letra maior, que geralmente apresenta frases de pessoas entrevistadas ou frases importantes da notícia.

Foto: imagem que ilustra o fato, acompanhada de legenda.

O título, a linha-fina e o lide são considerados partes importantes da notícia, principalmente para despertar o interesse do leitor. Essas partes têm a finalidade de destacar, resumir e apresentar as principais informações sobre o fato noticiado.

2. Um recurso bastante comum para ilustrar o fato noticiado é o uso de imagens. Observe.

Imagem 1

Imagem 2

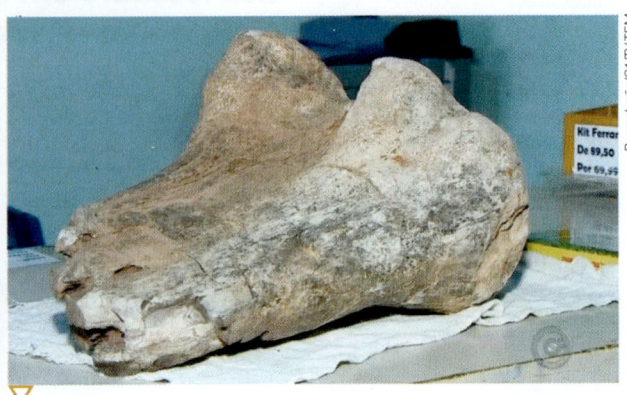

▽ Morador de Jaci encontra osso de dinossauro em zona rural da cidade.

a) Essas imagens correspondem a recursos visuais diferentes. Quais são eles?

b) Observe o símbolo ▶ na imagem 1. O que ele representa?

c) Que meios de comunicação possibilitam o uso de diferentes recursos, como nesta notícia?

d) Observe a imagem 2 e a legenda que a acompanha. Localize no texto da notícia outra frase que poderia substituir essa legenda e copie-a em seu caderno. Explique sua escolha.

3. Compare as falas do comerciante e de seu filho citadas na notícia com o restante do texto.

a) Em qual desses trechos predomina a linguagem mais formal e em qual predomina uma linguagem mais informal?

b) Por que há linguagem mais formal e linguagem mais informal nesses trechos?

4. Estas frases apresentam características geralmente presentes em uma notícia para que ela seja confiável:

a) Dados que comprovem a veracidade do fato noticiado.

b) Identificação das pessoas envolvidas no acontecimento, mesmo que elas não sejam conhecidas dos leitores.

c) Registro de fala mais espontânea e/ou depoimentos transcritos das pessoas, para dar mais credibilidade à notícia e aproximar o leitor do acontecimento noticiado.

d) Linguagem mais formal, objetiva e precisa para relatar o fato propriamente dito.

Releia e copie no caderno estes trechos da notícia, colocando as letras correspondentes às características da notícia que se expressam em cada um deles:

"Mais fácil ganhar na Mega-Sena", brinca Romildo.

Após estudos, especialistas identificaram o objeto como sendo o osso fêmur de uma das patas de um titanossauro com mais de 20 metros de comprimento e que viveu há mais de 80 milhões de anos.

"Ter um dinossauro dentro de casa é estranho, mas é bem legal", diz o garoto.

"Os fósseis da região, da formação de São José do Rio Preto, são bem resistentes. A rocha se desfaz, mas o fóssil se mantém preservado."

O paleontólogo Fabiano Vidoi Iori analisou o local e encontrou uma peça que possivelmente seja um dente de um dinossauro carnívoro, além de pequenos pedaços de ossos que podem ser do mesmo ou até de outro dinossauro que viveu na cidade.

O fóssil foi achado em uma área que recentemente foi escavada para a abertura de uma estrada, o que fez com que ficasse à mostra.

5▸ Para que um fato seja objeto de uma notícia em veículos de comunicação, geralmente há algumas condições, por exemplo:
- ser um fato recente, que chame a atenção do público por causar um **impacto**, uma **emoção**, uma **surpresa** ou por apresentar uma informação surpreendente para a maioria das pessoas;
- ser uma informação **relevante**, importante, para a sociedade;
- ser algo de interesse mais coletivo do que individual.

Reflita sobre essas condições e responda: A notícia sobre a descoberta de um fóssil de dinossauro pode ser considerada um fato relevante, de interesse geral? Ou é uma informação sem importância, feita para chamar a atenção de leitores? Pode ter outro objetivo?
Converse com os colegas e depois, juntos, registrem no caderno as conclusões a que chegaram.

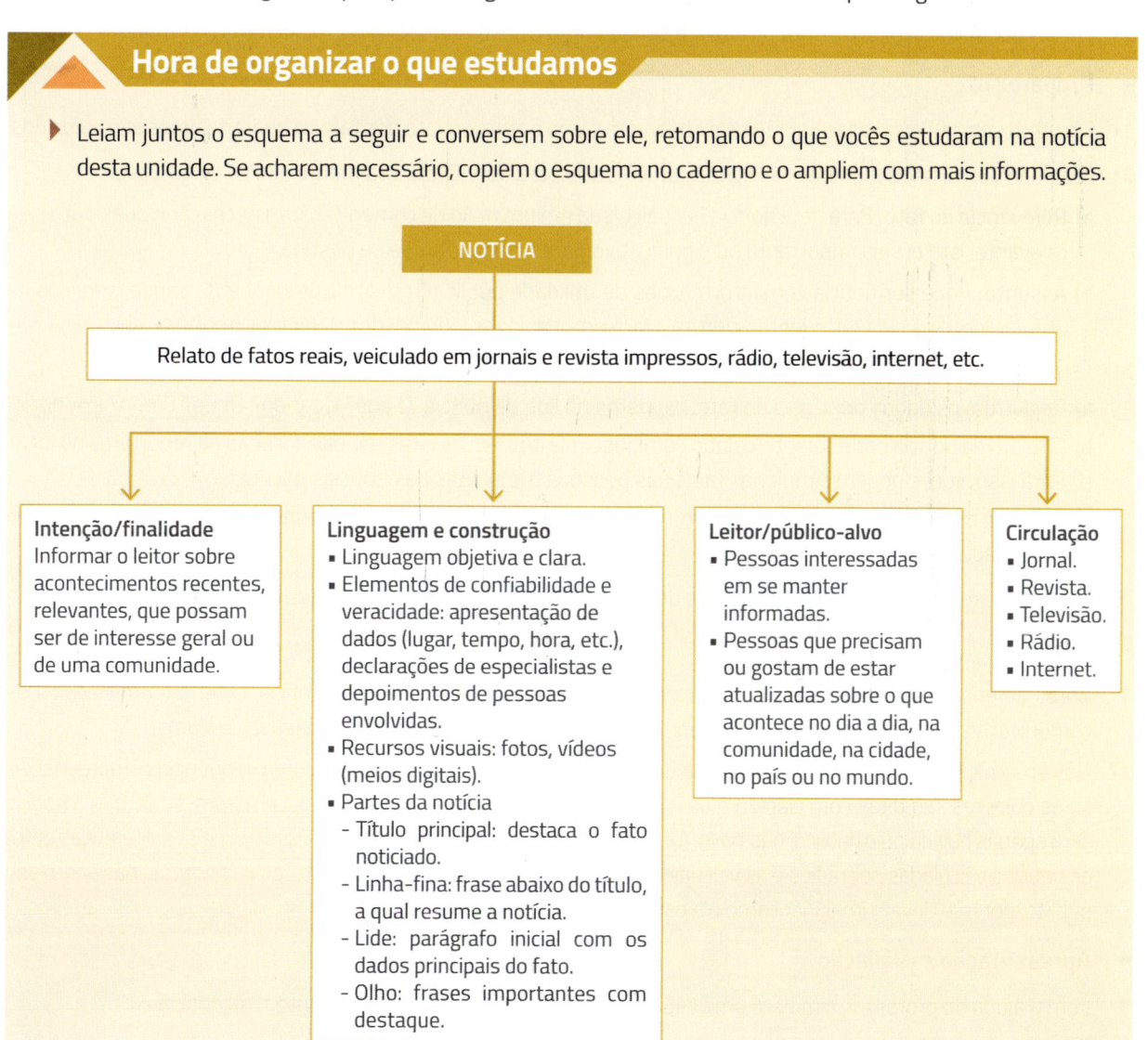

Hora de organizar o que estudamos

▸ Leiam juntos o esquema a seguir e conversem sobre ele, retomando o que vocês estudaram na notícia desta unidade. Se acharem necessário, copiem o esquema no caderno e o ampliem com mais informações.

NOTÍCIA

Relato de fatos reais, veiculado em jornais e revista impressos, rádio, televisão, internet, etc.

Intenção/finalidade
Informar o leitor sobre acontecimentos recentes, relevantes, que possam ser de interesse geral ou de uma comunidade.

Linguagem e construção
- Linguagem objetiva e clara.
- Elementos de confiabilidade e veracidade: apresentação de dados (lugar, tempo, hora, etc.), declarações de especialistas e depoimentos de pessoas envolvidas.
- Recursos visuais: fotos, vídeos (meios digitais).
- Partes da notícia
  - Título principal: destaca o fato noticiado.
  - Linha-fina: frase abaixo do título, a qual resume a notícia.
  - Lide: parágrafo inicial com os dados principais do fato.
  - Olho: frases importantes com destaque.

Leitor/público-alvo
- Pessoas interessadas em se manter informadas.
- Pessoas que precisam ou gostam de estar atualizadas sobre o que acontece no dia a dia, na comunidade, na cidade, no país ou no mundo.

Circulação
- Jornal.
- Revista.
- Televisão.
- Rádio.
- Internet.

Prática de oralidade

Conversa em jogo

Compartilhar descobertas: o que isso pode significar?

O fóssil de dinossauro descoberto pelo comerciante está em estudo em um museu e, posteriormente, ficará exposto com a análise feita por especialistas. Converse com os colegas:

1. O que seria perdido se o comerciante escondesse o fóssil em sua casa como um objeto pessoal?
2. O que ganhamos ao ter esse osso exposto em um museu, acompanhado dos estudos feitos pelos cientistas?
3. Você considera importante para a sociedade pesquisar e preservar objetos antigos? Expresse sua opinião e use argumentos para justificá-la. Ouça a opinião dos colegas e respeite ideias diferentes das suas.

Notícia falada

É cada vez mais comum as notícias circularem em mídias que usam diferentes recursos (áudios, vídeos, transmissões por mensagens instantâneas, etc.). Apesar disso, o rádio continua fazendo parte ativa do cotidiano de diversas pessoas. A seguir, prepare-se para experimentar a sensação de transmitir notícias faladas, como ocorre em uma rádio.

- **Em grupo.** Vocês vão produzir notícias para simular uma transmissão feita por rádio na sala de aula.

Preparação

1. Escutem notícias veiculadas por rádios e observem como é feito o relato dos fatos e quais recursos são utilizados.
2. Escolham, em jornais impressos e digitais, uma notícia para apresentar oralmente aos colegas. Observem:
   a) **Relevância do fato.** Para uma notícia ser veiculada em um meio de comunicação, é necessário que o fato seja relevante, isto é, seja importante ou significativo para o público a que se destina.
   b) **Assunto.** Pode ser notícia com informações de utilidade pública (trânsito, campanha de saúde, serviços de atendimento na cidade); eventos culturais (arte, moda, jogos, *shows*); descobertas científicas; etc.
3. Escolhida a notícia, elaborem um breve roteiro da apresentação.
   a) Registrem os dados principais do fato, expostos no lide da notícia: O quê? Quando? Onde? Como? Por quê?
   b) O relato da notícia pode ser intercalado com depoimentos, entrevistas rápidas, locução de repórteres no local. Para isso, vocês podem simular as falas das pessoas transcritas nas notícias escritas.
   c) Definam a **linguagem** — mais formal ou mais informal — de acordo com o público a que se destinará a notícia falada.
4. Com o roteiro pronto, definam as funções dos integrantes do grupo: locutores, repórteres, entrevistados, etc.

Ensaio

1. Antes de ensaiarem, combinem com o professor o tempo máximo para cada notícia. O tempo em veículos de comunicação é sempre bem delimitado, por isso as notícias devem ser breves, objetivas e claras.
2. Nos ensaios, verifiquem: se há precisão de detalhes; se o fato é apresentado em uma sequência compreensível; se as palavras são ditas com clareza e se a linguagem está adequada à situação. Lembrem-se de que a notícia será apenas ouvida pelo público, não haverá imagens para ajudar na comunicação. Essa é uma das diferenças entre as notícias veiculadas por rádios e as veiculadas pela tevê ou pela internet. Os locutores das notícias não veem seu público, por isso devem imaginar como ela está sendo recebida.

Apresentação e avaliação

1. Com a ajuda do professor, simulem uma cabine de rádio na sala de aula e apresentem as notícias.
2. Escutem as notícias dos outros grupos. Depois, com o professor, avaliem o resultado da atividade.

CONEXÕES ENTRE TEXTOS, ENTRE CONHECIMENTOS

Outras linguagens: Esquema, foto e concepção artística de dinossauro

Estudos realizados por cientistas sobre fósseis e materiais muito antigos possibilitam que sejam feitas reconstituições da imagem de dinossauros. A notícia que você leu nesta unidade foi assunto de outras notícias e reportagens. Veja as imagens de uma dessas reportagens, que mostra duas maneiras diferentes de representação gráfica dos dinossauros.

Folha de S.Paulo, 24 dez. 2017. Caderno Ciência+Saúde, p. B6.

Para que possamos ter ideia da parte do corpo do dinossauro que corresponde ao fóssil encontrado, foi elaborado um esquema do esqueleto, acompanhado de dados mais precisos, como o da imagem acima, no detalhe. Os dados obtidos nesse estudo possibilitam recompor a imagem desse animal.

A reportagem também apresenta uma concepção artística de dinossauro, feita a partir de fósseis. Veja:

Concepção artística feita após fósseis dos répteis serem encontrados na Argentina; grupo também andou pelo Brasil.

▸ Agora, converse com os colegas: Qual é a importância de termos uma imagem, mesmo que ilustrativa, desses animais que viveram na Terra há milhões de anos?

Fake news: notícias falsas

Você já sabe que a notícia relata fatos verídicos, que realmente aconteceram. No entanto, com a facilidade de compartilhamento de conteúdo proporcionada pela internet, nem tudo o que é veiculado como notícia é verdadeiro: tem sido comum a propagação de *fake news*, termo em inglês que significa **notícia falsa**. As *fake news* podem ter um grande alcance, são difundidas com muita rapidez e podem impactar a vida de muitas pessoas.

Com o aumento do uso da internet no dia a dia, deve-se ter mais cuidado com as notícias falsas que se espalham. Essa é uma preocupação mundial de diversos órgãos, governos, grupos jornalísticos e pessoas comprometidas com a informação.

A seguir, você vai ler alguns textos que provocam uma reflexão sobre esse tema.

1▸ Leia a tirinha a seguir. Depois, converse com os colegas sobre as atividades propostas.

BECK, Alexandre. *Armandinho*.

a) O que a menina quis dizer no primeiro quadrinho?

b) O que aconteceu em seguida?

c) Depois do que aconteceu, em qual das informações a menina poderia confiar?

d) O que você acha que os personagens deveriam fazer para verificar qual é a informação mais confiável?

2▸ Leia uma notícia que foi publicada num 1º de abril e logo se espalhou pela internet. A notícia afirmava que havia sido produzido um clone de dinossauro, mas a foto era na verdade de um filhote de wallaby (um marsupial parente do canguru).

'Clone de dinossauro' engana internautas no 1º de abril

Notícia traz foto de bebê canguru como se fosse de um apatossauro

POR Cesar Baima
01/04/2014 6:00 / Atualizado 01/04/2014 10:32

RIO – O Dia da Mentira chegou mais cedo na internet. Ao longo do último fim de semana, a notícia de que cientistas britânicos teriam produzido um clone de um dinossauro extinto há mais de 65 milhões de anos atraiu a atenção de milhares de pessoas, que prontamente a replicaram nas redes sociais. Mas a história, inicialmente publicada pelo *site* "news-hound.org", era completamente falsa. A foto do suposto filhote apatossauro, batizado "Spot", era de um bebê canguru.

De acordo com o artigo no "news-hound.org", o dinossauro teria sido clonado por pesquisadores da Universidade John Moores a partir de DNA recuperado de um fóssil que estava em exposição no museu de História Natural da instituição (real e sediada em Liverpool) e injetado no útero de uma fêmea de avestruz. "Os avestruzes compartilham muitos traços genéticos com os dinossauros", justificou ao *site* o falso professor de biologia da universidade Gerrard Jones, apontado como líder da equipe responsável pelo projeto, numa tentativa de dar legitimidade à história. "As microestruturas das cascas de seus ovos são quase idênticas às dos apatossauros e por isso a clonagem funcionou tão perfeitamente".

Compartilhada nas redes sociais, a falsa notícia ganhou comentários preocupados dos internautas, como "isso não vai acabar bem", e comparações com o método fictício para produção de dinossauros mostrado na série de filmes "Jurassic Park", no qual o DNA dos animais foi obtido do sangue guardado em mosquitos preservados em âmbar, a resina fossilizada de árvores. A possibilidade desta técnica funcionar, no entanto, também já havia sido descartada em setembro do ano passado, quando pesquisadores da Universidade de Manchester publicaram artigo no periódico científico "PLoS One" em que relataram seu fracasso na tentativa de recuperar material genético em amostras de sangue dentro de insetos presos em copal, estágio de fossilização da resina de árvores anterior ao âmbar, com idades entre 60 e 10,6 mil anos. Em comunicado, eles classificaram seu estudo como "o último prego no caixão de Jurassic Park".

E o pior é que nem mesmo na mentira o "news-hound.org" foi original. Em setembro de 2011, o *site* americano "Weekly World News" já havia publicado a notícia falsa com quase exatamente os mesmos textos e comentários. As únicas diferenças eram que, neste caso, os cientistas responsáveis pela clonagem e os comentaristas eram da Universidade da Flórida e tinham outros nomes.

Disponível em: <https://oglobo.globo.com/sociedade/ciencia/clone-de-dinossauro-engana-internautas-no-1-de-abril-12049476>. Acesso em: 5 out. 2018.

Converse sobre as questões a seguir.

a) Que recursos foram empregados pelos autores da notícia falsa para convencer os leitores a acreditarem nos fatos relatados? Observe os seguintes aspectos:
- linguagem;
- citação de nomes falsos de especialistas e de lugares reais.

b) Que tipo de atitude devemos ter antes de "espalhar" uma notícia?

3▸ Em grupo. Leiam a seguir trechos de uma notícia publicada em um jornal para jovens e crianças.

Notícias falsas na internet viram um problema mundial

[...]

Boatos

Muita gente acredita em tudo o que lê e compartilha nas redes sociais e WhatsApp sem nem checar de onde vem a informação. Com linguagem sensacionalista, sem apuração jornalística, os boatos influenciam leitores, que já não sabem identificar o que é verdade e o que é boato.

[...]

Como saber:

A imprensa séria verifica de onde vem a notícia e separa a verdade da mentira. Para saber se é boato ou não:

1. Desconfie sempre de notícias sensacionalistas
2. Veja se a origem ou fonte da notícia é citada
3. Boatos não mostram datas e locais
4. Há pedido de compartilhamento

Jornal *Joca*, n. 89, fev. 2017, p. 8.

Juntos, façam uma lista de cuidados que vocês podem ter para não serem enganados por notícias falsas nem transmitirem informações que não são confiáveis.

Sensacionalismo e factoide

Não são apenas as *fake news* que podem conduzir os leitores a enganos.

Você já leu ou ouviu notícias que provocaram em você emoções fortes e causaram um impacto tão grande que não era possível pensar criticamente sobre o fato noticiado? Você poderia estar diante de uma notícia **sensacionalista**. O **sensacionalismo** é uma forma de apresentar as notícias de maneira apelativa e exagerada, com uma linguagem de impacto e imagens chocantes que provocam comoção, prejudicando a informação.

Há também os **factoides**, que são informações divulgadas pela mídia sem a indicação da fonte de informação e, por essa razão, não é possível saber se são ou não verdadeiras. Essas informações também são divulgadas de maneira sensacionalista, com a intenção de causar impacto na opinião pública.

Na maior parte das vezes, esses tipos de notícia são divulgados com o objetivo de chamar a atenção das pessoas, vender exemplares de jornais e revistas ou gerar mais acessos aos *sites* em que são publicadas, a fim de atrair mais anunciantes que paguem pelos espaços nesses veículos de comunicação.

Para interagir melhor no mundo da informação, é necessário saber que algumas notícias são mal-intencionadas. Por isso, antes de compartilhar uma informação, é importante checar sua veracidade em fontes seguras.

▸ Agora vocês. Pesquisa.

- **Em grupo.** Ouçam ou assistam a noticiários na TV, no rádio ou na internet: leiam diferentes títulos e chamadas para as notícias, observem a linguagem usada e vejam se estão atraindo a atenção por meio de formas apelativas de apresentação dos fatos, com o objetivo de provocar emoções fortes. Avaliem se a maneira como as notícias são apresentadas despertam dúvidas sobre a veracidade dos fatos.
- Selecionem jornais ou revistas que tenham manchetes e notícias apresentadas dessa forma.
- Pergunte a pessoas que utilizam redes sociais se elas já receberam ou foram alvo de algum factoide; vejam se isso causou algum problema para elas ou para as pessoas com quem elas convivem.

Tragam essas informações para a sala e montem um painel com o que recolheram. Reflitam: Quais podem ser as consequências desse tipo de jornalismo para o público?

Língua: usos e reflexão

Verbo I

Uma forma de marcar o tempo

Um dos aspectos importantes em uma notícia é a forma como é marcado o **tempo** dos fatos relatados. Releia um trecho da notícia que você leu no início da unidade e observe as partes destacadas.

> Um morador de Jaci (SP) **encontrou no fim de semana** um fóssil de dinossauro na zona rural da cidade. O comerciante Romildo Goldoni **estava trabalhando** quando **viu** o objeto curioso e o **levou** para casa.

Esse trecho relata um fato que está acontecendo, já aconteceu ou vai acontecer? Acertou se respondeu que relata um fato que já aconteceu.

Observe as expressões que foram usadas para marcar o tempo:

encontrou, **estava trabalhando**, **viu**, **levou** — são formas verbais

no fim de semana — é uma expressão que indica tempo, mas não é um verbo

As expressões destacadas indicam que o fato aconteceu no **passado**.

Juntos, vamos analisar como o tempo é marcado na notícia.

1. Releia outro trecho que apresenta a fala do comerciante e observe as palavras que marcam o tempo:

> "Eu levei e pensei em chegar em casa brincando dizendo que era um osso de dinossauro, mas não imaginava que seria mesmo."

Esse trecho relata o fato como algo que já aconteceu. O tempo é o **passado**. Registre no caderno as palavras que indicam esse tempo no trecho.

> Os tempos verbais que indicam passado são chamados de **pretéritos**. As formas verbais no pretérito fazem referência a fatos que já aconteceram.

2. Releia a fala do menino e observe as formas verbais destacadas.

> "Ter um osso de dinossauro dentro de casa **é** estranho, mas **é** bem legal", diz o garoto.

Essas formas verbais estão no **presente**. Por que foi empregado o tempo presente nessa fala?

> As formas verbais no **presente** geralmente são empregadas para fazer referência a fatos que acontecem no momento atual.

3. O tempo presente também pode ser empregado com outra finalidade. Releia parte do título da notícia:

> Morador **encontra** osso de titanossauro em estrada [...]

O fato já havia acontecido, mas no título o verbo é empregado no tempo presente e não no tempo passado. Por que será que foi feito esse uso do verbo?

NOTÍCIA 189

Leia outros títulos e trechos de notícias que empregam o tempo presente para se referir a fatos já ocorridos:

> Atleta brasileiro **faz** história e **bate** recorde mundial ao descer uma parede de água de 24,4 metros em Nazaré (Portugal).
>
> *O Estado de S. Paulo*, 13 maio de 2018, p. A28.

> Corinthians **usa** drible de Pedrinho para vencer.
>
> *Folha de S.Paulo*, 14 maio de 2018, A1.

O uso do tempo presente nesses títulos de notícias é uma forma de aproximar o fato ocorrido do momento em que a notícia é divulgada e, assim, atrair mais a atenção do leitor.

Agora, releia outro trecho da notícia lida no início da unidade e observe o tempo expresso nas formas verbais destacadas:

> O fóssil foi levado para o Museu de Paleontologia em Uchoa. Ele **será estudado** e depois **ficará exposto** no museu.

As formas verbais destacadas referem-se a ações que já aconteceram, estão acontecendo ou ainda vão acontecer? As formas verbais referem-se a ações que ainda acontecerão. Trata-se do tempo **futuro**.

> As formas verbais no **futuro** são usadas, em geral, para fazer referência a fatos que poderão acontecer.

Como você viu, o verbo é uma classe de palavra que pode expressar o tempo por meio de tempos verbais no:

- presente;
- passado/pretérito;
- futuro.

Veja outros aspectos que podem ser expressos pelo verbo:

O comerciante **colocou** o osso em cima do balcão de sua loja.
↓
Expressa uma **ação**.

O fóssil **é** resistente.
↓
Ajuda a expressar **qualidade**.

O osso **estava** quebrado.
↓
Ajuda a expressar o **estado** do osso.

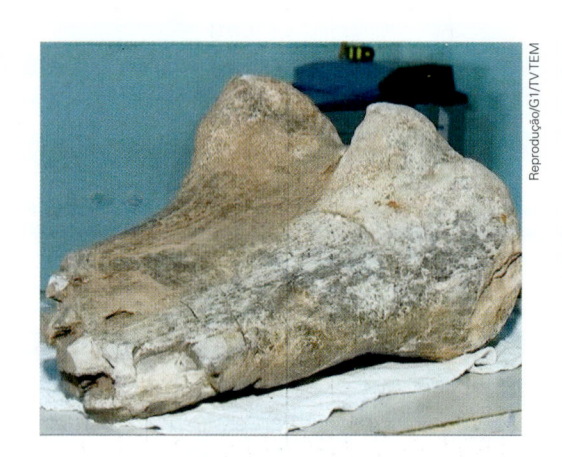

Há também verbos que não indicam ação nem expressam uma qualidade ou um estado. Leia as frases a seguir:

> **Chove** forte no litoral.

> **Nevou** muito nos países da Europa este ano.

Chove e **nevou** são verbos que indicam fenômenos da natureza assim como *relampejar, ventar, amanhecer, anoitecer, trovejar, garoar*, etc.

Os verbos são palavras que variam muito para expressar diferentes ideias. Observe a variação do verbo *colocar* no conjunto de frases a seguir:

> O comerciante **colocou** o osso no balcão.
> O comerciante e o filho **colocaram** o osso no balcão.
> O comerciante **colocará** o osso no balcão.
> Hoje ele não **colocaria** o osso em um balcão.

O verbo é a classe de palavra que mais sofre variações em sua forma.

> **Verbo** é uma classe de palavra variável, que pode indicar ação, qualidade, estado ou mudança de estado, existência e fenômeno da natureza. Uma das variações que os verbos apresentam é para indicar o tempo presente, passado ou futuro.

Conjugações verbais

Leia a frase a seguir e observe as palavras destacadas:

> O fóssil **atraiu** moradores da região, que **duvidavam** do fato.

! Atenção
Veja, no final do livro, nos quadros de ampliação dos estudos gramaticais, uma relação com conjugações verbais para consultar quando considerar necessário.

Imagine que você quisesse procurar o significado das formas verbais destacadas em um dicionário.
No dicionário você não encontrará as formas *atraiu* e *duvidavam*. Será preciso transformá-las. Observe:
atraiu ⟶ atrair
duvidavam ⟶ duvidar
Para pesquisar verbos nos dicionários, é preciso procurar sempre sua forma no **infinitivo**.
Observe a parte colorida de alguns verbos no infinitivo:

> invent**ar**   encontr**ar**   divert**ir**   cri**ar**   corr**er**

Os verbos da língua portuguesa estão distribuídos em três conjuntos de acordo com a terminação do infinitivo. Cada conjunto recebe o nome de **conjugação**. Observe:

1ª conjugação: os verbos terminados em **-ar**;
2ª conjugação: os verbos terminados em **-er**;
3ª conjugação: os verbos terminados em **-ir**.

O verbo *pôr* tem o infinitivo terminado em *-or*. Entretanto, ele pertence ao agrupamento da 2ª conjugação, a dos verbos terminados em *-er*, porque a forma antiga desse verbo era *poer*. Também pertencem à 2ª conjugação todos os verbos derivados de *pôr*, como *repor, compor, dispor, supor, propor*, entre outros.

Conjugar um verbo é flexioná-lo de acordo com a pessoa, o número, o tempo e o modo.

Vamos estudar um pouco mais essa classe de palavras lendo trechos de uma reportagem que trata da infância no presente, no passado e até comenta o que as crianças imaginam para o futuro. Veja a abertura de um texto jornalístico ao lado.

Folha de S.Paulo. São Paulo, 8 out. 2011. Folhinha.

A reportagem apresenta ao leitor o depoimento de adultos e de crianças. Leia estas páginas, em que os depoimentos são apresentados nos tempos do **passado**.

No meu tempo era assim...

As crianças do tempo de Pelé contam como eram as brincadeiras e o dia a dia naquela época.

Brincadeira

"O brinquedo preferido era a bola. O bairro onde morava tinha um amplo espaço para brincar. Não precisava avisar meus pais que ia descer. Era livre."

TOSTÃO, 64, JOGADOR DE FUTEBOL

Boneca de Lygia

"Eu brincava com meus amigos sempre na rua, não era perigoso. O brinquedo preferido era bola de futebol."

DIDI, RENATO ARAGÃO, 76, ATOR DA TV

"Na rua ou no quintal, eu brincava de estátua, amarelinha... Ouvia histórias que a minha pajem [babá] contava para a meninada. No dia em que ela faltou, comecei a inventar histórias."

LYGIA FAGUNDES TELLES, ESCRITORA

Folha de S.Paulo. op. cit.

1▸ Qual é a provável razão de Tostão não precisar avisar aos pais que iria sair para brincar?

2▸ Qual é o tempo predominante em que Tostão faz seu depoimento? Identifique quatro formas verbais que comprovem o tempo que você indicou.

3 ▸ Releia a fala da escritora Lygia Fagundes Telles. O que provavelmente a levou a começar a inventar histórias?

4 ▸ Releia a fala de Lygia Fagundes Telles.

   a) Identifique nessa fala três formas verbais que estão no pretérito e expressam passado.

   b) Há um verbo usado na fala dela que não indica tempo passado e está no infinitivo. Qual?

5 ▸ Didi, personagem do ator Renato Aragão, ao falar das brincadeiras na rua, parece ter uma opinião semelhante à do jogador Tostão.

   a) Copie a frase que revela essa semelhança.

   b) Nessa fala o verbo indica ação, estado ou qualidade ou indica fenômeno da natureza?

6 ▸ Copie da fala de Tostão a frase em que o verbo ajuda a indicar uma qualidade para o que ele sentia quando podia descer para brincar sem avisar os pais.

Leia mais um trecho da reportagem e continue viajando pela infância. Agora no tempo **presente**.

Hoje é assim...
Crianças de hoje contam tudo sobre moda, brinquedos e filmes que marcam seu tempo.

Ídolo
"Neymar joga muito. É um dos melhores do mundo."
EDUARDO BERTHOUX, 6

"Adoro as músicas da Katy Perry. É a minha favorita."
ALICE FIADI, 11

Moda
"Agora é mania colocar uma fita na cabeça."
ANA CATARINA BENCINI, 10

"Se olhar para o pé das pessoas, quase todo mundo está usando tênis de skatista."
SAMUEL PATTO, 10

Folha de S.Paulo. op. cit.

Cabeceira
"'Diário de um Banana' é um dos livros mais legais que já li, porque mistura história com quadrinhos."
PEDRO ALMEIDA, 9

Brincadeira
"Meu passatempo favorito é ficar no [controle de videogame] Kinect. Principalmente no jogo dos Transformers."
LAURA FIGUEIREDO, 10

"Meus brinquedos favoritos são meu DS e meu Wii, com certeza."
VINICIUS ALMEIDA, 7

"Sempre brinco de Nerf em casa. Já até quebrei um porta-retratos da minha mãe."
LUCAS HAN, 10

Gíria
"Todo mundo fala 'tipo'. Na aula de português, a gente é proibido de falar. Temos que dizer 'por exemplo'."
RAFAEL PELLEGRINO, 11

PARA RIR
O que é um pontinho verde no canto da sala? Uma ervilha de castigo!

Piada
"Quando alguém não sabe contar, sempre solta a piada do pontinho."

Folha de S.Paulo. São Paulo, 8 out. 2011. Folhinha.

7▸ Releia:

> Hoje é assim...
> Crianças de hoje contam tudo sobre moda, brinquedos e filmes que marcam seu tempo.

A palavra *hoje* contribuiu para que os verbos indicados nas frases fossem empregados em que tempo?

8▸ Releia frases dos depoimentos que mencionam brincadeiras no dia de hoje.

> Meu passatempo favorito é ficar no [controle de *videogame*] Kinect.

> Sempre brinco de Nerf em casa.

> "Diário de um banana" é um dos livros mais legais que já li [...].

> Adoro as músicas da Katy Perry.

Compare esses depoimentos com os do passado, das outras páginas da reportagem, e responda: Que diferenças você percebe entre as formas de se divertir dessas crianças do presente e as formas de se divertir do passado?

9▸ Releia o depoimento de Rafael, que fala sobre a aula de Português.

> **Gíria**
> Todo mundo fala "tipo". Na aula de português, a gente é proibido de falar. Temos que dizer "por exemplo".

O que você acha sobre falar gírias?

10▸ Qual é o tempo verbal predominante nos depoimentos das crianças ao falarem sobre as brincadeiras? Identifique três exemplos nas falas delas.

11. Em seu caderno, copie estas formas verbais empregadas pelas crianças e, a seguir, passe-as para o infinitivo.

| tinha | brinca | precisava | ia | jogo | adorar | li | mistura |

Complete a viagem pelas brincadeiras lendo a parte da reportagem que fala sobre como será a infância no **futuro** na opinião de alguns jovens.

No futuro pode ser assim...

Meninos e meninas adivinham como vai ser a infância daqui a muitos anos.

Brinquedos
" [Existirá] uma mochila [em] que você aperta um botão e sai voando."
LARISSA DA CUNHA, 10

" Vai ter um bicho que você coloca na água e ele ganha vida. Sempre quis ter um."
FERNANDA PIRES, 10

" Você aperta um botão, fala aonde quer ir e a roupa te leva para lá."
BÁRBARA NEMO, 10

Moda
" [As pessoas vão usar] uma roupa que tem pernas de cachorro e asas."
GIOVANNA PEREZ, 10

Cabeceira
" As imagens do livro vão se mexer. Se tiver água, você poderá se molhar."
FLÁVIA SAYURI, 10

Ídolo
" O ídolo vai ser um bebê que canta rap."
LARISSA DA CUNHA, 10

" Aposto que vai ter uma bota a jato!"
FERNANDA PIRES, 10

Cinema
" No futuro, o cinema vai ser em mil D."
ISABELLA MARTINS, 10

Ilustrações Carlos Araujo

Folha de S.Paulo. op. cit.

12. O título dessa parte é: *No futuro pode ser assim...* Nos trechos a seguir, que palavras confirmam a ideia de futuro?

[...] você poderá se molhar.

Aposto que vai ter uma bota a jato!

NOTÍCIA 195

No dia a dia

O uso de formas verbais no futuro

1. A seguir, releia uma das falas de Larissa da maneira como está reproduzida no jornal. Observe que alguns termos foram usados entre colchetes [ ], pois foram escritos pelo redator do jornal para completar o que a garota disse a fim de tornar mais claro o depoimento.

   > [Existirá] uma mochila [em] que você aperta um botão e sai voando.

   Pelo que você observou nos outros depoimentos, Larissa empregaria o verbo da maneira como o redator o escreveu: *existirá*?

2. Identifique e sublinhe as características que poderiam ser atribuídas às falas das crianças na reportagem.

   | mais espontânea | mais monitorada | mais informal | mais formal | mais planejada |

3. Compare o modo de expressar o futuro na fala de Larissa ao modo de expressar esse mesmo tempo verbal nestes outros depoimentos.

   > Vai ter um bicho que você coloca na água [...]. (Fernanda Pires)

   > [As pessoas vão usar] uma roupa [...]. (Giovanna Perez)

   Em comparação com o que observou na fala de Larissa, que diferença há no uso dos verbos para indicar futuro nas falas de Fernanda e de Giovanna?

4. Identifique, nas páginas da reportagem, mais duas falas com esse mesmo uso do futuro.

5. Reescreva no caderno as frases a seguir substituindo as expressões verbais em destaque pela forma correspondente do verbo no futuro.
   a) "**Vai ter** um bicho [...]."
   b) "O ídolo **vai ser** um bebê [...]."
   c) "As pessoas **vão usar** uma roupa [...]."
   d) "As imagens do livro **vão se mexer** [...]."
   e) "Aposto que **vai ter** uma bota a jato!"
   f) "No futuro, o cinema **vai ser** em mil D."

   > Quando duas ou mais formas verbais são empregadas como se fossem um único verbo, tem-se uma **locução verbal**.

6. Releia a atividade anterior comparando cada alternativa e sua resposta. Converse com os colegas sobre qual das duas formas de construir o futuro vocês, em geral, mais empregam:
   - a locução verbal (*vai fazer, vai ser*);
   - a forma simples (*fará, será*).

7. Leia o poema a seguir, do escritor curitibano Paulo Leminski.

   > Como é que a noite **vira** dia?
   > O dia **vira** noite?
   > Só vendo.
   > Tudo que sabemos.
   >
   > LEMINSKI, Paulo. *Toda poesia*. São Paulo: Companhia das Letras, 2013. p. 23.

Observe o verbo em destaque nos dois primeiros versos. Que ideia ele expressa? O que esse verbo em destaque indica? Assinale a alternativa que responde a essas perguntas.

a) Ação.
b) Fenômeno da natureza.
c) Estado do ser.
d) Mudança de estado.

Você já estudou que a língua sofre transformações. As formas verbais do futuro são afetadas por elas. Por exemplo, *farei, comerei, trarei* são formas que tendem a ser menos empregadas no cotidiano. Muitos preferem usar *vou fazer, vou comer, vou trazer*, etc. Mas, em situações mais formais, que exigem maior grau de planejamento, as formas simples são adequadas.

Conhecer as diversas possibilidades de uso da língua pode ajudar você, em diferentes situações comunicativas, a escolher a linguagem mais adequada a cada caso.

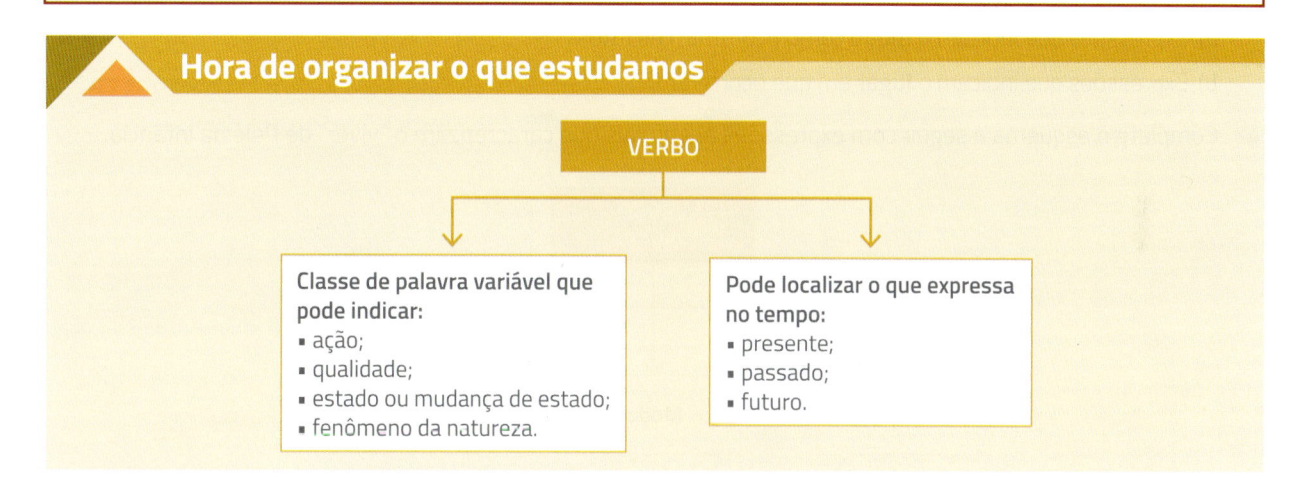

Hora de organizar o que estudamos

VERBO

Classe de palavra variável que pode indicar:
- ação;
- qualidade;
- estado ou mudança de estado;
- fenômeno da natureza.

Pode localizar o que expressa no tempo:
- presente;
- passado;
- futuro.

Advérbio: marca de tempo e outras circunstâncias

Além do verbo, a indicação do tempo nos textos pode ser feita também por outras classes de palavras, entre as quais se destaca o advérbio.

Releia os textos que iniciam os quadros de falas de "Tempo de criança".

No meu tempo era assim...
As crianças do tempo de Pelé contam como eram as brincadeiras e o dia a dia naquela época.

Hoje é assim...
Crianças de hoje contam tudo sobre moda, brinquedos e filmes que marcam seu tempo.

No futuro pode ser assim...
Meninos e meninas adivinham como vai ser a infância daqui a muitos anos.

Imagens: *Folha de S.Paulo*/Folhapress

Além dos tempos passado, presente e futuro marcados pelas formas verbais (*era, é, vai ser*), há outras palavras — não verbos — que ajudam a identificar o tempo em que os fatos acontecem: "no meu tempo", "naquela época", "hoje", "no futuro", "daqui a muitos anos". Essas expressões acompanham os verbos e pertencem à classe de palavras dos **advérbios** e das **locuções adverbiais**.

Nos textos dos quadros, a palavra *assim* também é um advérbio, que expressa circunstância de modo: "Hoje é *assim*", ou seja, "Hoje é *deste modo*".

1. Nas falas da reportagem reproduzidas a seguir, identifique as expressões que indicam tempo.

   a) "Eu brincava com meus amigos sempre."
   b) "Sempre brinco de Nerf em casa. Já até quebrei um porta-retratos da minha mãe."
   c) "No futuro, o cinema vai ser em mil D."

2. Leia outro trecho da reportagem "Tempo de criança". Nesse caso, o jornalista responsável pela matéria relata um pouco da infância do ex-jogador de futebol Pelé.

   > Pelé foi um menino levado e amigo de todo mundo. Ele contou à Folhinha que era divertido viver no século passado, em Três Corações (MG) e depois em Bauru (SP), sem TV e sem internet.
   >
   > Folha de S.Paulo. op. cit.

   Identifique as expressões adverbiais que dão ideia de tempo.

3. Além das expressões de tempo, no relato sobre a infância de Pelé reproduzido na atividade anterior há outros tipos de circunstâncias. Localize as expressões conforme indicado a seguir e transcreva-as no caderno.

   a) Expressões que indicam o **modo** como ocorreram os fatos.
   b) Expressões que indicam o **lugar** em que ocorreram.

4. Complete o esquema a seguir com expressões adverbiais que caracterizam o "viver" de Pelé na infância.

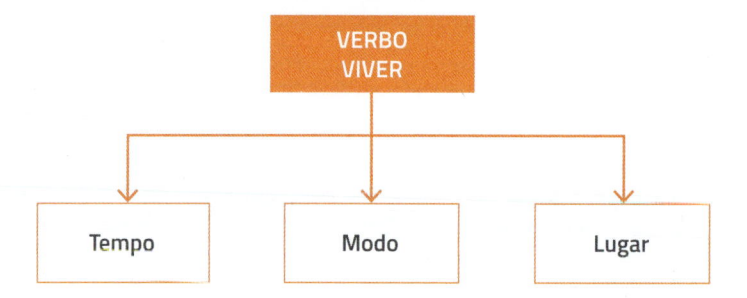

   ```
   VERBO VIVER
   ├── Tempo
   ├── Modo
   └── Lugar
   ```

5. Leia o quadro e, nos depoimentos reproduzidos, identifique as circunstâncias indicadas pelas expressões destacadas.

Circunstâncias		
tempo	lugar	modo

   a) "**Na rua ou no quintal**, eu brincava de estátua, amarelinha..."
   b) "Edson Arantes do Nascimento, o Pelé, diz como brincava **na infância**."
   c) "Li o livro *Diário de um banana* **vagarosamente**."

   > **Advérbio** é a palavra que modifica o verbo (pode modificar também adjetivos ou outros advérbios), indicando circunstância de tempo, de lugar, de modo, de negação, etc.
   >
   > Quando duas ou mais palavras são empregadas como advérbio, temos uma **locução adverbial**.

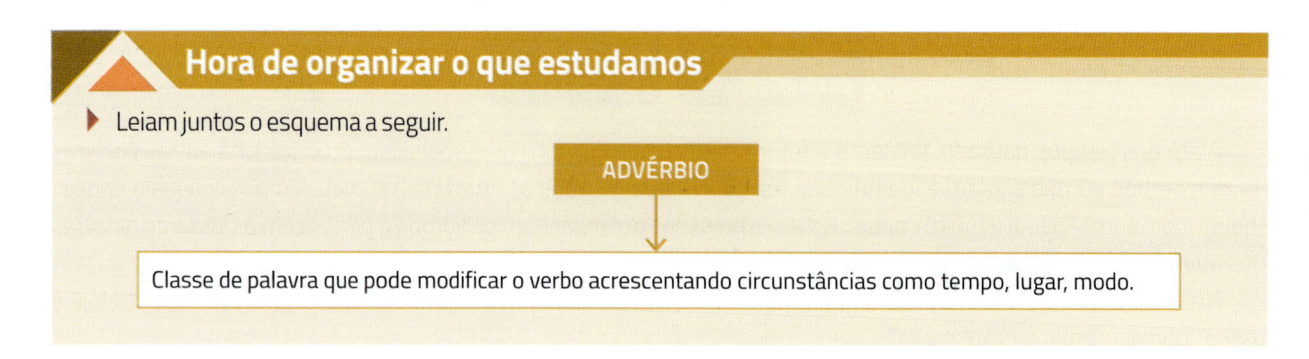

Hora de organizar o que estudamos

▶ Leiam juntos o esquema a seguir.

ADVÉRBIO

Classe de palavra que pode modificar o verbo acrescentando circunstâncias como tempo, lugar, modo.

Atividades: formas de marcar o tempo

1 Releia o que a escritora Lygia Fagundes Telles também contou para a reportagem.

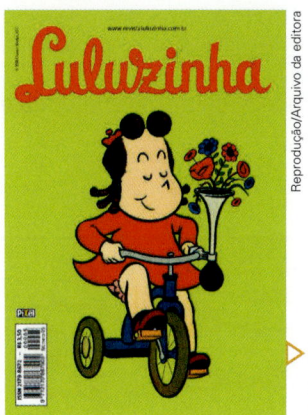

> Nos gibis, as trapalhadas de Bolinha e Luluzinha divertiam as crianças. A revista *Tico-Tico* trazia muita informação. E até em revistas de farmácia tinha histórias de Monteiro Lobato para ler.
>
> *Folha de S.Paulo.* op. cit.

Capa do gibi *Luluzinha*, em edição brasileira. A personagem e suas histórias foram criadas pela cartunista estadunidense Marjorie Henderson Buell, a partir de 1935.

Reescreva no caderno o trecho como se a escritora falasse com a intenção de trazer os fatos relatados para o momento presente.

2 Imagine que um dia será possível voltar a viver uma infância parecida com a de Tostão. Releia o depoimento dele.

> O brinquedo preferido era a bola. O bairro onde morava tinha um amplo espaço para brincar. Não precisava avisar meus pais que ia descer. Era livre.

O jogador Tostão, em partida de futebol no estádio do Mineirão, Belo Horizonte (MG), 1971.

Reescreva no caderno essa fala fazendo as alterações necessárias para ela ser publicada na página do jornal iniciada pelo título:

No futuro pode ser assim...

3 **Desafio!** Ano de 2050: imagine que você, já adulto, será entrevistado para uma reportagem que também terá o título "Tempo de criança".

a) Escreva como ficaria sua fala na viagem pela infância já bem distante. Não se esqueça de utilizar o verbo e as expressões adverbiais como marcas do passado. A página vai se iniciar por:

No meu tempo era assim...

b) Leia seu relato e ouça o dos colegas. Quem viajou mais pela memória?

Desafios da língua

Acentuação II

Formas verbais

Vamos retomar e reforçar a acentuação das formas verbais estudada na Unidade 5, pois esse conteúdo pode trazer um pouco mais de dúvidas que os demais.

1▸ Leia a história em quadrinhos observando as falas dos personagens.

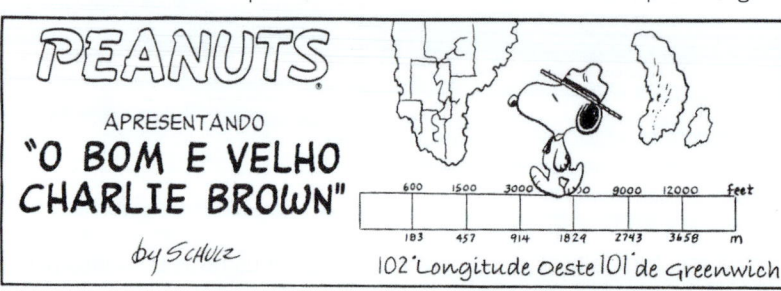

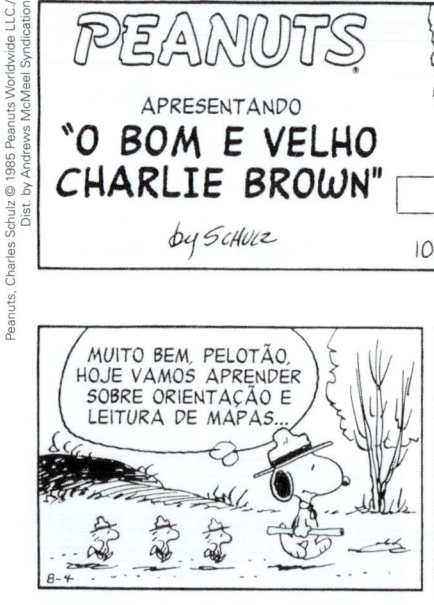

SCHULZ, Charles M. *Assim é a vida, Charlie Brown!* Porto Alegre: L&PM, 2013. p. 43.

Releia a frase de Snoopy:

> Ponham o mapa em algum lugar em que possam **vê-lo**.

A expressão destacada corresponde à junção da forma verbal no infinitivo *ver* com o pronome *o*. Observe:

ver + o ⟶ vê-lo

Os pronomes pessoais *o(s)*, *a(s)*, quando acrescentados a formas verbais no infinitivo, recebem um **l**, e a forma verbal perde o **r**, para facilitar a pronúncia.

Ao perder o **r**, a palavra passa a ser um monossílabo tônico e, por isso, é acentuada, seguindo as regras de acentuação das palavras monossílabas tônicas.

Geralmente, esse uso do pronome está presente na linguagem mais formal, mas ele pode ser observado também na linguagem informal.

Na tirinha da página seguinte, você poderá perceber isso de maneira divertida.

2 Leia esta outra tira:

> ZZZ
>
> ELA ESTÁ DORMINDO, FESSORA...
>
> TALVEZ SEJA MELHOR A GENTE SAIR DA SALA NA PONTA DOS PÉS E DEIXÁ-LA DESCANSAR, ESTÁ BEM?
>
> TUDO BEM... FOI SÓ UMA SUGESTÃO...

SCHULZ, Charles M. *Assim é a vida, Charlie Brown!* Porto Alegre: L&PM, 2013. p. 43.

Reflita e responda: Que palavras ou expressões usadas pela personagem indicam o uso de uma linguagem mais informal?

Agora releia este trecho:

> Talvez seja melhor a gente sair da sala na ponta dos pés e **deixá-la** descansar, está bem?

Observe como foi formada a expressão em destaque:

deixar + a ⟶ deixá-la

Ao empregar o pronome pessoal **a** com a forma verbal *deixar*, houve a queda da letra **r** e o acréscimo do **l**.

Podemos generalizar essa regra e dizer que as formas verbais no infinitivo, quando forem seguidas de pronome, seguem as regras das oxítonas terminadas em *a, e, o*. Temos, portanto:

| cortá-los | vendê-los | conhecê-los | compô-la |

Outras formas verbais acentuadas

▶ Leia as frases a seguir:

> O carro elétrico **tem** mais condições de preservar recursos do meio ambiente.
>
> Os carros elétricos **têm** mais condições de preservar recursos do meio ambiente.

Carro elétrico, em Toronto, no Canadá.

Responda: O que diferencia as formas verbais destacadas?

Isso também acontece com o verbo *vir*. Observe:

> Rodrigo **vem** no próximo final de semana.
> Rodrigo e Mariana **vêm** no próximo final de semana.

No plural, o verbo *vir* recebe acento.

Observe como devem ser acentuadas as formas verbais nos quadros a seguir:

Singular
ele tem
ele vem

Plural
eles têm
eles vêm

Leia e compare os verbos no singular e no plural nos exemplos a seguir.

> Carlos **tem** receio de ir mal na prova.
> Carlos e Eduardo têm receio de **ir** mal na prova.

> Carlos ligou e disse que não **vem** hoje para casa.
> Carlos e Eduardo ligaram e disseram que não **vêm** hoje para casa.

Os derivados destes verbos, na **3ª pessoa do plural**, são escritos desta maneira:

> Eles **contêm, detêm, obtêm, retêm**...
> Eles **convêm, intervêm, provêm, sobrevêm**...

E, na **3ª pessoa do singular**, os derivados desses verbos recebem acento agudo:

> Ele **contém, detém, obtém, retém**.
> Ele **convém, intervém, provém, sobrevém**.

1 Copie as frases a seguir no caderno. Identifique as palavras que devem receber acento gráfico e acentue-as adequadamente. Para isso, consulte as regras estudadas.

   a) O vendaval provocou panico na população.
   b) É provavel que as plantações de cafe sejam prejudicadas pelas geadas.
   c) Nelson fez tanta ginastica e musculação que seu torax ficou imenso.
   d) A musica brasileira faz sucesso em diversos lugares do mundo.
   e) Os indices de poluição atingiram um patamar alarmante no ultimo ano.
   f) Muitos taxis aguardavam, na porta do hotel, a chegada dos convidados.
   g) Os beija-flores espalham polen por onde voam e contribuem para a multiplicação das flores.
   h) Os povos indigenas tem de enfrentar muitas dificuldades para sua preservação. Cabe aos governos defende-los contra a extinção.
   i) Marina e Clarice vem à noite para estudar conosco; gostaria de recebe-las com uma comidinha gostosa: hamburguer e salada.
   j) Varios orgãos governamentais enviaram ajuda para as vitimas da catastrofe.

2 **Em dupla.** Pesquisem cinco manchetes de jornais em que haja palavras graficamente acentuadas de acordo com as regras estudadas nesta seção. Em seguida:

   a) Colem essas manchetes no caderno.
   b) Destaquem as palavras graficamente acentuadas e justifiquem cada acento.

Outro texto do mesmo gênero

José Saramago (1922-2010) foi um escritor português de muito sucesso. Além de ter escrito romances para adultos – reconhecidos em muitos lugares do mundo –, o que lhe rendeu o prêmio Nobel de Literatura, Saramago também publicou o livro infantil *A maior flor do mundo*, que trata da história de um menino que faz nascer uma flor especial.

Leia uma notícia sobre o escritor português.

Diário inédito de Saramago é encontrado em seu computador

Obra foi escrita em 1998 quando o escritor ganhou o prêmio Nobel de literatura

Ander Gillenea/Getty Images

José Saramago, em 2006.

Oito anos após a sua morte, um diário até então desconhecido do autor português José Saramago foi encontrado em seu computador. Uma edição será publicada em outubro em Portugal e na Espanha, anunciou nesta terça-feira sua viúva, Pilar Del Río.

A obra, escrita em 1998 quando ganhou o prêmio Nobel de literatura, é o sexto e último volume de "Cadernos de Lanzarote". O nome da série é uma referência à ilha Lanzarote, do arquipélago das Canárias, onde Saramago morou até sua morte em 2010, aos 87 anos.

O volume foi encontrado escondido em uma pasta dentro do computador do romancista, revelou Del Río, que chefia a Fundação José Saramago em Lisboa. "Eu pensava que tudo já tinha sido publicado. Fiquei perplexa quando me dei conta de que ninguém sabia da existência desse livro", contou a também escritora e tradutora.

Ainda em vida, Saramago fez referência uma vez a esse diário em 2001. "Eu não gostaria que, justamente no ano em que algo de notável me aconteceu (seu prêmio Nobel), alguém venha me dizer que eu não o fiz", brincou o autor em alusão a uma sequência da série durante uma apresentação do quinto volume de "Cadernos de Lanzarote".

A publicação dessa obra inédita marca, assim, os 20 anos da premiação com o Nobel de Literatura de Saramago, autor de "O Evangelho segundo Jesus Cristo" e de "Ensaio sobre a cegueira".

Disponível em: <www.correiodopovo.com.br/ArteAgenda/Variedades/Literatura/2018/7/655269/Diario-inedito-de-Saramago-e-encontrado-em-seu-computador>. Acesso em: 6 jul. 2018.

De olho na tela

A maior flor do mundo. Direção de Juan Pablo Etcheverry. 2007 (10 min).

A história de José Saramago tornou-se uma animação em curta-metragem de origem espanhola. Narrado pelo próprio escritor, essa animação recebeu diversos prêmios internacionais.

1▸ Identifique nessa notícia as principais informações sobre o fato: O quê? Quando? Onde? Quem? Como? Por quê?

2▸ Há citações e depoimentos na notícia? Se sim, de quem são? Por que eles são importantes?

3▸ Em sua opinião, que leitores se interessariam por essa notícia?

PRODUÇÃO DE TEXTO

Notícia

Nesta unidade você leu notícias e viu que elas apresentam relatos de fatos reais e que podem ser veiculadas em jornais e revistas impressos, na televisão, no rádio e na internet.

Agora, você e os colegas produzirão notícias, que serão reunidas em um jornal impresso para ser apresentado para outras turmas ou publicadas no *site* da escola.

Tragam alguns jornais para a sala e observem que eles são organizados em seções ou em cadernos de acordo com o tema das notícias, por exemplo: cotidiano (fatos locais da região onde o jornal é publicado), política, cultura, acontecimentos internacionais, ciência, etc.

Vocês deverão se dividir em grupos. Cada grupo se encarregará da produção de uma notícia.

Antes de escrever a notícia no caderno, façam um ensaio para relembrar as partes que compõem a notícia.

Ensaio para a produção

1. **Linha-fina.** Leiam o título e o trecho de uma notícia e escrevam uma linha-fina para ela:

O asteroide solitário que ajuda a contar a história do Sistema Solar

BBC BRASIL.com
11/05/2018

Pesquisadores identificaram um objeto espacial inédito: um asteroide rico em carbono no cinturão de Kuiper.

Orbitando em um conjunto de objetos congelados, localizados além de Netuno, a composição do asteroide indica que ele não se originou ali.

Em vez disso, o objeto com 300 km de largura pode ter sido ejetado de uma órbita junto aos planetas gigantes, durante o turbulento início do Sistema Solar.

O objeto fica tão distante da Terra que os cientistas levaram vários anos para analisá-lo. [...]

Disponível em: <www.terra.com.br/noticias/ciencia/o-asteroide-solitario-que-ajuda-a-contar-a-historia-do-sistema-solar,1b0edc7d773726809b9678758023dce0ygwihfcs.html>.
Acesso em: 13 jun. 2018.

Ilustração de um asteroide no espaço.

2 ▸ Título. Criem um título para o trecho da notícia a seguir:

09/05 às 09h11 - Atualizada em 09/05 às 09h57 – Jornal do Brasil

Dois séculos depois da chegada de ratos em navios na Geórgia do Sul, no Atlântico Sul, os roedores foram completamente exterminados, devolvendo a tranquilidade às aves raras próprias da ilha britânica.

Uma equipe de cientistas britânicos e americanos trabalhou no extermínio dos ratos no maior programa do tipo até à data, e que custou 10 milhões de libras (14 milhões de dólares), durou 10 anos e cobriu mais de 1.000 km². "Os roedores invasores foram erradicados com sucesso da ilha", indicou Mike Richardson, diretor do projeto, em um comunicado.

Os ratos chegaram junto com os seres humanos no século XVIII e tiveram um "efeito devastador" sobre a população local de aves, acrescenta o comunicado.

Os roedores ameaçavam particularmente duas espécies que são encontradas apenas na ilha, a cachirla da Geórgia do Sul (*Anthus antarcticus*) e o pato piquidorado da Geórgia do Sul (*Anas georgica georgica*), que acabaram confinadas aos poucos cantos da ilha livres dos ratos [...]

Disponível em: <http://m.jb.com.br/ciencia-e-tecnologia/noticias/2018/05/09/aves-das-ilhas-georgia-do-sul-respiram-tranquilas-com-exterminio-de-ratos/>. Acesso em: 13 jun. 2018.

3 ▸ Legenda de foto. A seguir há uma foto referente à notícia para a qual vocês criaram um título. Escrevam uma legenda para ela.

Oli Prince/South Georgia Heritage Trust

4 ▸ Lide. Releiam o trecho da notícia da atividade 2 e escrevam um lide para ela.
- Considerem os elementos importantes: O que aconteceu? Quando? Onde? Quem participou do acontecimento?
- Não se esqueçam de que o lide é um parágrafo curto e os elementos que o compõem devem aparecer de maneira objetiva e resumida.
- Agora vocês escreverão uma notícia que vai compor o jornal produzido pela turma.

▸ Preparação

1 ▸ Conversem entre si e com o professor e definam o público a que será destinado o jornal produzido pela turma: crianças e jovens; pessoas em geral; alunos, professores e funcionários da escola, etc. Isso determinará a linguagem a ser empregada na notícia e a escolha do fato a ser noticiado.

2 ▸ Definam também o meio em que será publicada a notícia: jornal impresso ou digital. Assim, vocês poderão ter orientações sobre o tamanho do texto, a linguagem, os recursos que podem ser utilizados, etc.

3► Seleção do fato: para ser publicado, lembrem-se de que o fato tem de ser **relevante**, isto é, significativo para os leitores. O fato pode ser:
- algo que aconteceu na comunidade da escola, na cidade onde moram;
- um fato importante que está sendo noticiado pela imprensa (telejornal, rádio ou internet).

4► Anotem as principais informações da notícia que respondem aos itens do esquema a seguir:

```
                          NOTÍCIA
     ┌──────────┬──────────┼──────────┬──────────┐
   O quê?     Quem?     Quando?      Onde?     Por quê?
   Fato ou    Quem      Quando o     Lugar em   Motivos ou
   assunto.   participa fato         que o      explicações
              do fato.  ocorreu.     fato       sobre o
                                     ocorreu.   ocorrido.
```

5► Decidam se haverá fotos para ilustrar a notícia. Podem ser tiradas por vocês ou reproduzidas de um veículo de comunicação.

» **Rascunho**

1► Com os dados anotados, elaborem um rascunho da notícia com as partes que vocês estudaram:
- título;
- linha-fina ou subtítulo;
- lide;
- corpo do texto com o detalhamento de informações sobre o fato e o encerramento do texto.

2► Observem também os seguintes aspectos:
- como a sequência do fato será apresentada;
- a linguagem deve ser objetiva, mais formal no corpo do texto; evitem frases muito longas;
- se houver depoimentos, a linguagem pode ser a transcrição do que a pessoa falou, da forma como ela falou, inclusive empregando linguagem informal;
- o título e a linha-fina devem atrair o interesse do leitor sem ser sensacionalista. No título, os verbos podem estar no presente, mesmo que o fato já tenha acontecido. Isso aproxima do momento em que o leitor lerá a notícia;
- se colocarem foto, deve ser escrita uma legenda breve, com informações.

» **Revisão e versão final**

1► Com o rascunho pronto, releiam a notícia e verifiquem se:
- contém todas as partes: notícia, linha-fina, lide, corpo do texto e encerramento;
- se a notícia apresenta, de forma clara, as informações principais sobre o fato: assunto, lugar, tempo, como e por que o fato aconteceu.

2► Façam a revisão do texto e reescrevam-no se houver necessidade. Não se esqueçam de observar também:
- uso da pontuação;
- uso dos verbos: atenção ao tempo que será empregado;
- a escrita correta de palavras.

3► Escrevam a versão final e aguardem as orientações do professor para a organização do jornal com as notícias produzidas pela sala. Se for possível, a notícia poderá ser digitada e impressa.

Autoavaliação

Chegou o momento de fazer um balanço de tudo o que foi estudado na Unidade 6. Leia o quadro de conteúdos para recordar o que estudou e, no caderno, avalie seu desempenho usando os tópicos propostos a seguir como orientação. Isso ajudará você na hora de organizar seus estudos.

Meu desempenho

- **Compreendi bem** (registre no caderno os itens que você compreendeu)
- **Avancei em** (registre no caderno os itens em que você melhorou)
- **Preciso rever** (registre no caderno os itens que você precisa estudar mais)
- **Outras observações e/ou outras atividades**

	UNIDADE 6
Gênero Notícia	**LEITURA E INTERPRETAÇÃO** • Leitura da notícia "Morador encontra osso de titanossauro em estrada: 'Mais fácil ganhar na Mega-Sena'" • Interpretação e análise da notícia • Identificação das partes de uma notícia • Adequação da linguagem para a notícia **PRODUÇÃO TEXTUAL** **Oral** • Notícia falada **Escrita** • Produção de notícia
Ampliação de leitura	**CONEXÕES** • Outras linguagens: esquema, foto e concepção artística • Distinção entre notícias confiáveis e *fake news* • Reconhecimento de factoides e notícias sensacionalistas **OUTRO TEXTO DO MESMO GÊNERO** • "Diário inédito de Saramago é encontrado em seu computador"
Língua: usos e reflexão	• Verbo: forma de marcar o tempo • Advérbio: outra forma de marcar o tempo e algumas circunstâncias • Acentuação de formas verbais
Participação em atividades	• Orais • Coletivas • Em grupo

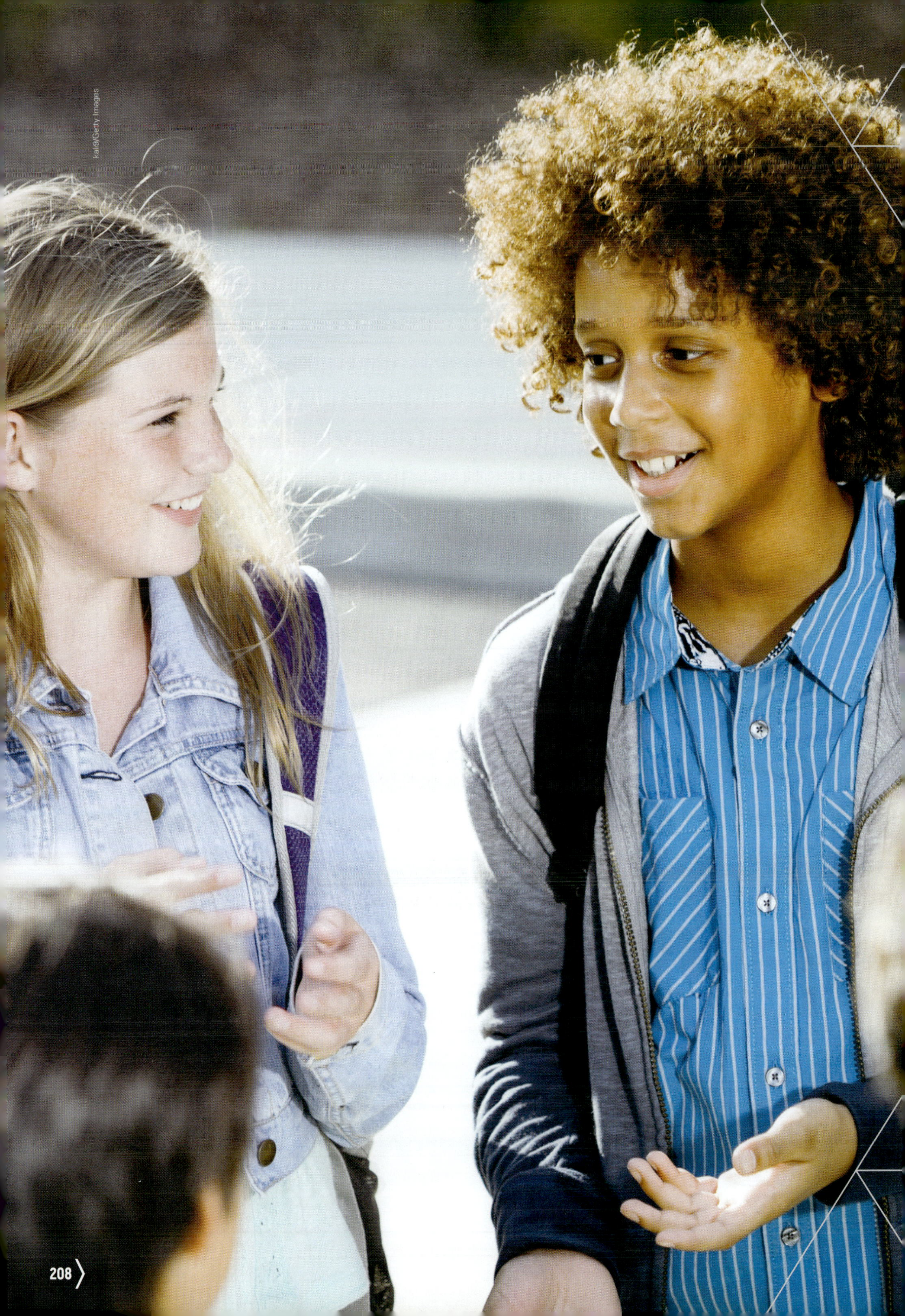
kali9/Getty Images

UNIDADE 7

Opiniões em jogo

Somos constantemente desafiados a opinar tanto sobre assuntos corriqueiros quanto sobre aqueles que causam polêmica, como meio ambiente, consumo, uso de tecnologia... Isso já aconteceu com você? Conte como foi e ouça o que os colegas têm a dizer. Você se sente capaz de dar sua opinião sobre diferentes assuntos? Por quê? Como você age quando quer defender sua opinião sobre determinado assunto?

Nesta unidade você vai:

- ler e interpretar artigo de opinião;
- identificar a intenção comunicativa/finalidade do artigo de opinião;
- diferenciar opinião de argumento;
- produzir artigo de opinião;
- identificar o verbo na oração;
- reconhecer e empregar as pessoas do discurso;
- reconhecer e empregar pronomes pessoais;
- identificar e empregar a concordância do verbo com a pessoa a que se refere;
- utilizar o verbo nos diferentes modos, observando os efeitos de sentido produzidos;
- empregar acento gráfico em hiato, ditongo aberto e palavras paroxítonas terminadas em ditongo.

ARTIGO DE OPINIÃO

A linguagem verbal pode ser utilizada para contar histórias, fazer poemas, relatar experiências, mas um dos grandes desafios é empregá-la para convencer alguém a aceitar uma ideia ou um ponto de vista.

Defender nossas ideias respeitando a opinião do outro é imprescindível na convivência com as pessoas, seja na família, seja na sociedade.

Para ter uma pista de como começar a trilhar o caminho necessário a essa convivência com o outro, você vai ler um artigo de opinião escrito por uma psicóloga e colunista, publicado em um suplemento infantojuvenil de um jornal de grande circulação.

Para começar, pense: Você acha que "se virar sozinho" é algo fácil?

Vamos ler o texto para pensar um pouco mais sobre essa questão.

Observe todos os elementos que compõem a capa do suplemento de jornal em que o artigo foi publicado.

- Título do suplemento em que foi publicada a coluna em questão
- Foto relacionada com o assunto central da edição
- Título da matéria central do suplemento nesta edição
- Capa do suplemento Folhinha em que foi publicado o artigo de opinião "É hora de me virar sozinho?", de Rosely Sayão.

UNIDADE 7 • Opiniões em jogo

Leitura

É hora de me virar sozinho?
Rosely Sayão

1   Um dia você pediu para sua mãe assistir a um filme com você, mas ela disse que não podia porque estava deixando tudo organizado para o dia seguinte. E você ficou bem chateado.

2   Noutro dia, queria muito ir a uma loja comprar um jogo que estava bombando entre seus colegas e pediu para seu pai levá-lo até lá, mas ele chegou muito cansado e disse que teria de ficar para outro dia; você ficou megafrustrado.

3   E naquela noite, então, em que estava sem sono e pediu para sua mãe contar uma história, mas ela disse que precisava dormir porque teria de levantar muito cedo no dia seguinte? Aí bateu uma tristeza tão grande que deu até vontade de chorar, não foi?

4   Por muitas vezes, você fez algum pedido a sua mãe ou a seu pai que eles não puderam atender porque tinham outros compromissos, não importam quais. E você ficou bravo, magoado, com raiva até.

5   Há um pouco de razão em sentir tudo isso: quem é que gosta de ser deixado de lado, de não ser atendido na hora exata em que quer ou precisa de alguma coisa? Ninguém!

6   Mas sabe como a vida é? Mãe e pai precisam cuidar dos filhos. Mas cuidar não significa fazer tudo na hora que eles querem.

7   Mãe e pai também têm uma vida para levar: eles trabalham, têm amigos com quem querem conversar, têm parentes que às vezes precisam deles, têm de dormir e descansar, tomar banho, comer e muito mais.

8   Não é sempre que eles podem atender aos filhos na hora em que chamam. Por isso, você precisa aceitar que há momentos em que precisa se virar sozinho, mesmo que não seja isso o que gostaria de fazer.

9   Você está crescendo. Quanto mais a criança cresce, mais ela precisa saber resolver por si seus pequenos problemas, não depender tanto dos pais.

10   Ainda vai levar algum tempo para conseguir viver por conta própria, mas não dá para chegar lá de repente, por isso é bom ir treinando desde já.

SAYÃO, Rosely. É hora de me virar sozinho?. *Folha de S.Paulo*. São Paulo, 1º nov. 2014. p. 7. Folhinha.

Rosely Sayão é psicóloga e consultora educacional com experiência em clínica, supervisão e docência. Foi colunista do jornal *Folha de S.Paulo* até o ano de 2017. Presta consultoria sobre cidadania e educação de crianças e adolescentes.

Interpretação do texto

Compreensão inicial

1. O texto que você leu foi publicado em uma seção do suplemento Folhinha, que integrava o jornal *Folha de S.Paulo*. Observe o nome da seção em que o título do artigo de opinião aparece.

> **FOLHA DE S.PAULO** ★ ★ ★ **folhinha** SÁBADO, 1º DE NOVEMBRO DE 2014 — coluna 7
>
> **QUEBRA-CABEÇA** com ROSELY SAYÃO
>
> **É hora de me virar sozinho?**

Rosely Sayão, Alexandre Beck/Reproduzido do jornal *Folha de S.Paulo*, 1º nov. 2014, fornecido pela Folhapress.

A palavra *quebra-cabeça* tem vários sentidos. Entre os sentidos indicados abaixo, assinale o que mais se aproxima da finalidade, ou seja, do objetivo aparente dessa seção de jornal.

a) Indicar simplesmente o nome de um jogo que combina peças para formar uma figura.

b) Sugerir que questões ou problemas difíceis serão abordados.

c) Apresentar uma adivinhação que, para ser resolvida, necessitará de habilidade.

2. Responda:

a) Para que leitores o artigo foi escrito? Identifique um trecho do texto que comprove sua resposta.

b) Qual é o provável motivo de o título ser uma pergunta?

c) Qual é o objetivo desse artigo?

3. Os três parágrafos iniciais do texto de Rosely Sayão apresentam situações com finais semelhantes: em todas elas, o filho fica magoado. No caderno, copie o quadro a seguir e complete-o com outras frases do texto que expressem o que é indicado.

Desejo do filho	Reação da mãe ou do pai	Sentimento final do filho
"Um dia você pediu para sua mãe assistir a um filme com você, [...]"	"[...], mas ela disse que não podia [...]."	"E você ficou bem chateado."

4. Nesses trechos, as situações que expressam a mágoa do filho revelam que esse sentimento parece aumentar ou diminuir de uma situação para outra? Explique.

5. Em alguma parte do texto a autora afirma que os sentimentos de mágoa e revolta, nesses casos, são normais e prováveis? Caso seja feita tal afirmação, em qual parte do texto ela está?

6. A autora também procura mostrar o outro lado do problema, o lado dos pais. Que argumentos ela usa para justificar o fato de os pais não fazerem o que os filhos querem na hora em que pedem?

UNIDADE 7 • Opiniões em jogo

7. Nos parágrafos finais, a psicóloga aponta caminhos para o filho que se sente abandonado pelos pais. Que atitude(s) ela sugere para que ele possa lidar com o sentimento de mágoa e de abandono?

8. Você concorda com a opinião da autora de que conseguir viver por conta própria leva tempo? Explique.

9. Agora que você já leu o texto, converse com os colegas sobre as questões a seguir e, depois, registre suas respostas no caderno.

  a) Pense em suas próprias experiências, nas conclusões do texto e responda à pergunta do título: É hora de você se virar sozinho?

  b) Você acha fácil se virar sozinho? Explique.

Linguagem e construção do texto

Escreva suas respostas às questões a seguir no caderno.

1. Na primeira parte do artigo, a autora escreve como se estivesse conversando com alguém. Releia:

> Um dia você pediu pra sua mãe [...]

> E você ficou bem chateado.

> E você ficou bravo, magoado, com raiva até.

  a) A quem se dirigem esses trechos?

  b) Identifique outro trecho do texto em que a autora parece estar conversando com alguém.

2. Esse artigo de opinião foi escrito por uma psicóloga. Ao escrever como se conversasse com o leitor, ela usa uma linguagem mais espontânea, do dia a dia, empregando palavras próprias da linguagem informal dos jovens.

  a) Copie no caderno uma palavra ou expressão do texto que seja exemplo de uma linguagem mais informal.

  b) Qual é a provável **intenção** da autora ao escolher essa linguagem mais informal?

  c) Em sua opinião, esse tom de conversa deixou o texto mais claro ou dificultou sua leitura e entendimento?

3. Releia trechos dos primeiros parágrafos do artigo e observe o tempo dos verbos destacados.

> Um dia você **pediu** para sua mãe [...]. E você **ficou** bem chateado.

> Noutro dia, **queria** muito ir a uma loja [...] mas ele **chegou** muito cansado [...].

> E naquela noite, então, em que **estava** sem sono [...] **deu** até vontade de chorar, não foi?

> Por muitas vezes, você **fez** algum pedido [...]. E você **ficou** bravo, [...]

  a) Qual é o tempo expresso por essas formas verbais?

  b) Que outras palavras ou expressões nesses trechos também indicam o tempo?

4▶ Em outro momento do texto, há uma mudança. Releia estes trechos de parágrafos:

Há um pouco de razão [...]

Mas **sabe** como a vida é?

Mãe e pai também **têm** uma vida para levar [...]

Não é sempre que eles **podem atender** aos filhos [...]

a) Escreva no caderno o tempo verbal expresso pelos verbos destacados.
b) Assinale a alternativa que completa a frase e explica por que se empregou, nessa parte do texto, um tempo verbal diferente daquele identificado na atividade 3.
Esse tempo verbal:
- foi usado para contar fatos de uma história.
- foi empregado para aproximar as ideias do cotidiano do leitor.
- é utilizado para tratar de assuntos que virão a acontecer.
- ajuda a criar o contexto, a situação.

Organização do artigo de opinião

Os artigos de opinião, publicados em jornais ou revistas, trazem uma ideia e uma opinião sobre um assunto, apresentando também **argumentos** e **conclusão**.

Observe de que modo cada parte do artigo de opinião explora esses elementos:

Apresentação da situação discutida ou introdução	Parte inicial do texto, em que se apresenta **o tema**, **o problema** ou **a ideia** a ser defendida.
Argumentos (desenvolvimento)	Parte do texto em que se encontram **o raciocínio** e **as provas** empregados para **defender** a ideia ou opinião apresentada na introdução.
Conclusão	Parte que retoma a ideia inicial e **reforça** a opinião defendida.

O texto de Rosely Sayão lido nesta unidade segue essa organização para discutir a questão "É hora de me virar sozinho?", apresentada no título.

5▶ Releia estes trechos do artigo de opinião, observando a que parte do texto argumentativo cada um deles corresponde.

1. "Um dia você pediu para sua mãe assistir a um filme com você [...]"
2. "Noutro dia, queria muito ir a uma loja comprar um jogo [...]"
3. "E naquela noite, então, em que estava sem sono [...]"
4. "Por muitas vezes, você fez algum pedido a sua mãe ou a seu pai [...]"

} Apresentação do problema

5. "Há um pouco de razão em sentir tudo isso [...]"
6. "Mas sabe como a vida é? Mãe e pai precisam cuidar dos filhos."
7. "Mãe e pai também têm uma vida para levar: eles trabalham, têm amigos [...]"

} Argumentos

8. "Não é sempre que eles podem atender aos filhos na hora em que chamam."
9. "Você está crescendo. Quanto mais a criança cresce [...]"
10. "Ainda vai levar algum tempo para conseguir viver por conta própria [...]"

} Conclusão

6. O texto inicia-se com três situações comuns de pedidos feitos pelos filhos aos pais. Para cada uma delas, há um impedimento. Releia-as.

> Um dia você pediu para sua mãe assistir a um filme com você, mas ela disse que não podia [...]

> Noutro dia, [...] pediu para seu pai levá-lo até lá [a uma loja], mas ele chegou muito cansado [...]

> E naquela noite, [...] pediu para sua mãe contar uma história, mas ela disse que precisava dormir [...]

a) Que palavra foi usada em todas essas frases para dar ideia de contrariedade, dificuldade, obstáculo?

b) Que outra palavra poderia dar a mesma ideia?

7. Assinale as alternativas que expressam os **argumentos** usados para convencer o leitor a não depender tanto dos pais.

a) Os pais não precisam cuidar dos filhos.
b) Os pais não precisam fazer tudo na hora que os filhos querem.
c) Os pais têm várias atividades e deveres em seu dia a dia.
d) Os pais não podem estar sempre à disposição dos filhos.
e) Os pais não devem deixar os filhos se virarem sozinhos.

8. Qual argumento da autora você considerou mais convincente? Por quê?

9. As **conclusões** do artigo localizam-se nos parágrafos 8, 9 e 10.

a) Qual parágrafo responde à questão do título?
b) Qual justifica a atitude dos pais?
c) Qual sugere um modo de o jovem lidar com a situação do título?

> **Mundo virtual**
> http://blogdarosely
> sayao.blog.uol.com.br/
> Se você gostou do artigo de opinião da psicóloga Rosely Sayão, pode ler muitos outros textos dela no *blog*. Acesso em: 25 jun. 2018.

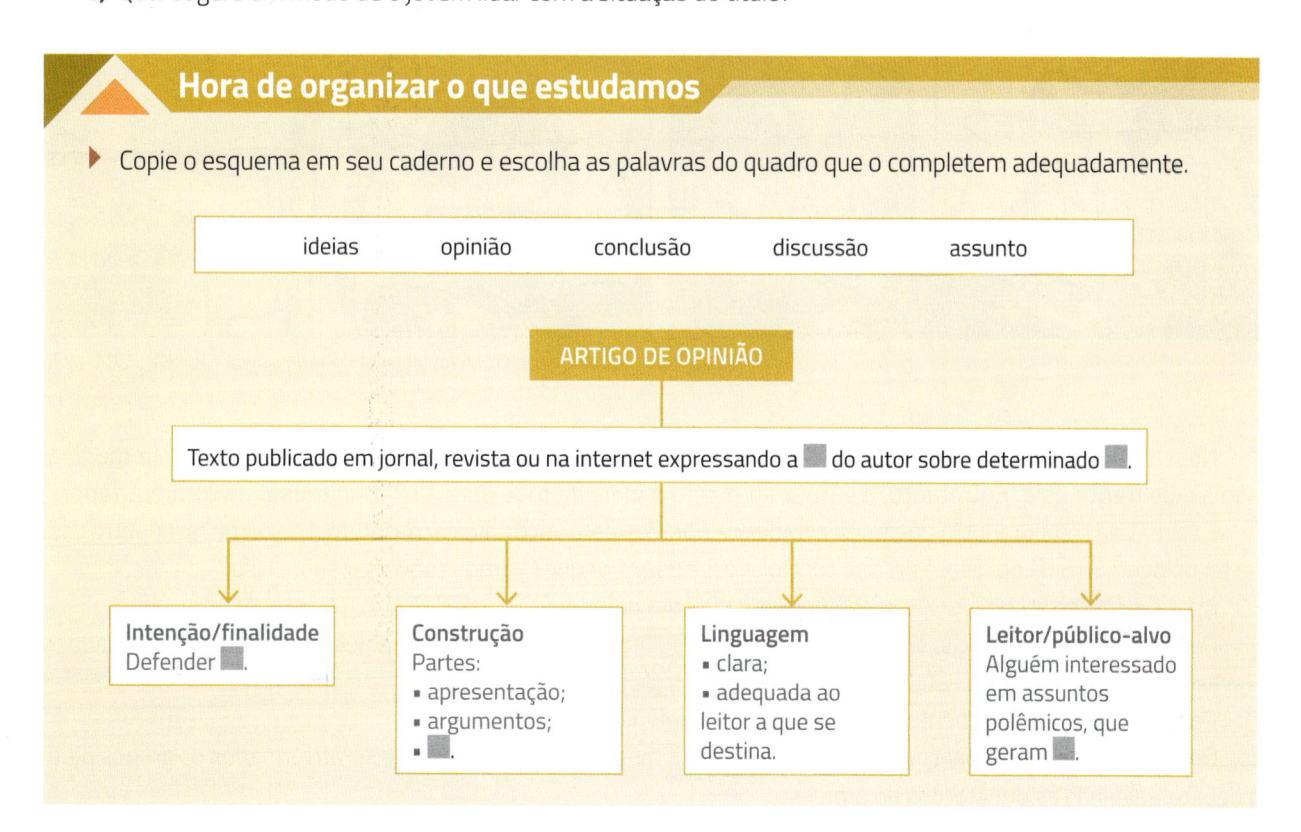

Hora de organizar o que estudamos

▶ Copie o esquema em seu caderno e escolha as palavras do quadro que o completem adequadamente.

| ideias | opinião | conclusão | discussão | assunto |

ARTIGO DE OPINIÃO

Texto publicado em jornal, revista ou na internet expressando a ▢ do autor sobre determinado ▢.

- **Intenção/finalidade**
  Defender ▢.

- **Construção**
  Partes:
  - apresentação;
  - argumentos;
  - ▢.

- **Linguagem**
  - clara;
  - adequada ao leitor a que se destina.

- **Leitor/público-alvo**
  Alguém interessado em assuntos polêmicos, que geram ▢.

ARTIGO DE OPINIÃO **215**

Prática de oralidade

Conversa em jogo

Como reagir à frustração de não ser atendido?

Segundo a autora do artigo de opinião que você leu, não dá para conseguir viver por conta própria de repente: é preciso aprender a se virar sozinho aos poucos. Esse processo, no entanto, pode causar sentimentos de raiva e frustração. Converse com os colegas sobre as questões a seguir.

1► Pense em uma situação em que você precisou fazer alguma coisa sozinho. Que sentimentos você teve?

2► Como você reage quando não pode contar com a atenção de alguém?

3► Conte aos colegas sobre essas situações. Depois, ouça o relato deles com respeito e atenção e converse com eles sobre esse processo.

Debate

A tirinha abaixo, do cartunista Miguel Paiva, apresenta uma questão muito importante para ser discutida nos dias de hoje. Leia-a:

PAIVA, Miguel. *Chiquinha*: escola e mundo afora. Rio de Janeiro: Rovelle, 2014. p. 9.

Nessa tira, a mãe de Chiquinha decide estabelecer **horários para o uso do computador** porque a menina não sai da frente dele. Entretanto, a garota aproveita a ideia da mãe para... continuar usando o computador.

E você? Usa computador? Sua família estabelece horários para você navegar na internet, jogar ou fazer outro uso da tecnologia? Em sua opinião, é preciso controlar esse uso? Por quê? Vamos conversar sobre isso.

Agora você e seus colegas vão escolher uma ideia para defender.

Pense: Qual é a sua posição sobre o tempo gasto regularmente por crianças e adolescentes com o computador? Deve-se usá-lo em horários estabelecidos ou esse controle não é necessário? O que é possível fazer?

Pense sobre quais argumentos vai empregar para defender sua opinião.

Depois, você vai conversar com os colegas que têm a mesma opinião que você e serão formados os grupos para o debate, seguindo as orientações do professor.

Preparação

1. Antes de elaborar os argumentos, pense sobre a posição a ser assumida e converse com os colegas. A turma será dividida em três equipes, depois de cada aluno escolher a sua posição.

    - **Equipe A**: a favor de horário estabelecido para uso do computador.

        Imaginem que vocês são da equipe do cartunista e precisam dar continuação à tira, com a criação de mais um quadrinho em que se expõem os argumentos da mãe de Chiquinha para convencer a filha a controlar o uso do computador. Que argumentos seriam esses? Escrevam no caderno.

    - **Equipe B**: contra regras de horário para uso do computador.

        Se a história continuasse e vocês tivessem de apresentar os argumentos da personagem Chiquinha para convencer a mãe a deixá-la usar o computador mais livremente, que argumentos utilizariam? Anote-os no caderno.

    - **Equipe C**: parcialmente a favor de horário para uso do computador.
        Imaginem que possa haver um acordo entre Chiquinha e a mãe. Elas poderiam se posicionar parcialmente a favor uma da outra: a mãe de Chiquinha poderia ser mais flexível com os horários, e Chiquinha poderia aceitar algumas regras. Como essas posições poderiam ser expressas? Anote sua opinião e seus argumentos no caderno.

2. **Em grupo.** Reúnam-se nas equipes de acordo com a posição assumida e conversem: cada integrante apresenta suas ideias e seus argumentos. Isso deve ser registrado por escrito pela equipe. Elejam um representante para apresentar à turma as ideias e os argumentos da equipe.

Organização e desenvolvimento

1. Posicionem-se na sala de aula com suas equipes:
    - **Equipe A**: com os argumentos para defender a posição da mãe.
    - **Equipe B**: com os argumentos para defender a posição da menina.
    - **Equipe C**: com argumentos que defendam o uso mais flexível do computador, mas também aceitem algumas regras da mãe.

2. Iniciem a apresentação, respeitando o tempo de fala para cada grupo estipulado pelo professor. O representante fala primeiro e, depois, pode ser complementado pelos colegas da equipe. Alguém ficará encarregado de anotar na lousa, lado a lado, os argumentos das três equipes.
    Lembrem-se:
    - Ouçam com atenção a fala dos colegas e esperem a vez de falar.
    - Respeitem opiniões diferentes.

Conclusão

1. Depois das apresentações, a turma toda deverá analisar os argumentos de cada equipe. Cada aluno poderá apresentar o que concluiu sobre o assunto: Sua opinião inicial continuou igual ou você a modificou? Conversem sobre isso.

2. No final, conversem sobre como foi o debate: Quais foram os pontos positivos e os pontos a serem melhorados?

Gustavo Grazziano/Arquivo da editora

CONEXÕES ENTRE TEXTOS, ENTRE CONHECIMENTOS

Outras linguagens: Tirinhas e opiniões

O artigo de autoria de Rosely Sayão que você leu é acompanhado de duas tirinhas do cartunista catarinense Alexandre Beck. O personagem principal de suas histórias é um menino, Armandinho.

Por meio da linguagem visual e da linguagem verbal, essas tirinhas tratam do mesmo assunto discutido no artigo de opinião, porém com destaque para o humor da situação.

1▸ Leia uma dessas tiras e responda às questões propostas na sequência.

BECK, Alexandre. Armandinho. *Folha de S.Paulo*. São Paulo, 1º nov. 2014. Folhinha.

Converse com os colegas sobre quais das alternativas abaixo expressam melhor o efeito de sentido provocado, na tira de Armandinho, pelo tamanho das pernas do pai em relação ao tamanho do filho.

a) Aconchego.   c) Distância.   e) Poder.
b) Carinho.   d) Força.   f) Autoridade.

2▸ A fala do menino no segundo quadrinho dessa tira evidencia que Armandinho não ouviu a resposta do pai a seu convite.

a) O que comprova isso na fala do garoto?
b) Por não ter ouvido a resposta do pai, o garoto argumenta para provar que não é compreendido. Qual é o argumento de Armadinho?
c) Releia o que o pai de Armandinho disse após ouvir os argumentos do menino:

> — Eu disse "Vamos, filho"...

Por que essa frase está entre aspas?

3▸ No terceiro e último quadrinho da tira, é possível saber a reação do menino ao perceber que se enganou. Qual foi ela? Explique.

4▸ Leia a tirinha reproduzida a seguir. Ela também foi publicada com o artigo de opinião de Rosely Sayão.

BECK, Alexandre. Armandinho. *Folha de S.Paulo*. São Paulo, 1º nov. 2014. Folhinha.

UNIDADE 7 • Opiniões em jogo

a) Nesse caso, o interlocutor do menino é a mãe. Quais elementos na tira podem ajudar a inferir essa suposição?
b) Nos dois primeiros quadrinhos dessa tira, somente a mãe fala. Ela orienta, como exercício para a vida adulta, que o filho aprenda a lidar com as frustrações.
- O que são frustrações? Converse com os colegas sobre esse tipo de sentimento. Se necessário, consulte o dicionário.
- Você já precisou lidar com frustrações? Em sua opinião, é fácil fazer isso? As pessoas em geral estão preparadas para enfrentar esse tipo de sentimento?

c) Na sua opinião e na de seus colegas, o que causa o efeito de humor na tirinha? Expliquem.
d) Qual é a crítica sugerida na última fala da tira?
e) Converse com os colegas sobre esta pergunta: Será que a comida pode diminuir a frustração?

Cultura indígena e amadurecimento: os rituais de passagem

No artigo de opinião que você leu, Rosely Sayão conversa com o leitor que está em processo de crescimento, argumentando sobre a necessidade de ele aprender a se virar sozinho.

Leia com os colegas o texto a seguir. Vocês vão saber como é essa fase da vida para os jovens do grupo indígena Xavante.

Organização social

[...]

No caso masculino, os meninos tornam-se membros de uma classe de idade aproximadamente entre 7 e 10 anos de idade, quando são introduzidos na "Casa dos Solteiros" — Hö. Nesse período eles passam a ser conhecidos como *wapté* (pré-iniciados). Os *wapté* vivem conjuntamente no Hö ("Casa dos solteiros") durante um período que varia de 1 a 5 anos e ali são orientados principalmente por um grupo de homens mais velhos, seus padrinhos [...]. Na sua vivência no Hö, os *wapté* apropriam-se de habilidades e informações que serão fundamentais para suas vidas como homens iniciados. As meninas também participam, assim como os meninos, do sistema de classes de idade, entretanto, diferentemente deles, as meninas não se separam de suas famílias, continuando assim a viver normalmente em suas casas.

Depois do período de residência na "Casa dos solteiros", um elaborado e complexo cerimonial — que culmina com o ritual de perfuração de orelhas — transforma os meninos pré-iniciados em adultos iniciados. As meninas tornam-se adultas quando dão à luz o seu primeiro filho.

[...]

Disponível em: <http://pib.socioambiental.org/pt/povo/xavante/1164>. Acesso em: 15 jun. 2018.

▶ Reflita sobre suas experiências e responda: O que mais chamou a sua atenção na maneira como ocorre a passagem da infância para a vida adulta entre os jovens desse grupo indígena?

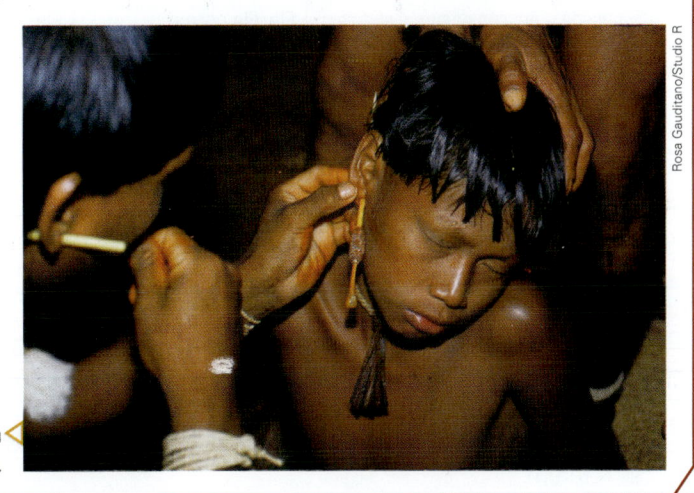

Padrinho furando orelha de menino, na aldeia xavante de Pimentel Barbosa, MT, 2001.

Língua: usos e reflexão

Verbo II

Pessoa e número

Entre as classes de palavras, o verbo é uma das que mais variam, isto é, mais **se flexionam**.

Na unidade anterior, você estudou que o verbo é flexionado para marcar o tempo: presente, passado (ou pretérito) e futuro. Mas o verbo também ajuda a identificar outros elementos, como a pessoa que fala ou a que se refere o falante.

Estudaremos a seguir como o verbo se flexiona para se adequar à pessoa a quem a fala se refere.

1 ▸ Identifique a pessoa a que se referem os verbos destacados nas frases abaixo. Escreva a resposta no caderno.

a) "Mãe e pai também **têm** uma vida para levar: eles trabalham, têm amigos com quem querem conversar, têm parentes que às vezes precisam deles, têm de dormir e descansar, tomar banho, comer e muito mais."

b) "Não é sempre que eles podem atender aos filhos na hora em que chamam. Por isso, você **precisa** aceitar que há momentos em que precisa se virar sozinho, mesmo que não seja isso o que gostaria de fazer."

Gustavo Grazziano/Arquivo da editora

Você deve ter observado que, para identificar a quem se referiam os verbos nas falas acima, foram percorridos dois caminhos:
- pelo contexto e pelo sentido das falas;
- pela identificação da pessoa a que o verbo se refere.

Vimos que os verbos se flexionam para indicar a pessoa a que se referem. A pessoa do verbo diz respeito às **pessoas gramaticais** ou **pessoas do discurso**, que você estudou na Unidade 5, que trata dos pronomes pessoais. Relembre esse conteúdo observando os dados do quadro a seguir.

Pessoas gramaticais	Número	
	Singular	Plural
1ª pessoa – pessoa que fala	Eu durmo	Nós dormimos
2ª pessoa – pessoa com quem se fala	Tu dormes/Você dorme	Vós dormis/Vocês dormem
3ª pessoa – pessoa de quem se fala	Ele/Ela dorme	Eles/Elas dormem

Observe que *você* e *vocês* correspondem a pronomes da 2ª pessoa – a pessoa com quem se fala –, pois em grande parte do Brasil essas formas são muito empregadas. Com esses pronomes, flexiona-se o verbo como se estivesse na 3ª pessoa.

2 ▸ Reescreva as falas a seguir alterando as pessoas gramaticais e flexionando os verbos de acordo com a indicação entre parênteses.

a) "E você ficou bem chateado." (vocês)

b) "[...] ela disse que precisava dormir [...]." (elas)

c) Eu preciso saber resolver pequenos problemas. (nós)

d) Eu também posso atacar a geladeira? (nós)

Reveja suas respostas à atividade 2 e observe: houve alteração de pessoa, mas também houve alteração de **número**, isto é, os verbos passaram da forma singular para a forma plural.

> As **formas verbais** se flexionam para **concordar** com a pessoa e o número das pessoas gramaticais a que se referem.

Atividades: verbos e concordância com pessoa e número

1▸ Em dupla. Imaginem que o texto a seguir fosse uma carta aberta para o prefeito de uma cidade e que tenha sido publicado em um *blog*.

> Senhor Prefeito,
> Sou morador desta cidade há bastante tempo. Ando muito bravo com o que vem acontecendo por aqui.
> A saúde das pessoas está em risco. Há muito lixo nas ruas e já se instalaram muitos bichos nocivos, como ratos. A limpeza deve ser feita mais vezes por semana.
> Outro problema que tenho é o de segurança. As ruas estão sem iluminação, à noite tudo fica escuro. Tenho medo de assalto e de acidentes. O senhor precisa providenciar mais iluminação para esta região.
> Gostaria que as providências fossem tomadas rapidamente, pois posso ter problemas mais sérios.
> Grato,
> Paulo da Silva, 12 anos.

(Texto escrito pelas autoras.)

Agora imaginem também que, na internet, muitas pessoas leram a carta de Paulo e quiseram se juntar a ele, reforçando os pedidos ao prefeito. A tarefa de vocês é serem os redatores do texto coletivo. Reescrevam a carta no caderno substituindo o remetente **Paulo da Silva, 12 anos** por **Nós, moradores desta cidade**. Façam as adequações necessárias para que haja concordância entre os termos.

2▸ Leia a tirinha reproduzida a seguir. Nela aparece o personagem Spike, um irmão do cachorro Snoopy.

SCHULZ, Charles M. *Ser cachorro é um trabalho em tempo integral*. São Paulo: Conrad, 2004. p. 94.

a) Observe os quadrinhos e responda: O que Spike fez de incomum para fazer rir a linda garota que passa por ali de carro?

b) Se você pudesse criar outro final para esses quadrinhos, o que Spike poderia fazer para chamar a atenção da garota?

c) No caderno, reescreva a história utilizando um narrador em 3ª pessoa. Faça a concordância necessária entre os termos. Comece assim:
Todo dia ele ▪.

3. Reescreva as frases de acordo com a pessoa indicada entre parênteses, fazendo as alterações adequadas nos verbos.

   a) Os pais gostariam que seus filhos pudessem crescer em um mundo mais justo e seguro. (Nós)
   b) Toda criança aos poucos pode aprender a se virar. (Todas as crianças)
   c) Paulo da Silva é estudioso e gosta de se envolver em assuntos de sua cidade. (Paulo da Silva e Taís Amaral)
   d) Uma quadrilha roubou todos os cofres de um banco em São Paulo. (Eles)
   e) A gente queria ver o cantor de perto. (Nós)

Modos do verbo

1. Leia estas frases observando qual é o sentido das expressões verbais em destaque.

   Você **vai levar** algum tempo.
                 ↓
                (1)

   [...] eles **trabalham**, **têm** amigos com quem **querem** conversar [...]
                   ↓   ↓   ↓
                  (2)   (3)   (4)

   Resolva por si seus pequenos problemas. **Treine** desde já.
       ↓   ↓
      (5)   (6)

   Relacione cada uma das expressões verbais destacadas acima (de 1 a 6) às ideias a seguir.

   a) Indica certeza de quem fala e que o fato é real, certo.
   b) Indica possibilidade, algo que pode ou não acontecer ou algo irreal.
   c) Indica ordem, pedido, conselho, súplica.

2. Na atividade anterior, alguma alternativa não está representada nos verbos das frases? Qual?

3. Reescreva no caderno o trecho abaixo e complete-o de modo que indique dúvida.
   Resolva por si seus pequenos problemas.
   Talvez eu ▇.

4. Reescreva no caderno a frase a seguir, ampliando-a.
   Se eu não **dependesse** tanto dos meus pais, eu ▇.

5. Leia a tira observando o uso que cada personagem faz dos verbos.

WALKER, Mort. Recruta Zero. *O Estado de S. Paulo*, São Paulo, 4 maio 2011. Caderno 2, p. D4.

a) No primeiro quadrinho, qual dos dois personagens revela, pela fala, que é mais determinado ou impositivo? Que verbos indicam isso? Explique.
b) Identifique a forma verbal, presente no primeiro quadrinho, que indica possibilidade.
c) Que expressão o homem emprega no último quadrinho como forma de não impor a própria vontade?

Para expressar os fatos, as formas verbais podem assumir três modos, de acordo com a ideia que se pretende ressaltar:
- **indicativo:** expressa certeza, fato real, certo;
- **subjuntivo:** expressa possibilidade, algo que pode ou não acontecer, ou algo irreal;
- **imperativo:** pode expressar ordem, conselho, súplica, desejo.

Atividades: modos verbais

1. Leia a tira a seguir observando o emprego dos verbos. No caderno, resolva as questões propostas.

THAVES, Bob. Frank & Ernest. *O Estado de S. Paulo*, 9 out. 2011. Caderno 2, p. D8.

a) Qual foi a ideia do homem, aparentemente responsável pelo orçamento da prefeitura, retratado na tirinha?
b) Identifique a forma verbal no modo subjuntivo: ela expressa a ideia de possibilidade, de algo que ainda não ocorreu.
c) Reescreva a fala do personagem para que ele se expresse sobre o fato como se fosse algo já decidido, certo. Faça as adaptações necessárias.

2. Identifique a alternativa que explica o uso do modo subjuntivo na frase: "Se nós **votássemos** conscientemente, não estaríamos presenciando tantos problemas!".
a) Indica certeza da ação.
b) Indica uma ação possível, sem certeza.
c) Indica uma ação futura.
d) Indica um estado de quem fala.

3. Leia esta frase: "Os deputados **votaram** pela cassação dos parlamentares envolvidos no escândalo". Assinale a alternativa que completa a afirmação a seguir:
O verbo destacado está no modo indicativo, pois expressa:
a) fato real.
b) fato possível, sem certeza.
c) desejo de quem fala.
d) incerteza.

4. No caderno, reescreva a frase a seguir alterando o modo do verbo destacado de forma a indicar certeza de que a ação ocorrerá: "**Se eu voltar** amanhã, prometo que termino a limpeza do jardim". Faça as alterações necessárias.

5. Identifique e assinale o modo em que estão empregados os verbos desta frase: "Não **fique** tanto tempo na rua e **tome** cuidado com sua bolsa".
a) Indicativo.
b) Subjuntivo.
c) Imperativo.

6. Leia os títulos de notícia reproduzidos a seguir.

Bancos no Brasil negam abertura de conta a refugiados e são processados

Veja. São Paulo, 22 jun. 2018. Versão *on-line*.

Brasil perde para a Croácia e fica de fora do Mundial de Handebol

Correio Braziliense. Brasília, 26 jan. 2015. Versão *on-line*.

Seleção brasileira masculina de handebol em derrota para a equipe croata pelas oitavas de final no Mundial de 2015, realizado em Doha, Catar.

Esses títulos referem-se a fatos do passado, já acontecidos. Que efeito produz o uso dos verbos **negam**, **são**, **perde** e **fica**, no presente e no modo indicativo? Escreva no caderno.

7. Leia os quadrinhos reproduzidos a seguir e responda no caderno às questões propostas.

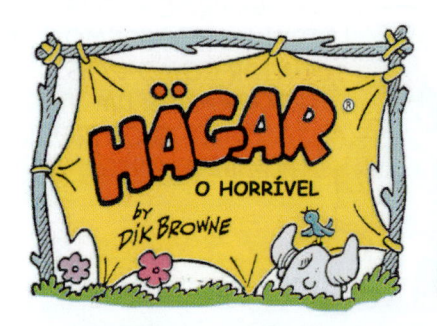

BROWNE, Dik. Hagar, o Horrível. *Folha de S.Paulo*. São Paulo, 19 mar. 2006. Ilustrada.

a) Cite alguns elementos presentes nos quadrinhos que passam a ideia de que Hagar está fazendo um discurso.

b) Qual é o motivo do descontentamento dos seguidores de Hagar?

c) No 4º quadrinho, um verbo foi destacado. Em que tempo esse verbo foi empregado?

d) Identifique uma fala em que o verbo empregado esteja no presente.

e) Identifique o modo verbal do termo em destaque: "**Digam**: qual é o problema?".

f) Reescreva no caderno a frase do 6º quadrinho alterando o verbo para o futuro.

g) Reescreva a fala do último quadrinho passando-a para o modo imperativo, isto é, transformando-a em uma ordem para Hagar.

Hora de organizar o que estudamos

▶ Aqui reuniremos também o que você já estudou sobre verbos nas unidades anteriores. Copie o esquema no caderno. Escolha, entre as palavras a seguir, as que o completam adequadamente.

| estado | imperativo | flexiona | pretérito | tempo |

VERBO

Palavra que se ■ para indicar ação, estado, mudança de ■ e fenômeno da natureza, situando-os no ■.

Flexões

Tempo
- Presente
- Passado/■
- Futuro

Pessoa
- 1ª pessoa: eu/nós
- 2ª pessoa: tu/vós; você/vocês
- 3ª pessoa: ele(ela)/eles(elas)

Modo
- Indicativo
- Subjuntivo
- ■

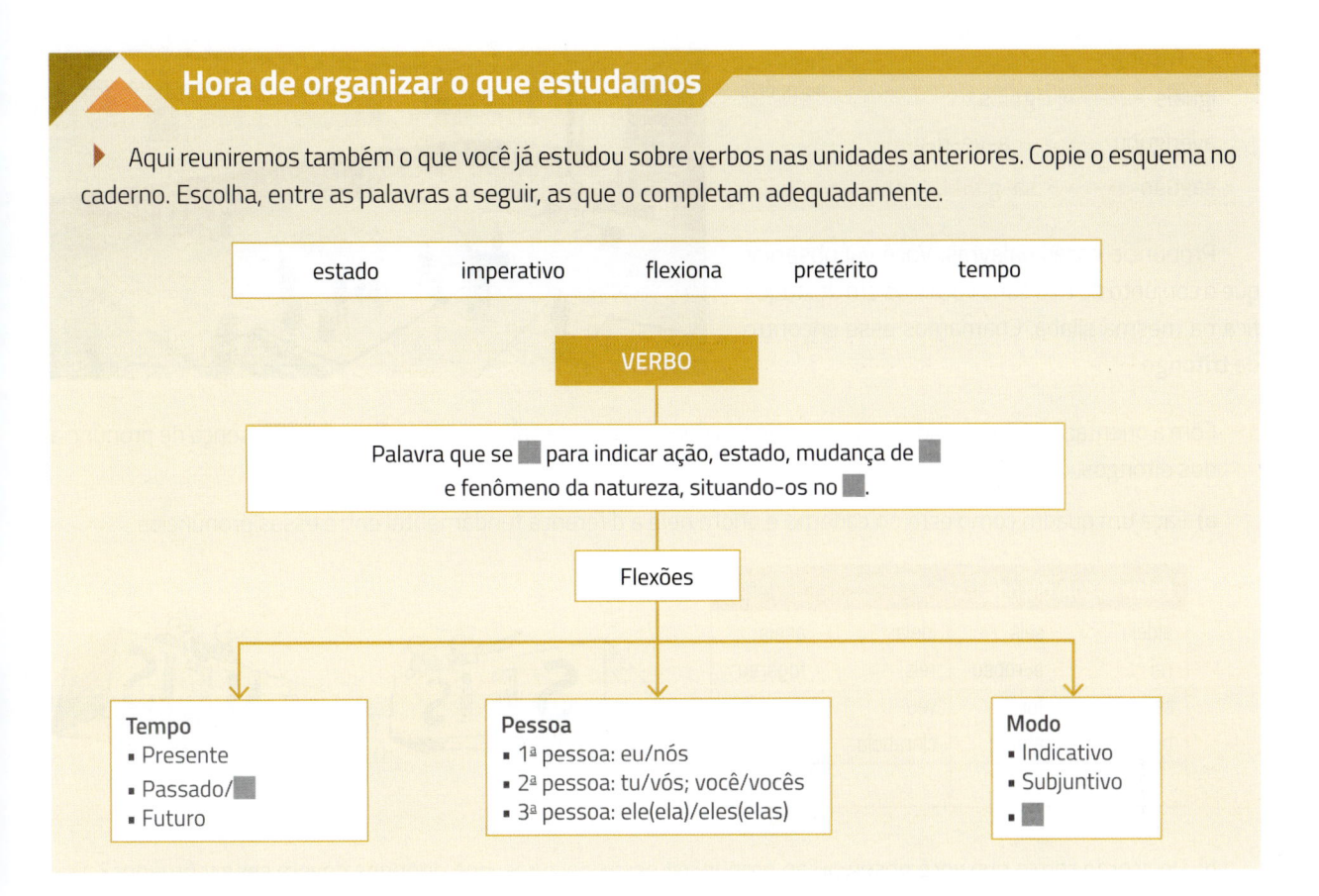

Desafios da língua

Acentuação III

Para alguns casos em que o acento gráfico deve ser utilizado, é necessário que conheçamos a diferença entre dois grupos de vogais: os **ditongos** e os **hiatos**.

A língua portuguesa registra três formas de combinação das vogais nas palavras.

- **Ditongo**

jeito ⟶ j**ei**-to
degrau ⟶ de-gr**au**
louco ⟶ l**ou**-co
alemães ⟶ a-le-m**ãe**s
área ⟶ á-r**ea**

Pronuncie essas palavras em voz alta. Você vai observar que os grupos de sons vocálicos (**ei**, **au**, **ou**, **ãe**, **ea**) ficam na mesma sílaba. Esses grupos de sons recebem o nome de **ditongo**.

- **Hiato**

faísca ⟶ f**a**-**í**s-ca
saúde ⟶ s**a**-**ú**-de
preencher ⟶ pr**e**-**e**n-cher
escadaria ⟶ es-ca-da-r**i**-**a**

Ao pronunciar essas palavras pausadamente, você vai observar que as vogais em destaque ficam em sílabas diferentes. Quando isso ocorre, dizemos que as vogais formam um **hiato**.

Escadaria Selarón, entre os bairros Santa Teresa e Lapa, Rio de Janeiro, RJ, 2018.

ARTIGO DE OPINIÃO

- **Tritongo**

    iguais ⟶ i-g**uai**s

    averiguou ⟶ a-ve-ri-g**uou**

    saguão ⟶ sa-g**uão**

Saguão de aeroporto.

Pronuncie essas palavras. Você vai observar que o conjunto de três sons vocálicos em destaque fica na mesma sílaba. Chamamos esse encontro de **tritongo**.

1. Com a orientação do professor, leia em voz alta as duas colunas de palavras para observar a diferença de pronúncia dos ditongos.

a) Faça um quadro como este no caderno e anote nele a diferença fundamental entre essas pronúncias.

Palavras com ditongo			
aldeia	seis	ideia	anéis
rei	europeu	réis	fogaréu
seu	foi	véu	lençóis
boi	afoito	claraboia	heroico

b) De acordo com o que você observou ao pronunciar essas palavras, que ditongos devem ser acentuados?

2. Leia as palavras abaixo e copie em seu caderno só as que devem ser acentuadas.

fieis	quieto	chapeus	heroi
herois	boiada	boia	plebeia
plebeu	pasteis	doi	biscoitos

UNIDADE 7 • Opiniões em jogo

3. **Desafio! Deduzindo a regra.** Leia em voz alta o conjunto de palavras reproduzido a seguir, observe a posição da sílaba tônica e as terminações e elabore uma regra de acentuação para as palavras paroxítonas.

vício	água	répteis	pônei
amêndoa	mágoa	espécie	jóquei
régua	espontâneo	área	planície
cerimônia	história	tênue	início

Compare sua regra com a que foi feita pelos colegas. Com a ajuda do professor, elaborem o texto final, que deverá ser registrado na lousa e copiado por todos no caderno.

4. Sob a orientação do professor, leia em voz alta os pares de frases propostos a seguir observando as diferenças entre as palavras em destaque de cada grupo.

Grupo A

I. Quando Paulo soube que ganhara na loteria, saiu como um **doido** na rua, gritando para todo mundo ouvir.

II. Ao perguntarem à menina se estava bem, ela disse que seu braço estava muito **doído** e que precisava ir a um médico.

Grupo B

I. Paulinho **cai**, mas, por ser muito orgulhoso, nem sequer reclama.

II. Quando **caí** do cavalo, não me machuquei.

Grupo C

I. Todos os **pais** presentes concordaram com as normas de segurança da escola.

II. Nosso **país** passará por grandes transformações até chegar a ser uma potência democrática.

Por que se usa acento gráfico nas palavras destacadas nas frases **II** de cada grupo?

Regras complementares

Outras regras de acentuação complementam esse estudo. Leia a seguir para conhecê-las.

O *i* e o *u* serão acentuados quando forem a segunda vogal do hiato e forem tônicos. Isso impedirá que o encontro vocálico seja pronunciado como ditongo na leitura das palavras. Observe:

saúde	uísque	proíbem	juízo	reúne	faísca	baús	egoísta

Há alguns casos a serem observados em que esse acento **não** ocorre:
- quando o *i* for seguido de *nh*: rainha, moinho, lagoinha, fuinha;
- quando o *i* e o *u* formam sílaba com outra letra que não seja a letra *s*: cair, ainda, ruim, Raul, saiu, raiz;
- quando o *i* e o *u* forem precedidos de ditongo nas palavras paroxítonas: baiuca, feiura.

1. Observe os conjuntos de palavras a seguir. Justifique o acento gráfico em cada grupo.

    a) público – esplêndido – lâmpada

    b) tábua – gênio – óleo

    c) dólar – caráter – pôquer

    d) sofás – parabéns – você

    e) saúva – país – miúdo

    f) troféu – caracóis – pastéis

2. Leia as frases a seguir e acentue adequadamente os verbos, quando for o caso.

    a) Os alunos vem à tarde para terminar a montagem da exposição.

    b) Carlos não vem hoje. Só na semana que vem.

    c) Todos veem quando uma injustiça é cometida. Só não ve aquele que tem interesse em que ela seja ocultada.

    d) As pessoas tem o hábito de ignorar aquilo que não lhes traz benefícios. Isso tem a ver com egoísmo.

3. Leia a tira reproduzida a seguir. Não aplicamos o acento gráfico das palavras que deveriam ser acentuadas. Reescreva-as em seu caderno acentuando-as devidamente. Justifique o uso do acento.

WATERSON, Bill. *Calvin & Haroldo*: algo babando embaixo da cama. Rio de Janeiro: Cedibra, 1988. p. 19.

4. Foram eliminados alguns acentos gráficos do texto a seguir. Imagine que você é revisor ou revisora de textos e o recebeu para corrigi-lo antes da publicação. Reescreva o texto no caderno acentuando essas palavras adequadamente.

> Sera possivel exagerarmos a importancia do legado cientifico de [Isaac] Newton? Certamente não; pois é consenso geral que, das obras que são parte da historia intelectual da humanidade, pouquissimos deixaram uma marca tão profunda quanto a de Newton. Seu trabalho representa o climax da Revolução Cientifica, uma solução magnifica do problema do movimento dos corpos celestes que desafiara filosofos desde os tempos pré-socráticos.
>
> GLEISER, Marcelo. *A dança do universo*. São Paulo: Companhia de Bolso, 2016. p. 157.

Hora de organizar o que estudamos

▸ No caderno ou em uma ficha, faça uma lista das regras de acentuação aprendidas até agora para você consultar sempre que necessário.

Outro texto do mesmo gênero

Nesta unidade, você teve a oportunidade de ler um artigo de opinião sobre o momento certo de se virar sozinho na vida, sem depender tanto dos pais. Agora você vai ler um artigo sobre a relação entre o uso da tecnologia e os possíveis prejuízos à saúde dos jovens. Os dois artigos de opinião tratam de questões polêmicas, que provocam discussões, pois é possível haver mais de uma opinião e mais de um jeito de pensar sobre os assuntos abordados.

Uso excessivo da tecnologia pode prejudicar a saúde dos jovens

Marília Schuh

Os jovens estão sempre cercados de tecnologia, seja com celulares, *tablets*, computadores e outros tantos meios de sempre estar conectado. A tecnologia, na maioria das vezes, traz muitos benefícios para a vida de todos, mas vale lembrar que ela deve ser utilizada de maneira correta, para não causar problemas.

Entre os danos causados pelo uso da tecnologia em excesso estão os problemas relacionados à coluna. Segundo especialistas, o uso em excesso de aparelhos eletrônicos, como celulares e *tablets*, vem causando má postura entre a maioria dos jovens. Até mesmo a forma como um jovem senta em frente ao computador ou a forma como se inclina para frente para conferir a tela do celular pode influenciar em uma postura incorreta. O que, certamente, é um problema. Se não agora, num futuro próximo.

Tais problemas na coluna não são os únicos que podem ocorrer em decorrência do uso em excesso de tecnologia. Problemas de visão, tendo os jovens, cada vez mais cedo, que aderirem ao uso do óculos ou lentes de contato, também estão entre os mais causados pela tecnologia, além de provocar uma certa falta de atenção quando se está fazendo uso de celulares ou computadores, ignorando o restante do mundo ao seu redor. Muitas vezes, acidentes podem acontecer por falta de atenção daqueles que estão utilizando os aparelhos eletrônicos.

Para evitar problemas como esses, vale a pena reduzir o uso diário da tecnologia, se possível, e aderir à prática de exercícios físicos. Caso já tenha sentido dores nas costas ou algum outro sintoma relacionado ao assunto, a dica é consultar um profissional da área, como fisioterapeuta ou oftalmologista.

Vale lembrar, também, que o uso da tecnologia pode e deve ser visto como um meio de informação e que traga benefícios, quando utilizada de forma correta, tanto para a saúde, quanto para o dia a dia e conhecimento geral de todos.

SCHUH, Marília. Disponível em: <http://www.napilha.com/post/uso-excessivo-da-tecnologia-pode-prejudicar-a-saude-dos-jovens>. Acesso em: 17 jul. 2018.

▸ Converse com os colegas sobre o texto lido e respondam juntos às questões a seguir.
a) Qual é o tema do texto?
b) A autora do texto defende uma solução para o problema apontado? Qual?
c) Que argumentos a autora emprega para fundamentar seu posicionamento?

PRODUÇÃO DE TEXTO

Artigo de opinião

Nesta unidade, você participou de um debate sobre o controle do tempo de uso do computador e leu um texto sobre os malefícios que o uso excessivo de dispositivos eletrônicos pode causar aos jovens. O artigo "Uso excessivo da tecnologia pode prejudicar a saúde dos jovens" trata de um assunto bastante polêmico nos dias de hoje.

E você, o que pensa sobre o assunto?

Você vai produzir um artigo de opinião sobre esse tema para compor um painel da escola. Para isso, siga as instruções dadas.

▸ **Planejamento**

▸ **Em dupla.** Junte-se a um colega e reflita com ele sobre esta afirmação:

O uso da tecnologia pode ser prejudicial aos jovens.

Assumam uma posição sobre ela, pensando se:

- **Concordam totalmente**: Por que concordam? Que prejuízos acreditam que a tecnologia pode causar aos jovens?
- **Discordam**: Por que discordam? Que argumentos usariam para defender essa posição? Pensem em benefícios que, na opinião de vocês, a tecnologia trouxe.
- **Concordam parcialmente**: Vocês acreditam que a tecnologia é benéfica, mas também pode causar danos dependendo do uso que se faz dela? Quais seriam os benefícios? E quais seriam os malefícios?

De acordo com o posicionamento escolhido, cada dupla deverá produzir um artigo de opinião.

⇉ Preparação

1▸ Para organizar o texto que vão produzir, copiem o esquema a seguir no caderno e completem juntos os espaços. Sugestão: Cada uma destas partes pode ser um parágrafo do seu texto.

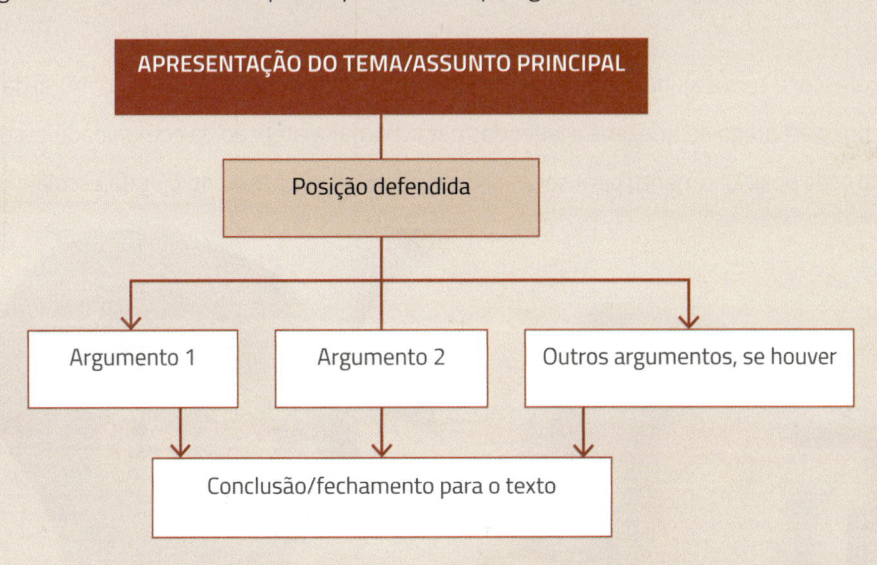

```
APRESENTAÇÃO DO TEMA/ASSUNTO PRINCIPAL
          │
    Posição defendida
          │
   ┌──────┼──────────────┐
Argumento 1  Argumento 2  Outros argumentos, se houver
   └──────┼──────────────┘
          │
  Conclusão/fechamento para o texto
```

2▸ Combinem com o professor o tamanho do texto; se ele será digitado ou não; se ele será acompanhado de imagens (fotos ou ilustrações). Para isso, considerem que ele será fixado no mural da escola.

3▸ Conversem sobre o tema com amigos, familiares e outros professores. É importante questioná-los sobre a relação que eles têm com a tecnologia, em que momentos acreditam que ela é indispensável e quando pensam que seu uso é excessivo, se já sentiram que foram prejudicados pelo uso da tecnologia ou se, ao contrário, já foram beneficiados por ele. Isso ajudará vocês a fundamentar a posição escolhida.

4▸ Pesquisem o assunto em livros, jornais, revistas ou na internet. Busquem fontes seguras, que divulguem informações confiáveis. Se possível, consultem também um especialista em tecnologia ou em saúde, por exemplo.

❱❱ Versão inicial

1❱ Agora que vocês já assumiram um posicionamento e estabeleceram os argumentos que vão usar, façam a primeira versão do texto. Para isso, observem que ele é dirigido a jovens da escola. Procurem usar uma linguagem adequada a esses leitores, selecionando os argumentos que sejam válidos para eles.

> **! Atenção**
> Lembrem-se de sempre indicar as fontes das informações inseridas no texto.

2❱ Escolham um título que considerem atrativo para os leitores.

3❱ Em relação aos argumentos, vocês podem:
- citar alguma parte do texto sobre jovens e tecnologia lido nesta unidade;
- citar informações obtidas por meio de consulta a livros, revistas e *sites*, transcrevendo a opinião de especialistas e resultados de pesquisas;
- citar exemplos de situações vividas por vocês ou pelas pessoas com quem conversaram antes de iniciar a produção.

❱❱ Revisão e versão final

1❱ Releiam o artigo de opinião de vocês observando os seguintes itens:
- As partes do artigo estão bem organizadas e claras, com introdução, argumentos e conclusão?
- A linguagem utilizada está adequada à intenção de vocês de expressar e defender uma opinião? Analisem se a linguagem que deve prevalecer deve ser mais formal ou mais informal, considerando o público desse artigo: jovens.

2❱ Revejam a pontuação e verifiquem se a grafia das palavras está correta. Caso tenham dúvidas em relação à grafia de algumas delas, consultem um dicionário.

3❱ Escrevam ou digitem a versão final do texto.

❱❱ Divulgação

1❱ Sob a orientação do professor e com a ajuda dos colegas, organizem um painel com os artigos no mural da escola.

2❱ Enriqueçam o painel com o emprego de imagens e legendas para chamar a atenção da comunidade escolar.

3❱ Escolham um artigo de cada posicionamento para ser publicado no jornal, no *site* ou no *blog* da escola.

Autoavaliação

Chegou o momento de fazer um balanço de tudo o que foi estudado na Unidade 7. Leia o quadro de conteúdos para recordar o que estudou e, no caderno, avalie seu desempenho usando os tópicos propostos a seguir como orientação. Isso ajudará você na hora de organizar seus estudos.

Meu desempenho
- **Compreendi bem** (registre no caderno os itens que você compreendeu)
- **Avancei em** (registre no caderno os itens em que você melhorou)
- **Preciso rever** (registre no caderno os itens que você precisa estudar mais)
- **Outras observações e/ou outras atividades**

	UNIDADE 7
Gênero Artigo de opinião	**LEITURA E INTERPRETAÇÃO** • Leitura do artigo de opinião "É hora de me virar sozinho?", de Rosely Sayão. • Observação da estrutura do artigo de opinião em partes: apresentação do tema/assunto, expressão do ponto de vista, argumentação e conclusão • Identificação da intenção comunicativa e das escolhas de linguagem do artigo de opinião **PRODUÇÃO** **Oral** • Debate sobre tempo de uso do computador **Escrita** • Produção de artigo de opinião sobre o uso da tecnologia por jovens
Ampliação de leitura	**CONEXÕES** • Outras linguagens: Tirinhas e opiniões • Cultura indígena e amadurecimento: os rituais de passagem **OUTRO TEXTO DO MESMO GÊNERO** • "Uso excessivo da tecnologia pode prejudicar a saúde dos jovens", de Marília Schuh
Língua: usos e reflexão	• Verbo: concordância com pessoa e número; pessoas gramaticais • Modos do verbo: indicativo, subjuntivo e imperativo • Desafios da língua: acentuação do *i* e do *o* (2ª vogal do hiato em sílaba tônica); acentuação das paroxítonas terminadas em ditongo, em *r*, *a(s)*, *ens*; acentuação de ditongo aberto; acentuação de hiatos; regras complementares
Participação em atividades	• Orais • Coletivas • Em grupo

#doeorgaos

www.saude.gov.br/doeorgaos

VIVER É UMA GRANDE CONQUISTA
AJUDE MAIS PESSOAS A SEREM VENCEDORAS

Liège Gautério, transplantada de pulmão, atletismo

Seja doador de órgãos e avise à sua família

Sistema Nacional de Transplantes

O SUS é o maior programa público de transplantes do mundo

MINISTÉRIO DA SAÚDE

UNIDADE 8

Propaganda: convence você?

Você costuma prestar atenção em cartazes, vídeos ou áudios com textos publicitários? Por quê? O que chama mais a sua atenção em uma propaganda: imagens, cores, frases, ritmo, rima, personagens? Você consegue diferenciar uma propaganda que pretende convencer o público a consumir de uma que procura convencer sobre a necessidade de mudar comportamentos e atitudes?
Dê exemplos e ouça os exemplos dos colegas.

Nesta unidade você vai:

- ler e interpretar textos de propaganda e publicidade;
- analisar os recursos de linguagem da propaganda e da publicidade;
- diferenciar *slogan* de argumento nos textos publicitários;
- produzir cartaz de propaganda;
- produzir um *jingle* de campanha;
- produzir uma propaganda em linguagem oral;
- identificar o modo imperativo e seus efeitos de sentido no texto;
- reconhecer o uso do verbo no infinitivo com sentido imperativo;
- compreender o uso de *porque, porquê, por que, por quê*.

PROPAGANDA

Você já leu textos em que a linguagem verbal foi utilizada para contar histórias imaginadas, relatar fatos, informar, fazer arte, expressar uma opinião. Nesta unidade, você vai ler outros textos que utilizam a linguagem verbal e também a linguagem não verbal com a intenção de convencer o leitor de algo: adquirir um produto ou serviço ou mesmo aderir a uma ideia ou a um movimento. Esses textos são conhecidos como **propagandas** e **anúncios publicitários**.

É comum você encontrar propagandas no seu dia a dia? Você se deixa levar por elas?

A seguir, você vai ler uma propaganda publicada na internet. Leia-a com bastante atenção.

Leitura

Texto 1

Tião Santos, catador de materiais recicláveis, fotografado por Cesar Netto.

Campanha Limpa Brasil –
Por um Brasil mais limpo.

Interpretação do texto

Compreensão inicial

Responda no caderno às seguintes questões.

1. Leia estas informações sobre Tião Santos, a pessoa que aparece no cartaz da página anterior.

   > Tião Santos, nascido em Duque de Caxias, Rio de Janeiro, é um ex-catador de materiais recicláveis que passou parte da vida, desde a infância, sobrevivendo do material aproveitável encontrado no Aterro Metropolitano de Jardim Gramacho (também conhecido como Lixão de Gramacho, fechado em 2012 e que chegou a ser um dos maiores aterros sanitários do mundo), localizado em Duque de Caxias.
   > Como catador, Tião Santos tornou-se presidente da Associação dos Catadores do Aterro de Gramacho. Participou do documentário *Lixo extraordinário*, de 2010, do artista plástico brasileiro Vik Muniz com os catadores de material reciclável. Como autor, Tião lançou em 2014 o livro *Do lixão ao Oscar: difícil não foi nascer no lixo, difícil foi não virar lixo*, publicado pela editora Leya.

   Em sua opinião, qual é a importância de colocá-lo no cartaz da campanha?
2. Pode-se dizer que a frase "Eu sou catador" causa estranheza? Por quê?
3. Que efeito de sentido o uso da palavra *catador* pode provocar na propaganda?
4. Que efeito a fotografia de Tião Santos junto à frase "Eu sou catador" pode causar ao leitor que não o conhece?
5. E em quem já conhece a história de Tião Santos, que efeitos essa frase pode provocar?
6. Na propaganda, uma frase explica ao leitor mais claramente o significado da palavra *catador* nesse contexto. Copie a frase em seu caderno e responda: Qual é o significado da frase nesse texto?
7. Qual é o objetivo dessa propaganda?

Linguagem e construção do texto

Uma propaganda impressa geralmente apresenta alguns elementos básicos.

Na propaganda da página anterior, os elementos de maior destaque são a **imagem** (linguagem não verbal) — fotografia de uma pessoa sorridente — e o **slogan** (linguagem verbal): *Eu sou catador*.

Essa campanha teve início com cartazes em que a fotografia era sempre de um artista conhecido do grande público. Veja um exemplo a seguir.

Abaixo, veja mais um exemplo.

Disponível em: <http://www.agenciaabraco.org/site/movimento-mundial-de-mobilizacao-sobre-a-reciclagem-empreende-novas-acoes-no-brasil/>. Acesso em: 28 jun. 2018.

1. Você conhece as pessoas que aparecem na propaganda acima e na da página anterior? Escreva no caderno o nome das que conhece.

2. Assinale as alternativas que traduzem a provável intenção da campanha ao utilizar a imagem de pessoas conhecidas do público.
   a) Valorizar a atitude de colaborar com a limpeza.
   b) Mostrar que a campanha quer envolver todas as pessoas.
   c) Mostrar que só os artistas são catadores.
   d) Valorizar apenas artistas que recolhem lixo.

3. As propagandas que você leu são de uma campanha que começou na Estônia, um país próximo à Rússia. Ao lado, observe o **símbolo** da campanha e, no caderno, responda às questões propostas a seguir.
   a) Essas imagens atraem a atenção do leitor? Por quê?
   b) Por qual provável motivo imagens como essas foram usadas nessa propaganda?
   c) Qual seria o motivo provável do uso da expressão em inglês *Let's do it!*?

▸ *Let's do it!*: expressão em inglês que pode ser traduzida como: "Mãos à obra!".

4. *Slogans* são frases curtas, fáceis de memorizar, que têm como objetivo nos fazer lembrar imediatamente uma ideia ou a marca de um produto. Na propaganda em estudo, emprega-se um *slogan* para chamar a atenção do leitor: "Eu sou catador(a)". Explique que ideia se procura transmitir com esse *slogan*.

5. Essa propaganda pretende influenciar o comportamento do leitor, levando-o a participar da campanha. Para isso, provoca-o, fazendo um apelo:

   Participe do Limpa Brasil [...]

   Responda no caderno:
   a) A quem se dirige o apelo?
   b) Identifique mais dois apelos na propaganda.

238 UNIDADE 8 • Propaganda: convence você?

6 Releia, ao lado, os argumentos utilizados na segunda propaganda. Dentre as frases abaixo, assinale aquela que você considera o melhor argumento para essa campanha. Justifique sua escolha.

a) É um movimento de cidadania.
b) Ajude a limpar sua cidade.
c) "Inscreva-se no *site* **limpabrasil.com**"

Leia, a seguir, uma propaganda — ou anúncio publicitário — que, em vez de convencer o leitor a mudar de atitude, tenta convencê-lo a comprar um produto. Ela foi publicada em uma revista de viagens.

> Participe do Limpa Brasil Let's do it!, um movimento de cidadania e cuidado com o meio ambiente que pretende incentivar a mudança de atitude em relação aos resíduos sólidos. Seja você também catador por um dia e **ajude a limpar sua cidade**. Chega de lixo fora do lixo! Inscreva-se no *site* **limpabrasil.com**

Texto 2

Anúncio veiculado na revista *Gol!*. São Paulo: Trip, n. 114, set. 2011. p. 61.

PROPAGANDA 239

Interpretação do texto

Compreensão inicial

Responda no caderno às seguintes questões.

1. O que mais chamou a sua atenção nessa propaganda ou anúncio publicitário?
2. O produto anunciado é um tênis.
   a) Qual é a função desse produto?
   b) No anúncio, o tênis é caracterizado como *multiatividades*, palavra impressa em letras grandes.
   - O que significa esse termo?
   - Que recurso foi usado na imagem para representar esse significado?
3. Há apenas uma indicação de uso do tênis que não se refere a esportes.
   a) Qual é a indicação?
   b) Qual é a qualidade do tênis apontada para essa indicação?
4. Levando em conta o veículo em que foi publicada a propaganda e as qualidades do tênis que foram destacadas, responda: A quem se destina o anúncio publicitário? Justifique.
5. Converse com os colegas e o professor.
   a) Em sua opinião, esse anúncio atrai a atenção dos leitores? Por quê?
   b) Esse anúncio convenceria você a comprar o produto anunciado? Justifique.

Linguagem e construção do texto

Observe os elementos que compõem o anúncio publicitário em estudo.

slogan: frase curta que destaca uma qualidade do produto.

imagem

argumentos: meios para convencer o leitor ou o consumidor a comprar o produto.

marca

Anúncio veiculado na revista *Gol!*.
São Paulo: Trip, n. 114, set. 2011. p. 61.

Responda no caderno às seguintes questões:

A — *Slogan*

1. Leia o slogan desse anúncio.
   a) É um *slogan* fácil de memorizar? Por quê?
   b) As palavras do *slogan* estão escritas em tamanhos de letras diferentes. Qual seria a razão para o uso das palavras desse modo?

B — Imagem

2. Observe, na página anterior, a imagem do anúncio em análise. Ela apresenta uma fotografia do produto rodeada por fotomontagens de um menino.
   a) Qual é a cor que predomina?
   b) Qual é a provável razão do uso dessa cor?

3. A cada ação do menino foram associados: o nome de um esporte, uma qualidade do produto e uma linha indicando um ponto do tênis. Veja o recorte ao lado e responda às questões propostas.
   a) Qual é a relação entre o futsal e a qualidade do produto anunciada?
   b) Qual é a parte do tênis indicada pela linha que corresponde a essa qualidade? Por quê?

C — Argumentos

4. Nas primeiras propagandas que analisamos nesta unidade, você observou os argumentos empregados para convencer o leitor da importância de manter a cidade limpa. Nesse anúncio do tênis infantil, os argumentos foram usados para convencer o leitor das qualidades do produto e provocar nele o desejo de compra.
   a) Nesse anúncio, há frases explícitas convidando o leitor a comprar o tênis?
   b) Leia estas expressões retiradas da propaganda:

aderência	amortecimento	estabilidade	conforto
tração	leveza e flexibilidade	resistência	

   Na sua opinião, quais dessas expressões são argumentos mais convincentes para o adulto comprar o tênis? Por quê?

5. Na propaganda, há destaque para três características atribuídas pelo anunciante ao produto. Observe que todas elas têm algo em comum:

GEL FLEX SYSTEM	SPORT FLEX	PALMILHA FISIOFLEX

   a) A qual qualidade corresponde a repetição do termo *flex*?
   b) Qual seria a provável intenção do uso das palavras em inglês *system* e *sport*?

6. Leia um trecho do texto da propaganda, escrito com letras menores, que também serve de argumento para convencer o leitor.

   > Analisando o comportamento das crianças, a Bibi, com o apoio de médicos, fisioterapeutas e educadores físicos, inovou mais uma vez e desenvolveu o **Bibi Sport Flex** [...].

   a) Assinale a alternativa que expressa o tipo de argumento empregado.
   - Argumento que apela para o emocional.
   - Argumento que apela para palavras que citam autoridades no assunto.
   - Argumento que destaca qualidades visuais.
   - Argumento que destaca características da resistência do calçado.

   b) Responda: A quem, provavelmente, são dirigidos esses argumentos? Por quê?

7. Na propaganda do tênis, as imagens e os textos são empregados para convencer o provável comprador a adquirir o produto.

a) Com os colegas e o professor, liste no caderno as características das imagens e dos textos usados como argumento para convencer o possível comprador. Ao lado de cada característica, escreva o efeito de sentido que esses recursos de linguagem produzem como argumento.

b) Reflitam sobre a lista que vocês elaboraram e considerem também a revista em que a propaganda foi publicada — revista de uma empresa aérea. A que público, provavelmente, é destinada essa propaganda?

8. Você estudou propagandas publicadas em revistas e na internet, em que imagens e palavras escritas são fundamentais para atingir o objetivo: convencer o leitor de alguma coisa. Para que o objetivo fosse alcançado, cada propaganda foi produzida com certas características. Em seu caderno, copie o quadro a seguir e complete-o indicando a que propaganda corresponde cada característica proposta nas alternativas abaixo.

Propaganda Limpa Brasil	Propaganda do tênis

a) Aponta qualidades exclusivas.

b) Pretende convencer o leitor a **agir**.

c) Quer convencer o leitor a **comprar**.

d) Usa cores para atrair a atenção.

e) Valoriza o **ser** (comportamento).

f) Valoriza o **ter** (coisas).

g) Valoriza as **qualidades** de um produto.

h) Valoriza as **ações** de pessoas.

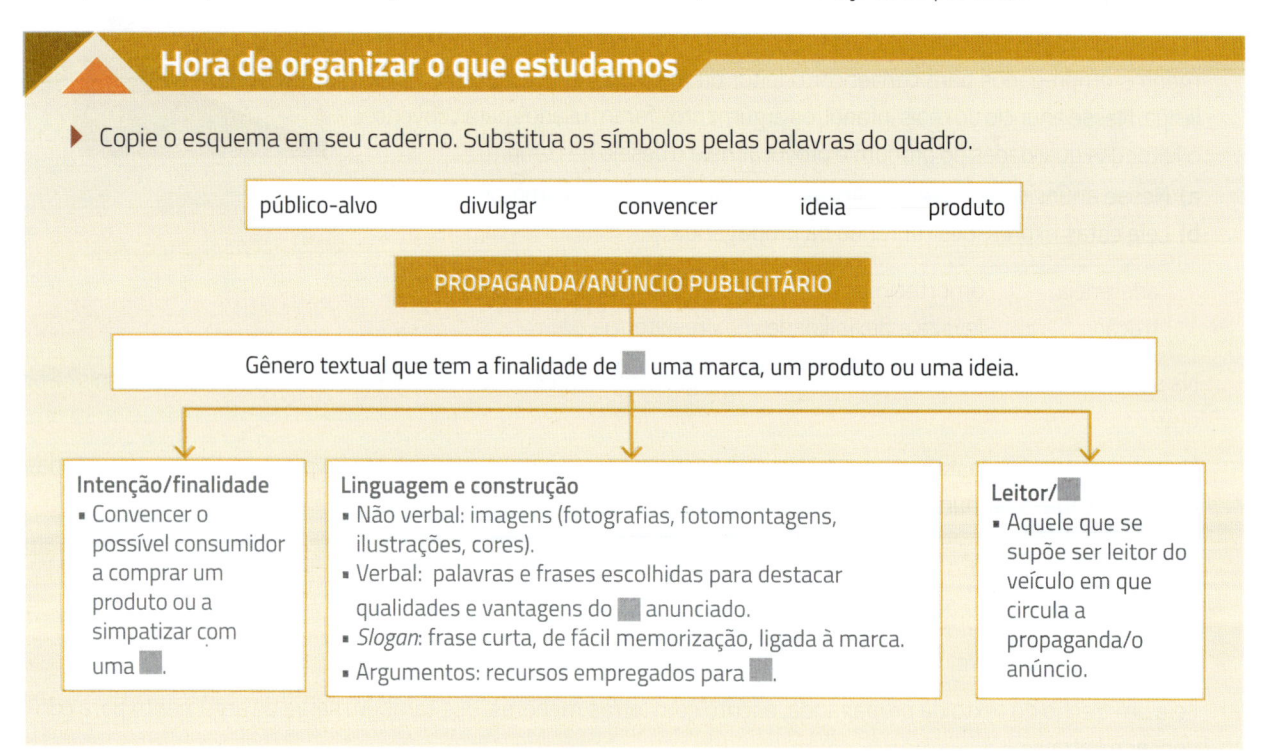

Hora de organizar o que estudamos

▶ Copie o esquema em seu caderno. Substitua os símbolos pelas palavras do quadro.

| público-alvo | divulgar | convencer | ideia | produto |

PROPAGANDA/ANÚNCIO PUBLICITÁRIO

Gênero textual que tem a finalidade de ■ uma marca, um produto ou uma ideia.

Intenção/finalidade
- Convencer o possível consumidor a comprar um produto ou a simpatizar com uma ■.

Linguagem e construção
- Não verbal: imagens (fotografias, fotomontagens, ilustrações, cores).
- Verbal: palavras e frases escolhidas para destacar qualidades e vantagens do ■ anunciado.
- *Slogan*: frase curta, de fácil memorização, ligada à marca.
- Argumentos: recursos empregados para ■.

Leitor/■
- Aquele que se supõe ser leitor do veículo em que circula a propaganda/o anúncio.

Minha biblioteca

A *publicidade*. Sophie de Menthon e Alexia Delrieu. Ática.

Você já observou que vivemos cercados de propagandas? Como há anúncios publicitários por todos os lados, é essencial conhecer um pouco mais desse universo para poder desenvolver um olhar crítico sobre esses estímulos. Isso pode nos ajudar a diferenciar nossos desejos e necessidades reais dos propostos pelos anúncios.

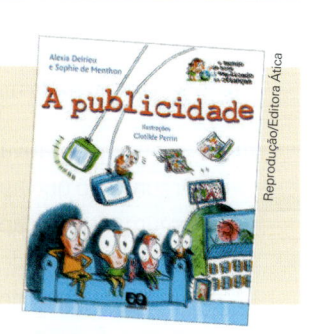

Prática de oralidade

Conversa em jogo

Consumir ou resistir?

Nos dias de hoje, há pessoas que consideram que consumir é o caminho para alcançar a felicidade, o bem-estar, o sucesso. As propagandas procuram cada vez mais convencer o consumidor de que ele precisa ter tudo o que é anunciado. Pensando nisso, reflita e converse com os colegas sobre consumismo. Levem em conta estas questões:

a) O que podemos fazer para não nos deixar levar pelas estratégias das propagandas? De que modo você reage aos apelos de consumo que nos rodeiam?

b) Em sua opinião, nos anúncios, as informações atribuídas aos produtos correspondem à realidade?

Carlos Araujo/Arquivo da editora

Publicidade em rádio

Foi proposto a você estudar a importância do uso de imagens, fotos, ilustrações e cores na publicidade para convencer o possível consumidor a se encantar com o produto.

Agora chegou o momento de lidar com um desafio: apresentar uma propaganda ou um anúncio apenas oralmente a seus colegas da turma, sem a possibilidade de uso da linguagem visual, como se fosse transmitido por rádio.

▶ **Preparação**

1▶ **Em grupo.** Sintonizem uma estação de rádio e prestem atenção às publicidades. Se possível, gravem uma propaganda para poder ouvi-la outras vezes, se precisarem.

- Observem a organização e os elementos que compõem um anúncio em forma de áudio: música de fundo, sons em geral, palavras usadas pelo locutor, dicção, modulação da voz e, principalmente, duração. Lembrem-se de que os anúncios são pagos, portanto, o tempo longo aumenta o custo para o anunciante, além de poder provocar cansaço e desinteresse no ouvinte.

- Prestem atenção ao público ao qual o produto se destina (crianças, jovens, idosos, homens, mulheres, pessoas dirigindo com o rádio ligado...) e de que maneira ele é apresentado: como são valorizadas suas qualidades ou como se procura envolver o ouvinte na ideia proposta.

- Observem a linguagem empregada. Verifiquem se é mais espontânea ou mais formal, se é adequada tanto à possível imagem do produto quanto ao perfil do público a que se destina.

2. Escolham uma das propagandas ou um dos anúncios estudados nesta unidade para adaptar ao novo propósito: ser ouvido.

- Imaginem qual é o público da rádio em que vai ser transmitido seu anúncio. Lembrem-se de que a intenção é convencer o ouvinte, então é preciso usar argumentos que convençam o provável público dessa rádio: ouvintes de programas esportivos ou noticiosos, programas com seleção de músicas como *rock*, sertaneja, MPB, clássica, internacional, etc.

- Planejem o que vão dizer (os argumentos, o modo de apresentar o produto) e como vão dizer (a linguagem escolhida para atingir o público daquela emissora de rádio).
- Pensem se será possível ter música de fundo ou outros sons que ajudem a divulgar o produto ou a ideia do que é anunciado.
- Tomem notas e ensaiem o modo de expor oralmente o texto desse anúncio. Adaptem o texto ao tempo habitual dos anúncios que vocês escutaram na rádio.
- Falem e respirem pausadamente e, nos momentos em que a voz deve ser mudada para dar maior ênfase ao que está sendo divulgado, expressem-se com entonação e ritmo adequados.
- Se houver possibilidade, gravem (pode ser com o celular) o anúncio de vocês para avaliar se ficou tudo a contento.

Apresentação e avaliação

1. Um modo de assegurar que o anúncio será recebido corretamente pelos ouvintes é utilizar um pano preto, como uma cortina, para separar o grupo que produz a propaganda ou o anúncio dos demais colegas, que deverão ser os ouvintes. Outra possibilidade é os alunos ouvintes ficarem de costas para o grupo da apresentação. Assim, realmente se garantirá que a transmissão seja apenas por meio do som.

2. Aguardem a vez de sua apresentação e ouçam com atenção as soluções dadas ao anúncio ou à propaganda pelos colegas.

3. Avaliem, após as apresentações, se as propagandas ou os anúncios tiveram argumentos suficientes para convencer o ouvinte dessa rádio. Conversem também sobre aspectos positivos e aspectos que podem ser melhorados em uma próxima atividade como esta.

CONEXÕES ENTRE TEXTOS, ENTRE CONHECIMENTOS

Outras linguagens: Propagandas diferentes

Para chamar a atenção de um possível consumidor, as propagandas são elaboradas com muita criatividade. Para isso, os publicitários valem-se de diversos recursos de linguagem.

Confira diferentes formas de apresentação e uso desses recursos para surpreender o público-alvo das propagandas.

- Propaganda de *pet shop* que emprega somente **slogan** (argumento verbal), sem usar imagem:

BANHO E TOSA
AQUI O SEU CÃO SAI UM GATO!

▶ **pet shop**: loja onde se vendem produtos e se oferecem serviços de banho e tosa em animais de estimação.

1▶ Observe as imagens nesta propaganda sobre um produto de higiene para as mãos e converse com os colegas e o professor:

a) Que argumento a imagem expressa?

b) Que *slogan* vocês usariam para essa publicidade?

2▶ Converse com os colegas e o professor: Em sua opinião, qual das propagandas convence melhor do uso de cada produto? Por quê?

Posicionamento crítico em forma de poema

Leia a seguir um poema que expressa, com recursos da linguagem poética, posicionamentos críticos ao mundo da publicidade e do consumo. Relacione-o com as propagandas em estudo.

Eu, etiqueta
Carlos Drummond de Andrade

Em minha calça está grudado um nome
que não é meu de batismo ou de cartório,
um nome... estranho.
[...]
Minhas meias falam de produto
que nunca experimentei
mas são comunicados a meus pés.
Meu tênis é proclama colorido
de alguma coisa não provada
por este provador de longa idade.
Meu lenço, meu relógio, meu chaveiro,
minha gravata e cinto e escova e pente,
meu copo, minha xícara,
minha toalha de banho e sabonete,
meu isso, meu aquilo,
desde a cabeça ao bico dos sapatos,
são mensagens,
letras falantes,
gritos visuais,
ordens de uso, abuso, reincidência,
costume, hábito, premência,
indispensabilidade,
e fazem de mim homem-anúncio itinerante,
escravo da matéria anunciada.
Estou, estou na moda.
É doce estar na moda, ainda que a moda
seja negar minha identidade,
trocá-la por mil, açambarcando
todas as marcas registradas,
todos os logotipos do mercado.
Com que inocência demito-me de ser
eu que antes era e me sabia
tão diverso de outros, tão mim-mesmo,
ser pensante, sentinte e solidário
com outros seres diversos e conscientes
de sua humana, invencível condição.
Agora sou anúncio,
ora vulgar ora bizarro,
em língua nacional ou em qualquer língua
(qualquer principalmente).
E nisto me comprazo, tiro glória
de minha anulação.
Não sou — vê lá — anúncio contratado.
Eu é que mimosamente pago
para anunciar, para vender
em bares festas praias pérgulas piscinas,
e bem à vista exibo esta etiqueta
global no corpo que desiste
de ser veste e sandália de uma essência
tão viva, independente,
que moda ou suborno algum a compromete.
Onde terei jogado fora
meu gosto e capacidade de escolher,
minhas idiossincrasias tão pessoais,
tão minhas que no rosto se espelhavam,
e cada gesto, cada olhar,
cada vinco da roupa
resumia uma estética?
Hoje sou costurado, sou tecido,
sou gravado de forma universal,
saio da estamparia, não de casa,
da vitrina me tiram, recolocam,
objeto pulsante mas objeto
que se oferece como signo de outros
objetos estáticos, tarifados.
Por me ostentar assim, tão orgulhoso
de ser não eu, mas artigo industrial,
peço que meu nome retifiquem.
Já não me convém o título de homem.
Meu nome novo é coisa.
Eu sou a coisa, coisamente.

ANDRADE, Carlos Drummond de. *Corpo*. Rio de Janeiro: Record, 2002. p. 91-93.

1▸ Releia estes versos do poema.

> [...]
> Por me ostentar assim, tão orgulhoso
> de ser não eu, mas artigo industrial,
> peço que meu nome retifiquem.
> Já não me convém o título de homem.
> Meu nome novo é coisa.
> [...]

Converse com os colegas e o professor sobre qual é a razão de a pessoa que fala no poema se autodenominar "coisa".

2▸ No poema, faz-se alusão a diferentes produtos que estão estampados em várias roupas e objetos, mas não se relacionam diretamente com eles. Trata-se de uma estratégia de publicidade. O que, provavelmente, se pretende com essa estratégia de publicidade? Converse com os colegas e o professor sobre isso.

3▸ Comente o que você pensa sobre essa estratégia de publicidade. Justifique.

Propagandas curiosas

Observe algumas propagandas ou anúncios curiosos que procuram chamar a atenção das pessoas em vias públicas.

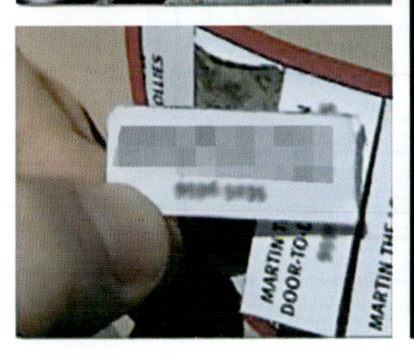

São posicionados estrategicamente em lugares de grande circulação de público. No exemplo da página anterior há a possibilidade de destacar pequenos papéis para levar consigo as informações.

Algumas propagandas inspiram-se nas instalações artísticas, interferindo na vida cotidiana de um lugar, fazendo as pessoas se indagarem sobre o porquê daquela alteração, daquele produto em determinado lugar. Despertam a curiosidade porque fazem uso de estratégias inesperadas para chamar a atenção para o produto, não só posicionado em espaço inesperado como produzido em tamanho desproporcional ao que costuma ser comercializado. Nos casos abaixo, vemos:

- um pente enorme "desembaraçando" os fios de energia elétrica;
- um corretivo líquido gigante posicionado estrategicamente na calçada, dando a impressão de que "pintou" a faixa de pedestres.

> **instalação:** produção artística temporária, que introduz uma alteração em um espaço público. Por exemplo, uma pilha de livros que sai da janela de um prédio e chega até a calçada, interagindo com o ambiente e com os passantes.

- Converse com os colegas e o professor: Vocês consideram essas formas de publicidade eficientes? Justifiquem.

Língua: usos e reflexão

Verbo III

Uso do modo imperativo

Há textos publicitários formados apenas pela linguagem não verbal e há outros formados também pela linguagem verbal. Neste último caso, geralmente as mensagens são curtas e podem conter verbos. Veja como os verbos podem ser empregados em textos do gênero publicitário.

1▸ Abaixo, reveja o texto em letras menores de uma das propagandas da campanha Limpa Brasil. Observe que nele há vários verbos.

Participe do Limpa Brasil Let's do it!, um movimento de cidadania e cuidado com o meio ambiente que pretende incentivar a mudança de atitude em relação aos resíduos sólidos. Seja você também catador por um dia e **ajude a limpar sua cidade**. Chega de lixo fora do lixo! Inscreva-se no *site* **limpabrasil.com**

a) Liste esses verbos no caderno.
b) Releia os verbos transcritos e copie no caderno apenas as formas verbais que fazem um pedido, um apelo ao leitor.

2▸ Leia ao lado um anúncio publicitário e observe que quase todos os verbos utilizados parecem ter a finalidade de fazer pedidos, aconselhar.

a) Copie no caderno todas as formas verbais empregadas nesse anúncio.
b) De todas as formas verbais que você transcreveu, qual é a única que não expressa um pedido ou uma ordem?

3▸ O texto do anúncio da atividade 2 dirige-se a um interlocutor. Pelas formas verbais empregadas, pode-se determinar a pessoa ou o pronome que representa o interlocutor: trata-se do pronome *você*. Veja:

> escreva (você); ligue (você); pergunte (você)...

Em seu caderno, reescreva o texto do anúncio como se o interlocutor fosse representado pelo pronome *vocês*.

> As formas verbais que indicam **pedido**, **ordem**, **conselho**, **súplica**, **desejo**, **convite**, **sugestão** são expressas no **modo imperativo**.

Escreva, ligue, opine, pergunte, elogie, reclame, conte histórias, dê ideias, fale com a gente. A revista é toda sua.

uma

Uma. São Paulo: Símbolo, maio 2003. p. 12.

Imperativo afirmativo e imperativo negativo

O modo imperativo costuma ser usado de duas maneiras, conforme o sentido que se deseja expressar. Com a atividade a seguir, você terá a oportunidade de observar a diferença fundamental entre elas.

1 ▸ Observe a tira.

LAERTE. *Classificados*. São Paulo: Devir Livraria, 2001. p. 38.

Assinale a alternativa adequada à questão: O que ocasionou o desfecho apresentado no terceiro quadrinho?

a) O personagem não viu a placa.

b) O personagem não deu importância à placa.

c) A frase da placa não estava clara.

2 ▸ Uma única palavra da placa indica uma proibição, e não um conselho ou uma simples recomendação. Escreva no caderno essa palavra.

Na frase "Não dê descarga", o verbo está na **forma negativa** do **modo imperativo**.

Se a frase fosse "Dê descarga", o verbo estaria no modo imperativo também, mas na **forma afirmativa**.

Veja outros exemplos do emprego do imperativo na forma afirmativa e na forma negativa:

Escreva o texto com letra de fôrma.
↓
imperativo afirmativo

Não escreva o texto com letra de fôrma.
↓
imperativo negativo

Tanto as frases na forma afirmativa quanto as frases na forma negativa expressam uma ordem ou uma recomendação.

Abaixo, leia e compare as formas do verbo *escrever* conjugado no modo imperativo, na forma afirmativa e na forma negativa.

Imperativo afirmativo	Imperativo negativo
Escreve (tu)	Não escrevas (tu)
Escreva (você)	Não escreva (você)
Escrevamos (nós)	Não escrevamos (nós)
Escrevei (vós)	Não escrevais (vós)
Escrevam (vocês)	Não escrevam (vocês)

Geralmente, com verbos na forma imperativa, não se usa o pronome. Por isso eles foram colocados entre parênteses nos quadros acima. Observe uma frase:

Não escrevam (**vocês**) nas paredes da escola.

Outras formas verbais com valor de imperativo

O modo imperativo nos ajuda a expressar recomendações ou ordens. Entretanto, há outras maneiras de usar os verbos para expressar orientações desse tipo. Leia esta frase e compare-a com a frase da tirinha:

Não dar descarga.

Nesse exemplo, o verbo está empregado no infinitivo e mantém a mesma ideia de recomendação ou ordem expressa pelo modo imperativo.

1. Folhetos e outros textos instrucionais também se valem do modo imperativo e do infinitivo para expressar orientações. A seguir, leia um trecho da instrução de um folheto sobre como combater a dengue. Mantendo a intenção de fazer uma recomendação, reescreva-o, no caderno, substituindo os verbos no imperativo por verbos no infinitivo.

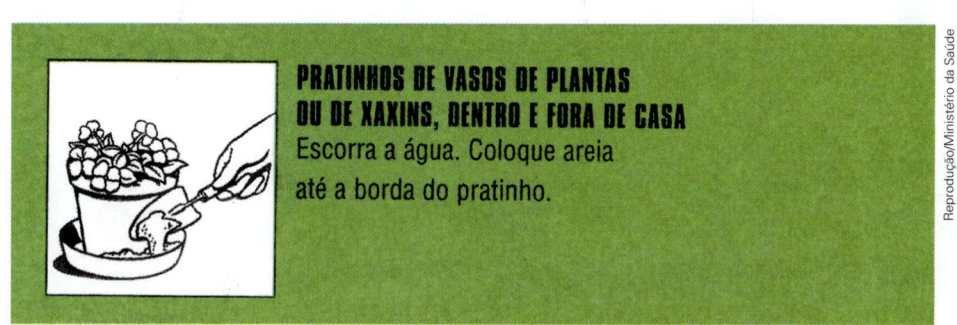

PRATINHOS DE VASOS DE PLANTAS OU DE XAXINS, DENTRO E FORA DE CASA
Escorra a água. Coloque areia até a borda do pratinho.

Reprodução/Ministério da Saúde

A língua é rica porque permite mais variações na forma de expressar, por meio de verbos, recomendação ou ordem. Você consegue pensar em outro modo de usar os verbos na instrução acima com o sentido de orientação? Faça a atividade a seguir para conferir no caderno.

2. A instrução do folheto foi reescrita, mas sem alterar seu sentido. Leia-a e observe o emprego dos verbos destacados.

Você **escorrerá** a água e **colocará** areia até a borda do pratinho.

Em que tempo estão empregados os verbos?
Vimos três formas de expressar ordem ou recomendação por meio de verbos ou locuções verbais:

- com o verbo no **imperativo**;
- com o verbo no **infinitivo**;
- com o verbo no **futuro**.

3. Identifique a frase que expressa melhor uma recomendação, e não uma ordem categórica. **Dica**: antes de escolher a resposta adequada, leia em voz alta as frases para perceber melhor a diferença de sentido entre elas.
   a) Passageiros, viajem com cinto de segurança.
   b) Passageiros, viajar com cinto de segurança.
   c) Os passageiros viajarão com cinto de segurança.

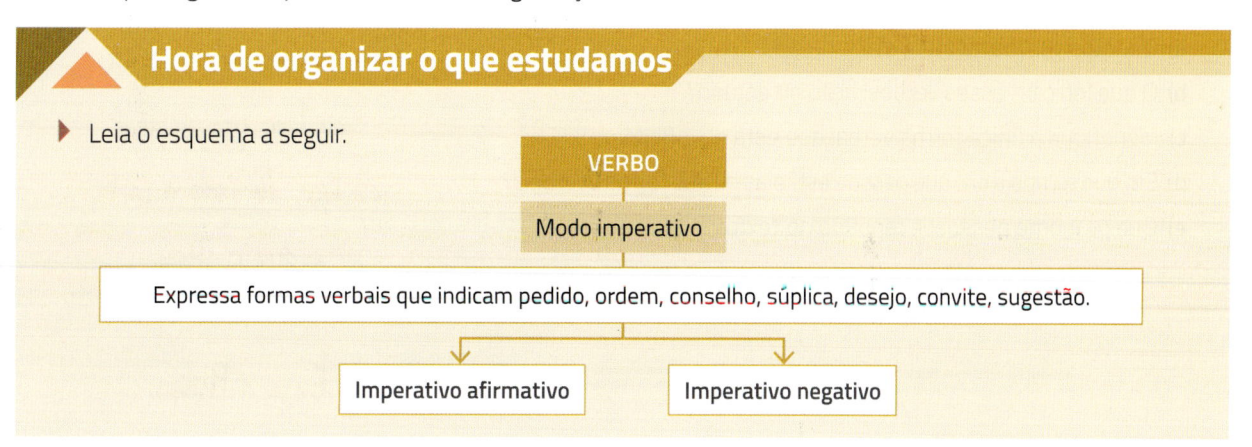

Hora de organizar o que estudamos

▶ Leia o esquema a seguir.

VERBO
↓
Modo imperativo
↓
Expressa formas verbais que indicam pedido, ordem, conselho, súplica, desejo, convite, sugestão.
↓   ↓
Imperativo afirmativo   Imperativo negativo

PROPAGANDA

Atividades: uso do modo imperativo e do infinitivo

Responda a estas atividades no caderno:

1) Reveja parte da propaganda da página 239. Escreva pelo menos um verbo de ação correspondente a cada movimento do garoto na imagem.

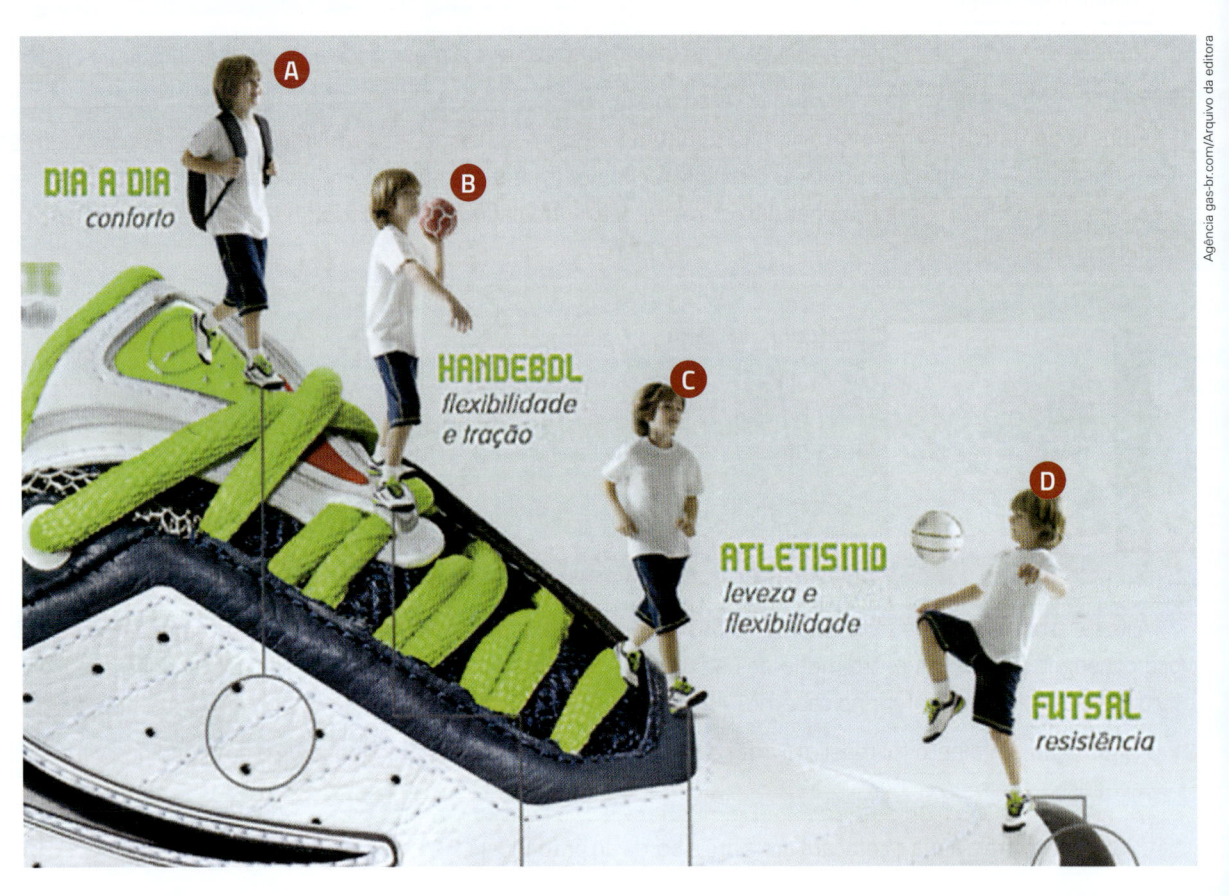

2) Observe a terminação dos verbos indicados por você na atividade anterior e, no caderno, agrupe-os conforme se pede. Escreva mais dois exemplos de cada terminação.

   a) Verbos terminados em **-ar**.
   b) Verbos terminados em **-er**.
   c) Verbos terminados em **-ir**.

3) Leia a propaganda ao lado, na qual se emprega apenas a linguagem verbal. Observe sobretudo o uso dos verbos.

   a) Quantos verbos há no texto?
   b) O que indicam esses verbos: ação ou estado?
   c) Identifique a única forma verbal que está no infinitivo.
   d) Em que tempo e em que pessoa estão as outras formas verbais?
   e) Que pronome pessoal é repetido no texto?

*Eu gravo, eu assisto,
eu ouço, eu danço,
eu penduro na parede,
eu decoro minha casa,
eu levo pra viajar,
eu ligo, eu faço a festa
e dou o show.*

Eu e a Philips.

4 A repetição do pronome é um recurso de linguagem. Tem como efeito tornar mais próxima do consumidor a marca anunciada. Observe como ficaria o anúncio escrito de outro modo, com os verbos no infinitivo.

> Gravar, assistir,
> ouvir, dançar,
> pendurar na parede,
> decorar a casa,
> levar para viajar,
> ligar, fazer a festa
> e dar o *show*.
> Junto com a Philips.

O texto escrito dessa maneira provoca o mesmo efeito da propaganda original? Explique.

5 Leia as placas.

SORRIA, VOCÊ ESTÁ SENDO FILMADO!

PUBLIQUE AQUI

PARE

NÃO REMOVA ESTE AVISO

PEDESTRE, AGUARDE O SINAL VERDE

REDUZA A VELOCIDADE E ACENDA OS FARÓIS

USE O CINTO DE SEGURANÇA

NÃO FECHE O CRUZAMENTO

a) Em que situações essas placas são encontradas no dia a dia? Converse com seus colegas sobre isso.
b) No caderno, copie os verbos usados no modo imperativo afirmativo.
c) Que verbos estão no imperativo negativo?

6▸ Produza três placas em seu caderno usando verbos no modo imperativo.

7▸ Desafio! No caderno, reescreva o parágrafo reproduzido a seguir substituindo os verbos destacados por sinônimos. Para isso, você deve consultar o dicionário e lembrar-se de procurar os verbos pela forma no infinitivo.

> Ele nos **desfalcou**, **impelindo**-nos a tomar uma atitude. Então, eu o **desestabilizei** e **amofinei** seus parceiros. Só assim **suplantaremos** essa dificuldade.
>
> Texto das autoras.

8▸ Leia esta tira:

ANGELI. *Ozzy 1: Caramba! Mas que garoto rabugento!* São Paulo: Companhia das Letras, 2006. p. 16.

Nessa tira de Angeli, Ozzy emprega o modo imperativo para fazer seu pedido, que está em uma linguagem mais informal, já que ele está falando com a mãe. Ele poderia ter dito isso de vários modos:

— Mãe!! Vou querer mais suco! (indicando futuro)

— Mãe!! Quero mais suco! (indicando certeza, no presente)

— Mãe!! Queria mais suco! (indicando possibilidade)

— Mãe!! Traga mais suco! (indicando uma ordem)

Copie o quadro a seguir no caderno e reescreva a possível resposta da mãe, abaixo, variando a forma verbal de acordo com o que se indica.

— Não! Pode desligar a TV e ir dormir!

Indicando futuro	Indicando possibilidade	Indicando ordem

UNIDADE 8 • Propaganda: convence você?

9. Leia a tirinha reproduzida a seguir:

ANGELI. *Ozzy 3: Família? Pra que serve isso?* São Paulo: Companhia das Letras, 2006. p. 18.

a) A mãe de Ozzy deixou para ele algumas orientações. O que ele terá de fazer?
b) Copie no caderno os verbos no modo imperativo das tarefas **1**, **2** e **3**.
c) Copie três verbos no infinitivo.
d) Reescreva a tarefa **1** usando os verbos no infinitivo.
e) Reescreva a tarefa do último quadrinho usando o verbo no imperativo afirmativo, enfatizando a ideia de ordem.

Desafios da língua

Porque, porquê, por que, por quê

Você já percebeu que sempre temos dúvidas de como escrever determinadas palavras? O uso dos *porquês* é um dos assuntos da nossa língua que causam muitas dúvidas. Vamos descobrir como usá-los?

1. Leia a tira reproduzida a seguir:

BROWNE, Chris. Hagar. *Folha de S.Paulo.* São Paulo, 8 mar. 2004. Ilustrada.

PROPAGANDA

a) A graça da tira está na quebra de expectativa. As perguntas feitas por Hagar levam o leitor a pensar que ele está questionando seriamente a vida. Após refletir (observe o quadrinho do meio), o outro personagem apresenta uma resposta a Hagar. Por essa resposta, de que modo o personagem parece ter entendido o questionamento de Hagar? Converse com os colegas e o professor sobre isso.

b) No primeiro quadrinho, temos a expressão *por que,* escrita separadamente. Na fala reproduzida no balão desse quadrinho, em que tipo de frase ela é empregada? Responda no caderno.

c) No último quadrinho, a expressão está escrita numa só palavra: *porque*. Em que tipo de frase ela é usada? Responda no caderno.

d) Em seu caderno, formule uma regra sobre o emprego dos termos *por que* ou *porque* com base na observação das falas dos personagens da tira de Hagar.

2▸ Leia esta outra tira com a personagem Helga, esposa de Hagar, e sua filha. Depois, responda às atividades no caderno.

BROWNE, Dik. Hagar. *Folha de S.Paulo*. São Paulo, 11 mar. 2004.

a) No último quadrinho, a personagem Helga afirma que casar com um cavaleiro que use armadura reluzente diminui a quantidade de roupa para lavar. Sua filha, no entanto, olha para ela com um ar de incerteza. Qual é a provável crítica que pode estar implícita na relação das duas mulheres com essa fala?

b) No primeiro quadrinho dessa tira, emprega-se *por quê*. Compare essa grafia com a da expressão que você observou no primeiro quadrinho da tira anterior: o que há em comum entre elas?

c) Graficamente, qual é a diferença entre essa forma e a do primeiro quadrinho da tira anterior?

Por meio das atividades anteriores, você teve a oportunidade de perceber que, ao ler a frase com *por quê*, o *quê* torna-se uma sílaba forte, isto é, tônica. Por essa razão, ele é acentuado na escrita.

Essa grafia é empregada em frases interrogativas — diretas ou indiretas — em que o *por quê* é usado no fim da frase. Observe:

Ela não veio **por quê**? ⟶ interrogativa direta, com ponto de interrogação
Ela não veio, não sei **por quê**. ⟶ interrogativa indireta, com ponto final

3▸ Leia a tira reproduzida abaixo. Depois, responda às atividades no caderno.

SCHULZ, Charles. Minduim. *O Estado de S. Paulo*. São Paulo, 11 jan. 2005.

a) No primeiro quadrinho, a fala da menina começa por uma afirmação. Que palavra dessa frase relaciona a fala da menina com uma provável fala anterior? Explique.

b) Observe que a expressão *por que,* no primeiro quadrinho, pode ser substituída pela expressão *por que motivo* ou *por qual razão*. Leia em voz alta a frase do primeiro quadrinho experimentando a substituição e em seguida reescreva a frase no caderno com a modificação indicada.

Outras grafias

Veja outra situação em que ocorre *por que*:

A defesa da liberdade de expressão é a causa **por que** lutamos.

pela qual

O *por que* deve ser grafado separadamente em frase afirmativa nos casos em que puder ser substituído por *pelo qual, pela qual, pelos quais, pelas quais*.

Observe outro emprego:

Não compreendemos **o porquê** de sua atitude.

o motivo/a razão

Qual é **o porquê** do seu bom humor?

a causa

O vocábulo *porquê* será grafado numa só palavra e com acento quando for substantivado (acompanhado de artigo) e significar *motivo, razão, causa*.

Hora de organizar o que estudamos

▶ Podemos resumir essas regras de uso de *por que/ por quê/ porque/ porquê* da seguinte maneira:

1. *Por que* é empregado em frases interrogativas diretas ou indiretas. Exemplos:
   Por que você não compareceu ao desfile? (interrogativa direta)
   Não sei **por que** você não compareceu ao desfile. (interrogativa indireta)

2. *Por quê* é empregado sempre em final de frases. Em geral, nesses casos, *por que* e *por quê* podem ser substituídos por *por que motivo, por qual razão*. Exemplos:
   O seu telefone não está chamando **por quê**? (por qual motivo/por qual razão)
   O seu telefone não está chamando, não sei **por quê**. (por qual motivo/por qual razão)

3. *Por que* é empregado em frases em que pode ser substituído por *pelo qual, pela qual, pelos quais, pelas quais*. Exemplo:
   Um grande congestionamento foi a razão **por que** me atrasei tanto.

4. *Porque* é empregado em frases afirmativas que respondem a uma pergunta, explicam ou indicam a causa de alguma coisa. Pode ser substituído por *pois*. Exemplos:
   Termine logo a prova **porque** o tempo está se esgotando. (explicação)
   Clarice não foi à aula **porque** estava doente. (causa)

5. *Porquê*, quando substantivado (geralmente acompanhado de artigo), é uma palavra tônica e recebe acento gráfico. Exemplo:
   Você não esclareceu o **porquê** de sua raiva.

Atividades: porque, porquê, por que, por quê

1) Rescreva no caderno as frases abaixo substituindo ■ por *porque*, *porquê*, *por que* ou *por quê*.
   a) O clima da Terra está se alterando ■ os gases expelidos sobretudo pelas indústrias intensificam o efeito estufa.
   b) ■ há tantos casos de doenças no pulmão nos dias de hoje?
   c) Ele não explicou o ■ de sua atitude.
   d) Você não foi à nossa casa. ■?
   e) Não queremos saber ■ as ruas estão tão esburacadas; queremos que sejam consertadas.
   f) O governo deve esclarecer o ■ de tantos impostos.
   g) Não volte tarde ■ há risco de ser assaltado.
   h) Ela ficou irritada ■?
   i) Todos querem saber ■ houve tanto rigor na entrada do *show*.
   j) ■ houve tanto rigor na entrada do *show*?
   k) Houve tanto rigor na entrada do *show*, ■?
   l) Conseguimos perceber ■ você se retirou: ficou magoado com a falta de respeito das pessoas.

2) Reescreva o texto a seguir no caderno usando adequadamente *porque*, *porquê*, *por que* ou *por quê* onde houver ■.

■ aquecer e alongar antes de praticar exercícios?

O jogador está no banco de reservas e dá um pulo quando o treinador avisa: "Você pode aquecer para entrar em campo". Um friozinho sobe pela espinha e o atleta fica animadíssimo! Dá uma corridinha, estica para lá, puxa para cá. Essas atividades iniciais, que parecem sem importância, são fundamentais antes de se praticarem exercícios. Quer saber o ■?

Com movimentos específicos, a circulação sanguínea e a temperatura do corpo aumentam, avisando ao organismo que é hora de se exercitar. Assim, os músculos em maior atividade receberão doses extras de oxigênio e nutrientes, como a glicose, garantindo um bom desempenho.

Além do aquecimento, é necessário o alongamento dos músculos. Quem pratica natação, por exemplo, precisa de exercícios específicos para alongar os músculos dos braços, ■ o esforço na água exigirá muito deles.

CIÊNCIA Hoje das Crianças, Rio de Janeiro: Instituto Ciência Hoje, n. 149, ago. 2004.

3) Leia a história em quadrinhos reproduzida abaixo.

LAERTE. Lola, a andorinha. *Folha de S.Paulo*. São Paulo, 2 jul. 2011. Folhinha. p. 8.

Faça as atividades no caderno.

a) Por ser um pássaro, seria muito fácil a andorinha voar. Por que você acha que ela não quis utilizar essa habilidade para não molhar os pés?

b) No penúltimo quadrinho, ocultamos um trecho da fala da amiga da andorinha Lola. Reescreva essa fala completando-a com uma destas opções: *porque*, *porquê*, *por que* ou *por quê*.

c) Reescreva o último quadrinho, com a resposta de Lola, utilizando *porque*, *porquê*, *por que* ou *por quê*.

Outro texto do mesmo gênero

Nesta unidade você analisou os recursos utilizados em duas propagandas destinadas a convencer o leitor de coisas diferentes. A primeira, "Eu sou catador", tem como objetivo convencer de uma **ideia**; a segunda, "Tênis Bibi", tem como propósito convencer a ter um **produto**.

Agora, leia outra propaganda para saber qual intenção pode ser identificada.

slogan: O capacete protege o que os pilotos têm de mais importante: tudo que já aprenderam.

Disponível em: <https://www.unicef.org/brazil/pt/dm9ddb_campanhamassa.jpg>. Acesso em: 14 jun. 2018.

Argumentos: Felipe Massa é o campeão do Unicef para as crianças brasileiras, título que dá a ele oficialmente a missão de ajudar a promover e defender os direitos de meninas e meninos. Um vencedor nas pistas agora também guiando milhares de crianças pelo caminho da educação. Um exemplo a ser seguido e, se possível, ultrapassado.

Converse com os colegas e o professor sobre as questões a seguir.

> **Unicef:** sigla em inglês para Fundo das Nações Unidas para a Infância.

1. Qual seria o objetivo dessa propaganda do Unicef?
2. Observe a propaganda novamente.

    a) A **imagem**:

    - O que ela representa?
    - De que material esse objeto parece ser feito?
    - Qual é o objetivo dessa construção?

    b) O *slogan*:

    > O capacete protege o que os pilotos têm de mais importante: tudo que já aprenderam.

    - Que palavra do *slogan* faz a relação dele com o que aparece na imagem?

3. Releia os **argumentos listados**. Qual você destacaria por produzir mais efeito?

    > **Argumentos:** Felipe Massa é o campeão do Unicef para as crianças brasileiras, título que dá a ele oficialmente a missão de ajudar a promover e defender os direitos de meninas e meninos. Um vencedor nas pistas agora também guiando milhares de crianças pelo caminho da educação. Um exemplo a ser seguido e, se possível, ultrapassado.

4. Após analisar todos os elementos, conversem novamente: Qual é o objetivo dessa propaganda?

Mundo virtual

www.conar.org.br/

A missão do Conar é "impedir que a publicidade enganosa ou abusiva cause constrangimento ao consumidor ou a empresas e defender a liberdade de expressão comercial". Conheça mais sobre esse importante instrumento de autorregulamentação da publicidade. Acesso em: 13 out. 2018.

PRODUÇÃO DE TEXTO

Cartaz publicitário

Vocês já conheceram diferentes propagandas ou anúncios publicitários. Agora, terão a oportunidade de produzir um cartaz para uma campanha publicitária.

» **Preparação**

1 ▸ **Em dupla.** Vocês vão produzir um cartaz inspirado em uma história em quadrinhos. Para isso, leiam a HQ abaixo e, depois, sigam as orientações.

SOUSA, Maurício de. Disponível em: <https://deposito-de-tirinhas.tumblr.com/image/40596398540>. Acesso em: 6 out. 2018.

2. Na história em quadrinhos, observem:
   - somente o cesto de lixo tem falas;
   - a fala, em tom de queixa no último quadrinho, expressa a revolta do cesto de lixo com o fato de ser ignorado;
   - é possível comprovar o motivo da revolta do cesto de lixo observando que o cesto está vazio, embora haja lixo esparramado por perto.

3. Relembrem a seguir alguns elementos característicos de uma propaganda ou de um anúncio publicitário. Essas informações serão úteis para a produção do cartaz publicitário com base na leitura da HQ.
   - Tem a intenção de convencer o consumidor das qualidades de um produto ou da marca ou ainda defender e divulgar uma ideia.
   - Utiliza normalmente a linguagem verbal e a não verbal.
   - É estruturada geralmente em torno de *slogans* e de argumentos.

4. Conversem sobre o tema do cartaz publicitário, que será "Lixo no lixo", e também sobre o objetivo dele, que é convencer as pessoas da necessidade de jogar o lixo na lixeira, e não fora dela.

5. Pensem sobre quem serão os prováveis leitores, o público-alvo da campanha: a comunidade escolar e seu entorno.

6. Ao planejarem o cartaz, mantenham à vista o esquema que orientará a produção.

CARTAZ DE PROPAGANDA OU DE ANÚNCIO PUBLICITÁRIO

Tema/assunto	Intenção/finalidade	Linguagem e construção	Leitor/público-alvo	Circulação
Cartaz publicitário "Lixo no lixo" para campanha.	Convencer da necessidade de todos contribuírem para a campanha.	Uso de imagens (fotografia, ilustração, cores), *slogan* e argumentos.	A comunidade escolar e seu entorno.	Cartazes afixados em paredes e muros da escola e em espaços autorizados, como lojas, postos de saúde, igrejas, parques, etc.

7. Criem a frase para compor o *slogan* avaliando como será possível relacioná-lo ao tema da campanha "Lixo no lixo".

8. Relacionem as palavras que poderão dar origem aos argumentos para convencer as pessoas, tanto aqueles argumentos que apelam para os aspectos positivos do "Lixo no lixo" (limpeza, ordem, higiene, saúde, ambiente agradável, etc.) quanto para os contrários (sujeira, desordem, doenças, ambiente desagradável, etc.).

9. Pesquisem imagens que possam "dialogar" com as frases imaginadas, reunindo-as com materiais que serão necessários para compor o cartaz: folha de cartolina, lápis, borracha, cola, canetinhas coloridas, lápis de cor ou algum outro material pensado — pedaços de papel amassado, papel de bala, pedaços de plástico, tampinhas, tudo que possa representar o lixo normalmente descartado no chão.

» **Rascunho e revisão**

1. Elaborem um rascunho do cartaz publicitário em folha avulsa, preferencialmente do mesmo tamanho do papel que será usado na versão definitiva. Lembrem-se de:
   a) cuidar para que os elementos característicos de propaganda ou anúncio publicitário estejam presentes (imagens, *slogan* e argumentos);
   b) usar verbos no modo imperativo;
   c) empregar pontuação necessária (ponto final, ponto de exclamação, ponto de interrogação e vírgula).

2. Releiam a produção observando se ela está adequada ao que foi proposto: convencer da necessidade de descartar o lixo adequadamente. Observem também se o cartaz publicitário está de acordo com o planejamento que fizeram, considerando:
   - a distribuição dos textos e das imagens no cartaz;
   - o tamanho e as cores das letras;
   - a grafia correta das palavras, consultando um dicionário, se for preciso;
   - se o título da campanha publicitária foi inserido;
   - o uso de verbos no modo imperativo;
   - o uso da pontuação adequada.

3. Avaliem quais são as alterações necessárias ao trabalho.

» **Versão final**

1. Façam as adaptações ou correções necessárias.

2. Verifiquem:
   - se as imagens estão nos locais em que planejaram;
   - a grafia correta das palavras, consultando um dicionário, se for preciso.

» **Divulgação**
   - Aguarde a orientação do professor, da escola e da comunidade sobre em que lugar cada cartaz poderá ser afixado.

(Elementos representados em tamanhos não proporcionais entre si.)

PRODUÇÃO DE TEXTO 263

INTERATIVIDADE

Jingle de campanha

Na seção anterior, você e seus colegas associaram palavra e imagem ao produzir cartazes para a campanha "Lixo no lixo".

Chegou a hora de unir palavra e música e continuar convencendo as pessoas a descartar o lixo adequadamente, agora por meio de um *jingle*.

> **refrão:** verso ou conjunto de versos repetido nas canções.

> *Jingles* são peças musicais de curta duração elaboradas para transmitir uma mensagem publicitária de forma rápida e eficaz. Com letra e melodia simples e geralmente um refrão bem marcado, os *jingles* podem ser memorizados e cantarolados com facilidade, chegando a ser reproduzidos repetida e quase involuntariamente por quem os escuta.

Junte-se ao mesmo colega com quem elaborou o cartaz na seção *Produção de texto* e siga com ele as etapas abaixo. Depois, conversem com o professor e os demais colegas para decidir como os *jingles* da turma circularão. É possível publicá-los em uma plataforma *on-line* de compartilhamento de áudios e divulgá-los no *blog* da escola.

▶ Preparação

Com a turma toda. Ouçam os *jingles* que o professor vai apresentar: todos eles tratam do descarte correto do lixo. A cada *jingle* observado, conversem sobre as características da letra e da música, tentando identificar rimas, versos que funcionam como refrão, repetições de palavras, ritmo e melodia, entre outros elementos que ajudam a facilitar a memorização e o recanto.

▶ Produção

1▶ Reúna-se com seu colega de dupla. Pensem juntos em uma primeira relação de palavras, rimas e frases soltas que combinem com o tema da campanha e possam ser utilizadas para compor a letra do *jingle* de vocês. Anotem tudo em uma folha de papel avulsa.

> **❗ Dica**
> Para criar o refrão, experimentem partir do *slogan* elaborado para o cartaz na seção anterior, escrevendo versos que rimem com ele.

2▶ Selecionem e passem a limpo em outra folha avulsa as frases que considerarem mais interessantes no primeiro registro.

3▶ Procurem desenvolver a letra do *jingle*, escrevendo e reescrevendo as frases selecionadas, até chegar às melhores combinações. Essas frases formarão os versos do *jingle*. Por isso, não se esqueçam das características do gênero:

- tem curta duração;
- apresenta refrão bem marcado;
- explora rimas e outras repetições que ajudam a memorização;
- transmite a mensagem da campanha de forma clara e apelativa.

4▶ Experimentem cantar os versos criados arriscando melodias de diferentes ritmos.

5▶ Enquanto testam ritmos e melodias, utilizem um gravador ou aparelho celular com captador de áudio para registrar os trechos dos quais mais gostarem, a fim de não os esquecer depois.

» **Revisão/reescrita**

1▸ Releiam a letra e cantem o *jingle*, para fazer os ajustes necessários nos versos, no ritmo e/ou na melodia e garantir que letra e música se encaixem da melhor maneira.

2▸ Verifiquem se a mensagem da campanha faz um chamado claro à participação e ao envolvimento do ouvinte com a campanha veiculada. Observem, por exemplo, se usaram verbos no modo imperativo para ressaltar esse chamado.

» **Gravação**

1▸ Ensaiem e decidam como vão executar o *jingle* de vocês:
- se apenas vocalmente;
- se com canto e percussão corporal;
- se com canto acompanhado de instrumentos musicais;
- se todos cantarão juntos ou cada um cantará uma parte, etc.

> ▸ **percussão corporal:** ato de extrair sons do próprio corpo. Para isso, pode-se, por exemplo, bater palmas, bater os pés no chão, bater com as mãos no próprio peito – sempre dentro de um ritmo, acompanhando a melodia da música.

> ⊙ **Atenção**
> Se houver instrumentos musicais disponíveis na escola, utilizem aqueles com os quais têm mais familiaridade no processo de composição e/ou na gravação final do *jingle*, que poderá ser apresentado apenas cantado ou acompanhado por instrumentos.

2▸ Depois de já estarem bem seguros quanto à letra e à música, gravem a versão finalizada do *jingle*, executando-a de acordo com o que ficou combinado nos ensaios.

» **Divulgação/circulação**

1▸ Combinem com o professor uma maneira de transferir os áudios gravados do celular ou gravador para o computador, de modo que todos os *jingles* da turma sejam salvos no mesmo local.

2▸ O professor vai publicar os *jingles* produzidos em uma plataforma de compartilhamento de áudios *on-line* e divulgá-los no *blog* da escola, para que alunos e familiares possam cantar e refletir e não se esqueçam das mensagens da campanha "Lixo no lixo".

Autoavaliação

Chegou o momento de fazer um balanço de tudo o que foi estudado na Unidade 8. Leia o quadro de conteúdos para recordar o que estudou e, no caderno, avalie seu desempenho usando os tópicos propostos a seguir como orientação. Isso ajudará você no momento de organizar seus estudos.

Meu desempenho
- **Compreendi bem** (registre no caderno os itens que você compreendeu)
- **Avancei em** (registre no caderno os itens em que você melhorou)
- **Preciso rever** (registre no caderno os itens que você precisa estudar mais)
- **Outras observações e/ou outras atividades**

UNIDADE 8	
Gênero Propaganda	**LEITURA E INTERPRETAÇÃO** • Leitura das propagandas "Eu sou catador" e "Tênis Bibi" • Identificação da intenção e dos efeitos de sentido das escolhas de linguagem e de construção das propagandas • Identificação de partes de uma propaganda • Diferenciação de *slogan* de argumentos **PRODUÇÃO** **Oral** • Publicidade em rádio • Interatividade: *jingle* de campanha **Escrita** • Produção de cartaz publicitário para campanha "Lixo no lixo"
Ampliação de leitura	**CONEXÕES** • Outras linguagens: Propagandas diferentes • Posicionamento crítico em forma de poema • Propagandas curiosas **OUTRO TEXTO DO MESMO GÊNERO** • Propaganda do Unicef
Língua: usos e reflexão	• Uso do modo imperativo • Desafios da língua: uso de *porque, porquê, por que, por quê*
Participação em atividades	• Orais • Coletivas • Em grupo

Ilustrações: Carlos Araújo/Arquivo da editora

Quadros para ampliação dos estudos gramaticais

Unidade 4

Numerais			
Cardinais	Ordinais	Multiplicativos	Fracionários
um	primeiro	(simples)	–
dois	segundo	dobro/duplo	meio/metade
três	terceiro	triplo/tríplice	terço
quatro	quarto	quádruplo	quarto
cinco	quinto	quíntuplo	quinto
seis	sexto	sêxtuplo	sexto
sete	sétimo	sétuplo	sétimo
oito	oitavo	óctuplo	oitavo
nove	nono	nônuplo	nono
dez	décimo	décuplo	décimo
vinte	vigésimo	–	vinte avos
trinta	trigésimo	–	trinta avos
quarenta	quadragésimo	–	quarenta avos
cinquenta	quinquagésimo	–	cinquenta avos
sessenta	sexagésimo	–	sessenta avos
setenta	septuagésimo	–	setenta avos
oitenta	octogésimo	–	oitenta avos
noventa	nonagésimo	–	noventa avos
cem	centésimo	cêntuplo	centésimo
mil	milésimo	–	milésimo
dez mil	décimo milésimo	–	décimo milésimo
cem mil	centésimo milésimo	–	centésimo milésimo
um milhão	milionésimo	–	milionésimo
um bilhão	bilionésimo	–	bilionésimo

Unidade 5

Pronomes indefinidos			
Variáveis			Invariáveis
Masculino		Feminino	
algum, alguns, nenhum, nenhuns		alguma, algumas, nenhuma, nenhumas	alguém
todo, todos, outro, outros		toda, todas, outra, outras	ninguém
muito, muitos, pouco, poucos		muita, muitas, pouca, poucas	tudo
certo, certos, vário, vários		certa, certas, vária, várias	outrem
tanto, tantos, quanto, quantos		tanta, tantas, quanta, quantas	nada
qualquer, quaisquer		qualquer, quaisquer	cada, algo

Modelos de conjugação verbal

Verbos regulares — 1ª conjugação — modelo: *cantar*

INDICATIVO	
Presente	**Pretérito imperfeito**
canto	cantava
cantas	cantavas
canta	cantava
cantamos	cantávamos
cantais	cantáveis
cantam	cantavam
Pretérito perfeito simples	**Pretérito perfeito composto**
cantei	tenho cantado
cantaste	tens cantado
cantou	tem cantado
cantamos	temos cantado
cantastes	tendes cantado
cantaram	têm cantado
Pretérito mais-que-perfeito simples	**Pretérito mais-que-perfeito composto**
cantara	tinha cantado
cantaras	tinhas cantado
cantara	tinha cantado
cantáramos	tínhamos cantado
cantáreis	tínheis cantado
cantaram	tinham cantado
Futuro do presente simples	**Futuro do presente composto**
cantarei	terei cantado
cantarás	terás cantado
cantará	terá cantado
cantaremos	teremos cantado
cantareis	tereis cantado
cantarão	terão cantado
Futuro do pretérito simples	**Futuro do pretérito composto**
cantaria	teria cantado
cantarias	terias cantado
cantaria	teria cantado
cantaríamos	teríamos cantado
cantaríeis	teríeis cantado
cantariam	teriam cantado

SUBJUNTIVO	
Presente	**Pretérito perfeito composto**
cante	tenha cantado
cantes	tenhas cantado
cante	tenha cantado
cantemos	tenhamos cantado
canteis	tenhais cantado
cantem	tenham cantado
Pretérito imperfeito	**Pretérito mais-que-perfeito composto**
cantasse	tivesse cantado
cantasses	tivesses cantado
cantasse	tivesse cantado
cantássemos	tivéssemos cantado
cantásseis	tivésseis cantado
cantassem	tivessem cantado
Futuro simples	**Futuro composto**
cantar	tiver cantado
cantares	tiveres cantado
cantar	tiver cantado
cantarmos	tivermos cantado
cantardes	tiverdes cantado
cantarem	tiverem cantado

IMPERATIVO	
Afirmativo	**Negativo**
–	–
canta (tu)	não cantes (tu)
cante (você)	não cante (você)
cantemos (nós)	não cantemos (nós)
cantai (vós)	não canteis (vós)
cantem (vocês)	não cantem (vocês)

FORMAS NOMINAIS	
Infinitivo impessoal	**Infinitivo pessoal**
cantar	cantar
	cantares
	cantar
	cantarmos
	cantardes
	cantarem
Gerúndio	**Particípio**
cantando	cantado

2ª conjugação — modelo: *vender*

INDICATIVO	
Presente	**Pretérito imperfeito**
vendo	vendia
vendes	vendias
vende	vendia
vendemos	vendíamos
vendeis	vendíeis
vendem	vendiam
Pretérito perfeito simples	**Pretérito perfeito composto**
vendi	tenho vendido
vendeste	tens vendido
vendeu	tem vendido
vendemos	temos vendido
vendestes	tendes vendido
venderam	têm vendido
Pretérito mais-que-perfeito simples	**Pretérito mais-que-perfeito composto**
vendera	tinha vendido
venderas	tinhas vendido
vendera	tinha vendido
vendêramos	tínhamos vendido
vendêreis	tínheis vendido
venderam	tinham vendido
Futuro do presente simples	**Futuro do presente composto**
venderei	terei vendido
venderás	terás vendido
venderá	terá vendido
venderemos	teremos vendido
vendereis	tereis vendido
venderão	terão vendido
Futuro do pretérito simples	**Futuro do pretérito composto**
venderia	teria vendido
venderias	terias vendido
venderia	teria vendido
venderíamos	teríamos vendido
venderíeis	teríeis vendido
venderiam	teriam vendido

SUBJUNTIVO	
Presente	**Pretérito perfeito composto**
venda	tenha vendido
vendas	tenhas vendido
venda	tenha vendido
vendamos	tenhamos vendido
vendais	tenhais vendido
vendam	tenham vendido
Pretérito imperfeito	**Pretérito mais-que-perfeito composto**
vendesse	tivesse vendido
vendesses	tivesses vendido
vendesse	tivesse vendido
vendêssemos	tivéssemos vendido
vendêsseis	tivésseis vendido
vendessem	tivessem vendido
Futuro simples	**Futuro composto**
vender	tiver vendido
venderes	tiveres vendido
vender	tiver vendido
vendermos	tivermos vendido
venderdes	tiverdes vendido
venderem	tiverem vendido

IMPERATIVO	
Afirmativo	**Negativo**
–	–
vende (tu)	não venda (tu)
venda (você)	não venda (você)
vendamos (nós)	não vendamos (nós)
vendei (vós)	não vendais (vós)
vendam (vocês)	não vendam (vocês)

FORMAS NOMINAIS	
Infinitivo impessoal	**Infinitivo pessoal**
vender	vender
	venderes
	vender
	vendermos
	venderdes
	venderem
Gerúndio	**Particípio**
vendendo	vendido

3ª conjugação — modelo: *partir*

INDICATIVO	
Presente	**Pretérito imperfeito**
parto	partia
partes	partias
parte	partia
partimos	partíamos
partis	partíeis
partem	partiam
Pretérito perfeito simples	**Pretérito perfeito composto**
parti	tenho partido
partiste	tens partido
partiu	tem partido
partimos	temos partido
partistes	tendes partido
partiram	têm partido
Pretérito mais-que-perfeito simples	**Pretérito mais-que-perfeito composto**
partira	tinha partido
partiras	tinhas partido
partira	tinha partido
partíramos	tínhamos partido
partíreis	tínheis partido
partiram	tinham partido
Futuro do presente simples	**Futuro do presente composto**
partirei	terei partido
partirás	terás partido
partirá	terá partido
partiremos	teremos partido
partireis	tereis partido
partirão	terão partido
Futuro do pretérito simples	**Futuro do pretérito composto**
partiria	teria partido
partirias	terias partido
partiria	teria partido
partiríamos	teríamos partido
partiríeis	teríeis partido
partiriam	teriam partido

SUBJUNTIVO	
Presente	**Pretérito perfeito composto**
parta	tenha partido
partas	tenhas partido
parta	tenha partido
partamos	tenhamos partido
partais	tenhais partido
partam	tenham partido
Pretérito imperfeito	**Pretérito mais-que-perfeito composto**
partisse	tivesse partido
partisses	tivesses partido
partisse	tivesse partido
partíssemos	tivéssemos partido
partísseis	tivésseis partido
partissem	tivessem partido
Futuro simples	**Futuro composto**
partir	tiver partido
partires	tiveres partido
partir	tiver partido
partirmos	tivermos partido
partirdes	tiverdes partido
partirem	tiverem partido

IMPERATIVO	
Afirmativo	**Negativo**
—	—
parte (tu)	não partas (tu)
parta (você)	não parta (você)
partamos (nós)	não partamos (nós)
parti (vós)	não partais (vós)
partam (vocês)	não partam (vocês)

FORMAS NOMINAIS	
Infinitivo impessoal	**Infinitivo pessoal**
partir	partir
	partires
	partir
	partirmos
	partirdes
	partirem
Gerúndio	**Particípio**
partindo	partido

Projeto de Leitura

Caro leitor,

Contar ou ler histórias criadas pela imaginação é uma forma de vivermos nossa realidade de outra maneira ou mesmo de experimentarmos uma outra realidade, diferente de nosso cotidiano. A ficção nos permite provar imaginariamente fatos, sentimentos e sensações em outros espaços, em outros tempos, relacionando-nos com personagens que gostaríamos ou não que existissem de verdade.

Experimentar essas possibilidades, entretanto, depende muito do modo como a história é contada. É preciso que o texto favoreça essa integração do leitor com o mundo imaginado pelo autor. E é essa experiência que pretendemos proporcionar a você com base nas histórias reproduzidas na coletânea de narrativas a seguir. Foram selecionadas histórias narradas em prosa, outras em versos e histórias em quadrinhos, contadas por meio de palavras e imagens. Todas pensadas para instigar sua imaginação de forma a transportar você por tempos e espaços em que personagens criados por diferentes autores vivem aventuras distintas — desde as mais improváveis até aquelas que parecem ser próximas da realidade conhecida por você.

Para que a leitura fique ainda mais interessante e desafiadora, sugerimos que você participe do Projeto de Leitura a ser apresentado por seu professor. Por meio de atividades em grupo e/ou coletivas, você poderá verificar como as histórias narradas podem ganhar novas cores quando você e seus colegas, leitores do texto, compartilham suas interpretações, suas leituras.

O convite está feito!

Espere pelas orientações do professor e boa viagem pelo mundo da imaginação. Você vai perceber que imaginar e criar é só começar!

As autoras

Imaginar e criar é só começar

Coletânea

Sumário

Texto 1 – "É mentira", Augusto Pessôa 274

Texto 2 – "O dono do cão do homem", Mia Couto 277

Texto 3 – "A defunta milagrosa", Eduardo Galeano 279

Texto 4 – "Os calções verdes do Bruno", Ondjaki 280

Texto 5 – "A realidade da vida", Patativa do Assaré 282

Texto 6 – "Mila", Carlos Heitor Cony 288

Texto 7 – "Por que o cachorro foi morar com o homem", Rogério Barbosa 289

Texto 8 – "Calvin e Haroldo", Bill Watterson 291

Texto 9 – "Calvin e Haroldo", Bill Watterson 292

Texto 10 – "A maior invenção", Ziraldo 293

Apoios 300

Texto 1

É mentira
Augusto Pessôa (adaptação de conto popular)

Era uma vez, em algum tempo, um Rei que tinha uma filha. A Princesa se orgulhava de ser uma grande mentirosa e de nunca dizer a verdade. O pai não gostava dessa fama da filha e fez um decreto:

"Quem contasse uma mentira maior que as mentiras de sua filha e ainda fizesse ela dizer a verdade ganharia metade de seu reino e a mão da Princesa!"

Muitos homens tentaram. Todos queriam ganhar metade daquele vasto reino e ainda se casar com a Princesa, que, apesar de mentirosa, era linda que dava gosto de ver. Mas ninguém conseguia. A bela Princesa parecia imbatível.

Bem, moravam próximo ao reino, três irmãos muito pobres. Os rapazes decidiram tentar a sorte. O caçula quis ir também, mas os dois mais velhos não deixaram. Eles é que iriam tentar vencer a Princesa. E foram. Chegaram no castelo e o primogênito se apresentou ao Rei e sua filha dizendo:

— Tenho tanta força nos dentes que consigo mastigar uma barra de ferro como se fosse água! Acredita nisso, bela Princesa?

E a Princesa fez pouco caso:

— Claro que acredito! Eu mesmo tenho um touro que mastiga ferro, prata e ouro! Depois ele cospe tudo em forma de joias! Os meus anéis, pulseiras e tiaras foram todos cuspidos por ele!

O rapaz baixou a cabeça. Mas o irmão do meio tomou a palavra:

— Meu irmão tem força nos dentes, mas eu tenho força nos braços! Levanto com um braço duas carroças cheias de ouro e com o outro mais duas cheias de prata. A linda Princesa acredita nisso?

E a jovem suspirou:

— Não vejo dificuldade em acreditar nisso! Outro dia, esse meu touro sozinho trouxe para terra vinte navios repletos de ouro, prata e diamantes!

O irmão do meio ainda insistiu:

— Isso não é vantagem! Um touro é mais forte que um homem! Pode realmente arrastar navios até o porto!

A Princesa riu:

— Mas não foi só até o porto! Ele arrastou os navios até o castelo! As embarcações fizeram sulcos na terra que se encheram da água do mar e transformaram-se em rios! Ah... e os navios foram desmontados! Suas madeiras ajudaram a construir várias casas do reino!

O irmão do meio também baixou a cabeça. Os dois, derrotados, voltaram para casa. E aí foi a vez do caçula. Ele partiu para o palácio e se apresentou ao Rei. Disse que realizaria a tarefa, mas não ali na sala do trono. Queria encontrar a Princesa no estábulo e pediu ao Rei e sua corte para ficarem escondidos e ouvir tudo. E assim foi feito. O Monarca arrumou um jeito de mandar a filha ao estábulo. Ele e sua corte ficaram escondidos para ouvir tudo. E o caçula apareceu na frente da Princesa, que estava cuidando de um touro enorme.

— Bom dia, bela Princesa!

— Bom dia! — respondeu a jovem.

— Que touro mais pequenino! Acho que nunca vi um touro assim tão pequeno.

A Princesa ficou espantada. O touro era enorme. Mas a moça disfarçou e foi dizendo:

— É verdade! Ainda mais comparado com uma vaca que eu tenho!

— Ela é grande? — perguntou o rapaz.

— Enorme! — respondeu a bela — Tão grande que todo dia enche de leite quatro tonéis que são maiores que o palácio do Rei!

E o rapaz falou:

— Ah... então é isso!!

— Isso o quê? — quis saber a jovem.

E o rapaz continuou explicando. Falava sem parar nem para respirar:

— Eu encontrei um desses tonéis, mas como não sabia o que tinha dentro, fui ver e caí no leite! Quase me afoguei! Fui salvo pelo vento Norte, que soprou seu ar quente e fez o leite ferver! Fui subindo com o vapor até chegar numa nuvem. Fiquei por lá um tempo. Até que o vento veio de novo. Ele não gostou de me ver lá, porque aquela nuvem era a cama dele. O vento precisa descansar, não é? Ele me botou pra correr! Fui pulando de estrela em estrela até que cheguei na lua. Estava com uma fome louca! Mas como a lua é feita de queijo pude me alimentar. Já estava chateado de comer tanto queijo quando passou um cometa. Agarrei no rabo do cometa e fui guiando ele até ficar justinho em cima do tonel de leite! Larguei a cauda do astro celeste e achei que ia cair no leite e me salvar. Mas o vento Norte, que estava dormindo e roncando, bufou justamente quando eu ia passando por sua nuvem! Desviou meu caminho, né? Aí eu fui cair num buraco de um casal de raposas. Mas eu fiquei feliz porque as raposas eram o seu pai, o Rei, junto com sua mãe, a Rainha! E eu ainda dei mais sorte: todo mundo sabe que o seu pai não toma banho, não é? E imagina que caiu uma semente de figo na cabeça dele e cresceu uma figueira. E estava uma beleza! Cheia de frutos! Foi muito bom porque a minha viagem foi longa e eu estava de novo com fome. Foi só colher os frutos para comer e depois...

O rapaz não pôde continuar. Furiosa, a bela Princesa gritou:

— Meu pai toma banho todo dia e nunca cresceu figo na cabeça dele!

O Rei e a corte saíram do esconderijo na maior festa. O rapaz venceu! O caçula dos irmãos ganhou a metade do reino e a mão da Princesa, que desse dia em diante nunca mais mentiu.

PESSÔA, Augusto (reconto). *É mentira*. Disponível em: <http://augustopessoacontadordehistorias.blogspot.com/2011/07/e-mentira-conto-popular.html>. Acesso em: 15 jan. 2019.

Augusto Pessôa vive no Rio de Janeiro. É contador de histórias, dramaturgo, ator, cenógrafo, figurinista e arte-educador. E bacharel em Artes Cênicas pela Universidade do Rio de Janeiro, com habilitação em Interpretação e em Cenografia.

Texto 2

O dono do cão do homem
Mia Couto

Conto-vos como fui traído não pela minha amada, mas pelo meu cão. Deixado assim sem palavra, sem consolo. Devia haver um hotel para os donos de cães abandonados pelos bichos. Com ligas de amigos e associações de protecção e senhoras benfazejas, ajustando consciência em leilões de caridade. Não se trata de concluir sobre a geral ingratidão canina. Apenas um aviso aos outros delicados fiéis donos de bichos.

Sou um qualquer da vulgar raça humana, sem comprovado *pedigree* e, se tiver cabimento em jornal, será nas páginas de anúncios desclassificados. Já o meu cão, ao contrário, é de apurada raça, classe comprovada em certificado de nascença. O bicho é bastante congénito, cheio de hereditariedade. *Retrievier*, filho de *retrievier*, neto de bisneto. Na pura linha dos ancestrais, como os reis em descendência genealógica. Mais caricato é o nome com que já vinha baptizado. Esse nome, de tão humano, quase me humilha: Bonifácio. Nome de bicho? Vou ali e não venho.

Aos fins da tarde, eu o levava a passear. Isto é: ele me arrastava na trela. Bonifácio é que escolhia os atalhos, as paragens, a velocidade. E houve vezes que, para não dar inconveniências, eu me rebaixei a ponto de lhe recolher o fedorento cocó. Prestei tal deferência aos meus próprios filhos? Depois de toda esta mordomia, as pessoas atentavam apenas nele:

— *Belo exemplar, lindo bicho* — diziam.

Quando me notavam era por acidente e acréscimo. Eu, humildemente eu, na outra extremidade da trela. E, o atrelado, de simples raça humana, sem prova de pureza. O meu cão, senhor e dono, estava acima dos verbos animais. Não cheirava: aspirava os sofisticados odores nas árvores. Não urinava. Se alimentava com dignidade, mais a fio de aprumo. E se sujava a rua, não era ele o imundo: as vergonhas eram-me endereçadas a mim e só a mim.

A minha disposição ia agravando à medida dessas injustiças a ponto de eu já rosnar quando atrelava o Bonifácio. Essa contrariedade devia traduzir-se em meu rosto quando, certa vez, me perguntaram:

— *Morde?*

Respondi que não, estivessem à vontade e se aproximassem do bicho.

— *Não me referia ao cão, mas a si.*

Foi o primeiro alerta. Me assaltou o receio: um dia me obrigariam a usar açaimo. E apresentar certidão de vacina.

Passei a evitar sair com o bicho. Apenas quando a cidade se desabitava, e já nem os nocturnos uivos ecoavam pelos becos, é que eu ousava passear o Bonifácio. Pois foi numa dessas vezes que ele, obediente à sua natureza, desfechou umas tantas dentadas num gato. Aquilo deu alarido e pedidos de responsabilidade. E foi a mim que se dirigiram, nervosos.

— *Está vacinado?*

— *Quem, eu?* — inquiri, já desvalido.

Não houve mais réplica, nem tira-teimas. Ser dono de gato tem maiores vantagens: a pessoa se convence que ou o bicho é virtual ou existe em horas próprias. Mas, dentro de mim, não descacimbava a dúvida: desconfiavam que tivesse sido eu a morder? Eu já estava perdido, inválido para direitos humanos. Como se podia suspeitar que, entre eu e o Bonifácio, seria eu o mordedor? Bem sei que a boca humana alberga os ditos dentes caninos. E no focinho de Bonifácio morava um sorriso de imaculada inocência.

Para fecho do caso do felino, tive que acarretar todas as culpas e indemnizações. E Bonifácio, em alegre displicência, pronto para outros ataques a gatos inocentes e civis. Aquilo foi o transbordar. O melhor amigo do cão é o homem? Pois eu, por amor de mim, decidi fugir de casa, deixar para trás tudo, vizinhos, amigos, os gastos e os ganhos de uma vida inteira. E nem me dei mal, tal era o alívio de não ter que me manter doméstico e domesticado. Feliz, me alojei em toca bruta, numa arrecadação vaga no jardim público. Desfrutando autêntica vida de cão. Ali me deitavam uns restos. Às vezes, com mais sorte, uns *doggy-bags*. Saudoso da minha pessoal existência de pessoa? É que pensar já nem era verbo para mim. Homem que ladra não morde, eu ladrava e a caravana passava.

Até que uma destas tardes, meu cão, o tal de Bonifácio, surgiu no horizonte do relvado. Vinha-se arrastando pelo parque, tristonho com um Outono. Quando me viu, a cauda quase se lhe desatou, em violentas pendulações. Correu em minha direcção e, saltitonto, me lambuzou. Ele parecia tão contente que, por momentos, meu coração vacilou e meus olhos se inundaram. Ao chegar-se, mais próximo, vi que trazia uma trela na boca. Agitou-a como que sugerindo para eu o conduzir, uma vez mais, pelos cheirosos caminhos.

— *Oh, como é esperto!* — comentaram os presentes, comovidos.

— *Fui eu que o ensinei* — comentei, todo ufano.

— *Referíamo-nos a si, meu caro.*

Foi o culminar, a gota transbordante. Nem me faltava falar, era o que eu deveria ter acrescido. Mas não falei, nem ladrei. E é sem fala que deixo o meu lamentoso destino. Só a última pergunta: haverá um concurso para homens adestrados? Não me respondam a mim. Quem quer saber é o Bonifácio, meu antigo dono e senhor. É isso que eu leio em seus olhos sempre que ele passa, alto e altivo, pelo parque onde eu vou trocando pulgas com outros canídeos, meus colegas de infortúnio.

COUTO, Mia. "O dono do cão do homem". *O fio das missangas*. São Paulo: Companhia das Letras, 2009. p. 103-106.

Antônio Emílio Leite Couto, mais conhecido como **Mia Couto**, nasceu em 5 de julho de 1955 na cidade de Beira, em Moçambique. É biólogo, jornalista, contista, poeta e romancista. Iniciou a carreira literária aos 14 anos, quando publicou seus primeiros poemas em um jornal. Posteriormente, passou também a escrever textos em prosa. Começou a estudar Medicina, mas logo mudou para a área jornalística e atuou como repórter em diversos veículos de comunicação de Moçambique. Mais tarde ingressou em uma universidade para estudar Biologia, especializando-se em Ecologia. Hoje, além de biólogo, pesquisador e professor de Ecologia em diversas universidades, Mia Couto também é reconhecido por seu trabalho literário em língua portuguesa: costuma escrever sobre as próprias raízes, sobre a natureza humana e sua relação com a terra, entre outros assuntos. É um dos autores moçambicanos mais reconhecidos no mundo.

Texto 3

A defunta milagrosa
Eduardo Galeano

Viver é um hábito mortal, e contra isso não há quem possa, e também dona Asunción Gutiérrez morreu, após um longo século de vida.

Parentes e vizinhos a ela velaram em sua casa, em Manágua. Já fazia tempo que haviam passado do pranto à festa, as lágrimas já tinham aberto espaço para as bebidas e as risadas, quando, no melhor da noite, dona Asunción ergueu-se no ataúde.

— *Seus bobalhões, me tirem daqui!* — ordenou.

E sentou-se para comer uma pamonhazinha, sem dar a menor importância a ninguém.

Em silêncio, os enlutados foram se retirando. As anedotas já não tinham mais quem contasse, nem as cartas do baralho quem jogasse com elas, e a bebida tinha perdido seu pretexto. Velório sem morto não tem graça. As pessoas se perderam pelas ruas de terra, sem saber o que fazer com o que sobrava da noite.

Um dos bisnetos comentou, indignado:

— *É a terceira vez que a velha faz isso com a gente.*

GALEANO, Eduardo. "A defunta milagrosa". *Bocas do Tempo*. Porto Alegre: L&PM, 2004, p. 275.

Eduardo Hughes Galeano nasceu em Montevidéu, no Uruguai, em 1940. Quando criança, sonhava em ser jogador de futebol – sonho que, apesar de não ter se tornado realidade, viria a refletir em sua carreira de escritor anos mais tarde, em obras como *Futebol ao sol e à sombra*. Exerceu trabalhos variados, como caixa de banco e datilógrafo, até ingressar na imprensa, tornando-se editor de jornais de seu país e idealizador de uma revista cultural. Publicou mais de trinta livros, traduzidos em diversos idiomas. Eduardo Galeano faleceu em Montevidéu, em 2015.

Os calções verdes do Bruno
Ondjaki

Até a camarada professora ficou espantada e interrompeu a aula quando o Bruno entrou na sala. Não era só o que se via na mudança das roupas, mas também o que se podia cheirar com a chegada daquele Bruno tão lavadinho.

No intervalo, em vez de irmos todos brincar a correr, cada um ficou só espantado a passar perto do Bruno, mesmo a fingir que ia lá fazer outra coisa qualquer. A antiga blusa vermelha tinha sido substituída por uma camisa de manga curta esverdeada e flores brancas tipo Hawai. Mas o mais espantoso era o Bruno não trazer os calções dele verdes justos com duas barras brancas de lado. A pele cheirava a sabonete azul limpo, as orelhas não tinham cera, as unhas cortadas e limpas, o cabelo lavado e cheio de gel. Até os óculos estavam limpos. Tortos mas limpos.

Lá fora a gritaria continuava. O Bruno, ao contrário dos últimos seis anos de partilha escolar, estava mais sério e mais triste.

Fiquei no fundo da sala. Eu era grande amigo do Bruno e mesmo assim não consegui entender aquela transformação. Olhei o pátio onde as meninas brincavam "35 vitórias". Na porta, uma contraluz do meio-dia iluminava a cara espantada da Romina. Eu olhava a Romina, o sol na porta e o Bruno também.

O mujimbo já tinha circulado lá fora e eu nem sabia. Havia uma explicação para tanto banho e perfumaria. Parece que o Bruno estava apaixonado pela Ró. A mãe do Bruno tinha contado à mãe do Helder todos os acontecimentos incríveis da tarde anterior: a procura dum bom perfume, o gel no cabelo, os sapatos limpos e brilhantes, a camisa de botões. A mãe do Bruno disse à mãe do Helder, "foi ele mesmo que me chamou para eu lhe esfregar as costas".

Depois do intervalo o Bruno passou-me secretamente a carta. Começava assim:

Romina: nos últimos dias já não consigo lanchar pão com marmelada e manteiga, e mesmo que a minha mãe faça batatas fritas nunca tenho apetite de comer. Ainda por cima de noite só sonho com os caracóis dos teus cabelos tipo cacho de uva...

A carta continuava bonita como eu nunca soube que o Bruno sabia escrever assim. Ele tinha a cara afundada nos braços, parecia adormecido, eu lia a carta sem acreditar que o Bruno tinha escrito aquilo mas os erros de português eram muito dele mesmo. Era uma das cartas de amor mais bonitas que ia ler na minha vida, e eu próprio, anos mais tarde, ia escrever uma carta de amor também muito bonita, mas nunca tão sincera como aquela.

A camarada professora era muito má. Veio a correr e riu-se porque eu tinha lágrimas nos meus olhos. Pegou na carta e rasgou tudo em pedacinhos tão pequenos como as minhas lágrimas e as do Bruno. A Romina desconfiou de alguma coisa, porque também tinha os olhos molhados.

O sino tocou. Saímos. Era o último tempo.

No dia seguinte, com um riso que era também de tristeza e uma espécie de saudade, o Bruno apareceu com a blusa vermelha e os calções verdes justos com duas riscas brancas de lado. Deu a gargalhada dele que incomodava a escola toda e veio brincar conosco.

Na porta da sala, uma contraluz amarela do meio-dia iluminava a cara bonita da Romina e os olhos dela molhados com lágrimas de ternura. E o Bruno também.

ONDJAKI. "Os calções verdes do Bruno". *Os da minha rua*. Rio de Janeiro: Língua Geral, 2007. p. 101-103.

Ndalu de Almeida, conhecido como **Ondjaki**, nasceu na cidade de Luanda, em Angola, em 1977. Estudou Sociologia e, posteriormente, especializou-se em estudos africanos. Além de se dedicar à literatura, também se interessa por produções de teatro e de cinema: aventurou-se pelo teatro amador durante alguns anos, fez curso de interpretação teatral e dirigiu um documentário sobre as pessoas de sua cidade natal. No entanto, é na literatura que se encontra a maior parte de sua produção artística. Publicou seu primeiro livro em 2000, uma coletânea de poemas. A partir de então, publicou diversas obras entre prosa e poesia, muitas das quais destinadas ao público infantil e infantojuvenil. Sua obra alcançou reconhecimento em países de língua portuguesa e em outros: foi homenageada com diversos prêmios no Brasil e em Portugal, e seus textos foram traduzidos para diversos idiomas.

Texto 5

A realidade da vida
Patativa do Assaré

Na minha infância adorada
meu avô sempre contava
muita história engraçada
e de todas eu gostava.
Mas uma delas havia
com maió filosofia
e eu como poeta sou
e só rimando converso,
vou aqui contá em verso
o que ele em prosa contou.

Rico, orgulhoso, profano,
reflita no bem comum.
Veja os direitos humano,
as razão de cada um.
Da nossa vida terrena,
dessa vida tão pequena,
a beleza não destrua.
O direito do trapeiro
que apanha os trapos na rua.

Pra que a vaidade e orgulho?
Pra que tanta confusão,
guerra, questão e barulho
dos irmão contra os irmão?
Pra que tanto preconceito?
Vivê assim desse jeito,
esta existência é perdida.
Vou um exemplo contá
e nestes verso mostrá
a realidade da vida.

Quando Deus Nosso Sinhô
foi fazê seus animá
fez o burro e lhe falou:
— Tua sentença eu vou dá.
Tu tem que sê escravizado
levando os costá pesado
conforme o teu dono queira.
E sujeito a toda hora
aos fino dente de espora
mais a brida e a cortadeira.

Tu tem que a vida passá
com esta dura sentença.
E por isso eu vou te dá
uma pequena existência,
já que em tuas carnes tora
brida, cortadeira, espora,
e é digno de piedade
e cruel teu padecê.
Para tanto não sofrê
te dou trinta ano de idade.

O burro ergue as oreia
e ficou a lamentá:
— Meu Deus, ô sentença feia
esta que o Senhor me dá.
Levando os costá pesado,
e de espora cutucado,
trinta ano quem aguenta?
E mais outras coisa loca,
a brida na minha boca
e a cortadeira na venta?

Vivê trinta ano de idade
desse jeito é um castigo
E é grande a perversidade
que o meu dono faz comigo.
E além desse escangalho,
me bota mais um chocalho,
que é pra quando eu me sortá
de longe ele ouvi o tom?
Dez ano pra mim tá bom,
Tenha dó de meu pená!

A Divina Majestade
fez o que o burro queria,
dando os dez ano de idade
da forma que ele pedia
mode segui seu destino.
E o nosso artista divino
a quem pode se chamá
de artista, santo e perfeito,
continuou satisfeito
fazendo mais animá.

Fez o cachorro e ordenou:
— Tu vai trabaiá bastante,
do dono e superiô
será guarda vigilante.
Tem que a ele acompanhá,
fazendo o que ele mandá
nas arriscada aventura,
até fazendo caçada
dentro da mata fechada
nas treva da noite escura.

Tu tem que sê sentinela
da morada do teu dono,
para nunca ele ficá
no perigo e no abandono.
Tem que sê amigo exato,
na casa e também no mato,
mesmo com dificuldade,
subindo e descendo morro;
teu nome é sempre cachorro
e vinte ano é a tua idade.

Quando o cachorro escutou
aquela declaração,
disse bem triste: — Sinhô,
tenha de mim compaixão!
Eu desgraço meu focinho
entre pedra, toco e espinho
pelo mato a farejá,
ficando sujeito até
a presa de cascavé
e unha de tamanduá.

Vinte ano neste serviço
sei que não posso aguentá.
É grande meu sacrifício
não posso nem descansá.
Sendo da casa o vigia,
trabaiando noite e dia
neste grande labacé,
tenha de mim piedade,
dos vinte eu quero a metade
e os dez dê a quem quisé.

O cachorro se alegrou
e ficou muito feliz
porque o Sinhô concordou
da maneira que ele quis.
Ficou bastante contente
e o Deus Pai Onipotente
fez o macaco em seguida.
E depois da explicação
qual a sua obrigação,
lhe deu trinta ano de vida.

E lhe disse: — O teu trabalho
é sempre fazê careta,
pulando de galho em galho
com as maió pirueta.
Tu tem que sê buliçoso,
fazendo malicioso
careta pra todo lado,
pulando, sempre pulando
muita vez até ficando
pela cauda pendurado.

O macaco ouviu aflito
e ficou cheio de espanto.
Deu três pulo e deu três grito,
se coçou por todo canto.
E disse: Ô que sorte preta,
pulando e a fazê careta,
trinta ano, assim eu me acabo.
Sinhô, será que eu não caio
lá da pontinha do gaio
pendurado pelo rabo?

É bem triste a minha sina,
trinta ano de cambalhota.
Com esta cintura fina,
a minha força se esgota.
Ô Divina Majestade,
me desculpe esta verdade,
mas vejo que é um capricho
a idade que Deus me deu.
Tire dez anos dos meu
pra idade doutro bicho.

Deus concordou e ele disse:
— Já saí do aperreio!
Fez diversas macaquices,
deu dez pinotes e meio,
agradecendo ao Sinhô.
E o Divino Criadô,
com o seu sabê profundo,
lhe dando o esboço e o nome,
num momento fez o home
e ao mesmo entregou o mundo.

E lhe disse: — Esta riqueza
é para tu governá,
toda essa imensa grandeza,
o espaço, a terra, o má.
Vou te dá inteligência
mode tratá de ciência,
mas com a tua noção
use do grau de iguardade,
não faça perversidade,
não persiga teu irmão.

Nunca deixe te iludi
com ouro, prata e brilhante,
o que não quiser pra ti,
não dê ao teu semelhante.
Vivendo nesta atitude
serás dono da virtude
que é um dom da providência.
Para bem feliz vivê
e tudo isso resorvê,
trinta ano é a tua existência.

O home inchou de vaidade
e com egoísmo louco
gritou logo: — Majestade,
trinta ano pra mim é pouco.
Vinte ano o burro enjeitou,
me dá pra mim, Sinhô,
mode eu pudê sê feliz.
Dez o cachorro não quis,
me dá que eu faço sessenta.
E ainda mais me destaco,
eu quero os dez do macaco
mode eu completá setenta.

O nosso Pai Soberano
atendeu o pedido seu;
vive o homem até trinta ano
a idade que Deus lhe deu.
De trinta até os cinquenta
a sua tarefa aumenta
vive cheio de canseira.
De família carregado,
levando os costá pesado,
e é burro nem que não queira.

De cinquenta até sessenta
já não pode mandá brasa,
aqui e acolá se assenta
botando sentido à casa,
porque já força não tem,
vive neste vai e vem
do cargo que ele assumiu.
Se encontra liberto e forro,
tá na vida do cachorro
que ele mesmo a Deus pediu.

De sessenta até setenta
já com a cara enrugada,
constantemente frequenta
os prédio da filharada.
Fazendo graça e carinho
para a turma de netinho,
beija neto e abraça neto
sentado mesmo no chão
e naquela arrumação
é um macaco completo.

Rico, orgulhoso, profano,
reflita no bem comum.
Veja os direitos humano,
a razão de cada um.
Em vez de fraternidade,
pra que tanta vaidade,
orgulhoso, enchendo o saco?
Este exemplo tá dizendo
que os home termina sendo
burro, cachorro e macaco.

PATATIVA DO ASSARÉ. *Ispinho e fulô*. Fortaleza: Secretaria do Turismo e Desporte/Imprensa Oficial do Ceará, 1988.

Patativa do Assaré é o nome com que ficou conhecido o poeta cearense **Antônio Gonçalves da Silva**. O poeta nasceu em 1909, no município de Assaré (CE). Publicou muitos folhetos de cordel e poemas em várias revistas e jornais, além de um livro. Uma toada de sua autoria, "Triste partida", fez muito sucesso na voz do cantor pernambucano Luiz Gonzaga. Patativa do Assaré faleceu em 2002 na sua cidade natal.

Texto 6

Mila
Carlos Heitor Cony

Era pouco maior do que minha mão: por isso eu precisei das duas para segurá-la, 13 anos atrás. E, como eu não tinha muito jeito, encostei-a ao peito para que ela não caísse, simples apoio nessa primeira vez. Gostei desse calor e acredito que ela também. Dias depois, quando abriu os olhinhos, olhou-me fundamente: escolheu-me para dono. Pior: me aceitou.

Foram 13 anos de chamego e encanto. Dormimos muitas noites juntos, a patinha dela em cima do meu ombro. Tinha medo de vento. O que fazer contra o vento?

Amá-la — foi a resposta e também acredito que ela entendeu isso. Formamos, ela e eu, uma dupla dinâmica contra as ciladas que se armam. E também contra aqueles que não aceitam os que se amam. Quando meu pai morreu, ela se chegou, solidária, encostou sua cabeça em meus joelhos, não exigiu a minha festa, não queria disputar espaço, ser maior do que a minha tristeza.

Tendo-a ao meu lado, eu perdi o medo do mundo e do vento.

E ela teve uma ninhada de nove filhotes, escolhi uma de suas filhinhas e nossa dupla ficou mais dupla porque ela adquiriu "fumos fidalgos": como o Dom Casmurro, de Machado de Assis. Era uma *lady*, uma rainha de Sabá numa liteira inundada de sol e transportada por súditos imaginários.

No sábado, olhando-me nos olhos, com seus olhinhos cor de mel, bonita como nunca, mais que amada de todas, deixou que eu a beijasse chorando. Talvez ela tenha compreendido. Bem maior do que minha mão, bem maior do que meu peito, levei-a até o fim.

Eu me considerava um profissional decente. Até semana passada, houvesse o que houvesse, procurava cumprir o dever dentro de minhas limitações. Não foi possível chegar ao gabinete onde, quietinha, deitada a meus pés, esperava que eu acabasse a crônica para ficar com ela.

Até o último momento, olhou pra mim, me escolhendo e me aceitando. Levei-a, em meus braços, apoiada em meu peito. Apertei-a com força, sabendo que ela seria maior do que a saudade.

CONY, Carlos Heitor. "Mila". *Histórias de bichos*. São Paulo: Ática, 2012. p. 34-37.

Carlos Heitor Cony nasceu no Rio de Janeiro, RJ, em 14 de março de 1926. Foi jornalista e escritor. Começou a trabalhar em jornais em 1946, como redator da *Gazeta de Notícias*. Escreveu alguns romances sob um pseudônimo e, mais tarde, passou a assinar uma coluna de opinião diária no jornal *Folha de S.Paulo*, revezando com Cecília Meireles. Colaborou durante décadas em muitas revistas e jornais. Publicou também romances pelos quais recebeu diversos prêmios literários. Em 23 de março de 2000, passou a fazer parte da Academia Brasileira de Letras. Faleceu em 5 de janeiro de 2018, no Rio de Janeiro.

Texto 7

Por que o cachorro foi morar com o homem
Rogério Andrade Barbosa

O cachorro, que todos dizem ser o melhor amigo do homem, vivia antigamente no meio do mato com seus primos, o chacal e o lobo.

Os três brincavam de correr pelas campinas sem fim, matavam a sede nos riachos e caçavam sempre juntos.

Mas, todos os anos, antes da estação das chuvas, os primos tinham dificuldades para encontrar o que comer. A vegetação e os rios secavam, fazendo com que os animais da floresta fugissem em busca de outras paragens.

Um dia, famintos, ofegantes, os três com as línguas de fora por causa do forte calor, sentaram-se à sombra de uma árvore para tomarem uma decisão.

— Precisamos mandar alguém à aldeia dos homens para apanhar um pouco de fogo — disse o lobo.

— Fogo? — perguntou o cachorro.

— Para queimar o capim e comer gafanhotos assados — respondeu o chacal com água na boca.

— E quem vai buscar o fogo? — tornou a perguntar o cachorro.

— Você! — responderam o lobo e o chacal, ao mesmo tempo, apontando para o cão.

De acordo com a tradição africana, o cão, que era o mais novo, não teve outro jeito, pois não podia desobedecer a uma ordem dos mais velhos. Ele ia ter que fazer a cansativa jornada até a aldeia, enquanto o lobo e o chacal ficavam dormindo numa boa.

O cachorro correu e correu até alcançar o cercado de espinhos e paus pontudos que protegia a aldeia dos ataques dos leões. Anoitecia, e das cabanas saía um cheiro gostoso. O cachorro entrou numa delas e viu uma mulher dando de comer a uma criança. Cansado, resolveu sentar e esperar a mulher se distrair para ele pegar um tição.

Uma panela de mingau de milho fumegava sobre uma fogueira. Dali, a mulher, sem se importar com a presença do cão, tirava pequenas porções e as passava para uma tigela de barro.

Quando terminou de alimentar o filho, ela raspou o vasilhame e jogou o resto do mingau para o cão. O bicho, esfomeado, devorou tudo e adorou. Enquanto comia, a criança se aproximou e acariciou o seu pelo. Então, o cão disse para si mesmo:

— Eu é que não volto mais para a floresta. O lobo e o chacal vivem me dando ordens. Aqui não falta comida e as pessoas gostam de mim. De hoje em diante vou morar com os homens e ajudá-los a tomar conta de suas casas.

E foi assim que o cachorro passou a viver junto aos homens. E é por causa disso que o lobo e o chacal ficam uivando na floresta, chamando pelo primo fujão.

BARBOSA, Rogério Andrade. "Por que o cachorro foi morar com o homem". *Histórias africanas para contar e recontar*. São Paulo: Editora do Brasil, 2001. p. 25-30.

Rogério Andrade Barbosa nasceu em Minas Gerais, em 1947, e ainda criança mudou-se para o Rio de Janeiro. É professor, escritor, palestrante, contador de histórias e ex-voluntário da Organização das Nações Unidas na Guiné-Bissau. Graduou-se em Letras na Universidade Federal Fluminense (RJ) e fez pós-graduação em Literatura Infantil Brasileira na UFRJ. Tendo morado por um tempo em Guiné-Bissau, Rogério trouxe para o Brasil várias histórias da tradição oral do continente africano, as quais foram publicadas em recontos produzidos por ele. Como um estudioso do folclore nacional, divulga lendas populares das diversas regiões do Brasil.

Texto 8

CALVIN E HAROLDO

— Obrigada, Claire. Você se saiu muito bem... Quem quer vir agora?

— Ninguém mesmo além, do Calvin?
— Ei!

— Pro "Mostre e Explique" de hoje, eu trouxe estes sensacionais fragmentos de ossos fossilizados que extraí a duras penas dos depósitos sedimentares do jardim de casa!

— Apesar de parecerem apenas pedaços comuns de cascalho aos olhos do leigo ignorante, reconheci imediatamente os fragmentos do maxilar de uma nova espécie de dinossauro carnívoro!

— Nesta reconstituição dramática, recriei o Calvinossauro exatamente da maneira como ele era no período jurássico superior! Só a coloração é um tanto hipotética.

— Vou publicar em breve todas as minhas descobertas. Sem dúvida, receberei muitos prêmios dedicados à paleontologia, e em poucas semanas vou ter fama, prestígio e fortuna!

— Quando isso acontecer, podem ter certeza de que aqueles que me maltrataram aqui na escola vão sofrer!

— Vou empregar todos os meus recursos pra arruinar a vidinha de vocês! Vou destruir seus sonhos patéticos como se fossem formiguinhas na grama!

— ... Mas há uma **ALTERNATIVA**! Estou aceitando um número limitado de pedidos pra ser meu amigo. O custo é de $20 por pessoa, e a associação é vitalícia! Algum interessado?

— Ah, é? Espera só pra ver!

WATTERSON, Bill; BOIDE, Alexandre. *O ataque dos perturbados monstros da neve; mutantes e assassinos*. São Paulo: Conrad, 2010. p. 75.

Texto 9

CALVIN E HAROLDO
by Watterson

Quadrinho 1: ENQUANTO EU ESTAVA DEITADO NA NEVE FAZENDO O MEU ANJO, VI UMA NAVE ESVERDEADA APARECER! UM ÓVNI GIGANTE!

Quadrinho 2: ELA FAZIA UM RUÍDO ESTRANHO E EXTRATERRENO! ESTAVA PAIRANDO SOBRE MINHA CABEÇA! E OS ALIENÍGENAS APARECIAM EM ESPIAS ILUMINADAS POR UMA LUZ VERMELHA!

Quadrinho 3: TENTEI CORRER PRA UM LUGAR SEGURO, MAS UM GANCHO LANÇADO POR ELES SE PRENDEU AO MEU CASACO E FUI LEVADO A BORDO!

Quadrinho 4: MESMO LÁ DENTRO, TENTEI LUTAR! APESAR DE ESTAREM EM MAIOR NÚMERO, CONSEGUI ESPETAR ALGUNS OLHOS E PUXAR ALGUMAS ANTENAS!

Quadrinho 5: NÃO ADIANTOU NADA! ELES ME ARRASTARAM ATÉ UMA PLATAFORMA, ME AMARRARAM E ACOPLARAM UMA VENTOSA NA MINHA CABEÇA!

Quadrinho 6: ELES ACIONARAM O MECANISMO E UMA CORRENTE ELÉTRICA PERCORREU O MEU CEREBELO, ARRANCANDO DO MEU TECIDO CEREBRAL AS COISAS QUE EU NÃO QUERIA REVELAR!

Quadrinho 7: TODOS OS MEUS CONHECIMENTOS MATEMÁTICOS, TODOS OS NÚMEROS E AS EQUAÇÕES, FORAM MECANICAMENTE REMOVIDOS NESSA OPERAÇÃO DE DRENAGEM CEREBRAL.

Quadrinho 8: A MINHA FUGA FOI UMA GRANDE AVENTURA, (NÃO VOU REVELAR O QUE FIZ.) ME LIMITO A DIZER QUE NÃO SEI MAIS SOMAR. PERGUNTE PRA OUTRO ALUNO.

WATTERSON, Bill; BOIDE, Alexandre. *O ataque dos perturbados monstros da neve*: mutantes e assassinos. São Paulo: Conrad, 2010. p. 102.

William (Bill) Boyd Watterson nasceu em 5 de julho de 1958, em Washington, Estados Unidos. Desenhista e cartunista, Bill Watterson é o criador das histórias vividas por Calvin, um garoto de 6 anos, e Haroldo, seu tigre de pelúcia. A primeira tira de Bill foi lançada em novembro de 1985. Devido ao sucesso de sua publicação diária em um jornal, seus quadrinhos foram distribuídos em diversos países e ganharam fama pelo mundo. Já recebeu muitos prêmios por seu trabalho.

Texto 10

A maior invenção

É SÉRIO? VOCÊ VAI FICAR AÍ SENTADO?
CLARO! TÔ CURTINDO MEU TABLET!
O QUE É QUE ELE TEM DE TÃO BOM?
O TABLET É A MAIOR INVENÇÃO DA HUMANIDADE!
NÃO EXAGERA!
O TABLET SIMPLESMENTE SERVE PRA TUDO!

"EU TOMO CAFÉ NELE..."
HUM!... ELE DEIXA A XÍCARA QUENTINHA!
"NA AULA, ESCREVO NELE..."
"NO RECREIO, BRINCO COM ELE..."
VROOOMMM...
"EU ATÉ DURMO COM ELE."
Nana, nenê, que a cuca vem pegar...
MENOS, SUGIRO. MENOS.
ELE JÁ SALVOU A SUA VIDA?
CLARO!

"TEM UM APLICATIVO QUE EU USO PRA AFUGENTAR CACHORRO BRABO."
FICA FRIO! EU SOU DA SUA MATILHA!
AU! AU! AU! AU!
!
"TEM OUTRO QUE FECHA TODOS OS SINAIS DE TRÂNSITO QUANDO EU QUERO ATRAVESSAR A RUA."
RÁ! RÁ! RÁ! QUANDO VOCÊ TIVER FOME, VOCÊ VAI COMER O TABLET?
"NÃO PRECISO. BOTEI UM APLICATIVO QUE MOSTRA TODAS AS BARRAQUINHAS QUE DÃO AMOSTRA DE COMIDA NOS SUPERMERCADOS POR PERTO."
OBA! DEPOIS DESSE, VOU LÁ NO OUTRO EM QUE ESTÃO DANDO IOGURTE.
Prove Queijola

ISSO DAÍ NÃO VAI TE AJUDAR QUANDO VOCÊ ESTIVER DOENTE.
"VAI SIM! TEM UM APLICATIVO QUE FAZ MASSAGEM QUANDO ESTOU COM DOR DE BARRIGA."
TRRR...
AI...
"TEM OUTRO QUE FAZ RADIOGRAFIAS."
PODE FICAR TRANQUILO. NÃO QUEBROU.
AH! MUITO BONITO, MAS ISSO NÃO É PRA MIM.
"JUNIM, SE VOCÊ PERDER SEUS ÓCULOS, O QUE VOCÊ FAZ? EU USARIA O TABLET."
ESTOU VENDO TUDO PELA CÂMERA!

TEM CERTEZA DE QUE NÃO QUER BRINCAR COM A GENTE?
VOU FICAR AQUI BADALANDO NAS REDES SOCIAIS.
TEM JEITO NÃO. VAMOS PRO PARQUINHO SEM O SUGIRO MESMO.
EU NÃO QUERIA DIZER, MAS FIQUEI BOBO COM O TABLET DO SUGIRO.
NOSSA! ELE FAZ DE TUDO!
VOCÊS VIRAM QUE LEGAL?

ZIRALDO. *Maluquinho pega na mentira*. São Paulo: Globo, 2013. p. 97-103.

Ziraldo Alves Pinto nasceu em 24 de outubro de 1932, em Caratinga (MG). É desenhista, escritor, jornalista, chargista e pintor. Formou-se em Direito em 1957, na Faculdade de Direito de Minas Gerais. Lançou a primeira revista brasileira em quadrinhos produzida por um só autor: *A turma do Pererê*. Em 1969, publicou seu primeiro livro infantil, *Flicts*, e, em 1980, lançou o livro *O menino maluquinho*, um grande sucesso, que foi adaptado para teatro, quadrinhos, *videogame* e cinema.

Apoios

Para as atividades propostas pelo professor, use os materiais a seguir.

Material 1

Painel de histórias

A. Uma das doze proezas de Hércules, herói da mitologia greco-romana, foi derrotar a Hidra de Lerna, um monstro de inúmeras cabeças. A dificuldade em derrotar tal monstro estava no fato de que, ao cortar uma das cabeças da Hidra, imediatamente ela renascia. Hoje em dia, a expressão costuma ser usada para nomear a atitude de quem cria mais dificuldades diante de um problema do que realmente existe.

B. Segundo a mitologia greco-romana, por não ser convidada para uma festa no templo, certa deusa lançou por cima do muro desse templo uma maçã de ouro com a indicação: "À mais bela", o que gerou uma disputa entre as deusas mais poderosas: Hera, Afrodite e Atena. O príncipe Páris, filho do rei de Troia, deu o título a Afrodite, pois desejava que ela o ajudasse a conquistar o amor de Helena, esposa do rei de Esparta. Afrodite cumpriu o acordo, e Helena fugiu com Páris para Troia, o que desencadeou uma guerra entre Troia e Esparta. Hoje em dia, essa expressão indica qualquer coisa que leve as pessoas a brigar entre si.

C. Para prever o futuro, os habitantes da antiga Roma observavam o voo de uma destas aves: águia, corvo, gralha ou coruja. Dependendo da interpretação feita do voo, previam bons ou maus acontecimentos. Hoje, popularmente, essa expressão é usada para caracterizar a pessoa que é portadora de notícia ruim.

D. No Brasil dos séculos XVIII e XIX, contrabandistas enviavam para Portugal moedas ou pó de ouro, fruto de roubo ou de negócios ilegais, escondidos dentro de imagens de santos esculpidos em madeira. Hoje, a expressão faz referência a quem se finge de muito bom, embora não seja assim.

Painel de histórias

E. Antigamente, na Inglaterra, havia pouco espaço para enterrar os mortos. A solução era, depois de certo tempo, deslocar os ossos dos mortos para um ossário e utilizar a cova para outro defunto. Às vezes, ao abrir o caixão, os coveiros notavam ranhuras no interior. Então imaginavam que a pessoa havia sido enterrada sem ter morrido, isto é, em estado de catalepsia, o que, na época, por falta de conhecimento científico, podia acontecer. Para evitar esse trágico fim, muitos faziam um pequeno orifício no caixão por onde passavam uma corda ligando os punhos da pessoa falecida a um sino. Durante alguns dias, ficava-se de plantão: se a pessoa voltasse do estado de catalepsia, ao mexer os punhos, o sino tocava, e ela era salva. Hoje, essa expressão significa escapar de um grande perigo ou problema no último momento.

F. No antigo reino de Sião, atual Tailândia, o membro da corte do rei que caísse em desgraça recebia de seu soberano um enorme animal, que não podia ser utilizado como força de trabalho nem vendido ou sacrificado. Restava então ao presenteado mantê-lo bem tratado sem ter em troca nenhuma compensação pelos gastos e cuidados. Hoje ainda é esse o significado da expressão: algo que atrapalha e que não serve para nada.

G. Quando uma embarcação estava no mar sem leme e, portanto, sem rumo, precisava ser rebocada por outra embarcação, que a levava para o ponto certo por meio de uma corda. Hoje a expressão faz referência ao fato de a pessoa andar sem destino.

H. Em uma localidade da antiga Roma nomeada Patavium (hoje conhecida como Pádua, na Itália), seus habitantes utilizavam a língua latina de um jeito que pessoas de outras regiões tinham dificuldade de entendê-la. O nome desse local gerou o pronome que faz parte da expressão que quer dizer "não saber ou não entender nada de determinado assunto".

I. Quando ainda não havia a eletricidade, era comum o uso de velas ou de lamparinas para iluminar o ambiente e ajudar nas tarefas. Para iluminar o que se desejava ver de perto, era preciso aproximar a vela ou a lamparina do rosto porque a iluminação fornecida por esses objetos era muito fraca. Embora isso fosse necessário, era perigoso porque em um momento de descuido a pessoa podia se queimar. Hoje, essa expressão caracteriza a pessoa que lê ou estuda muito.

J. Dona Maria I, rainha de Portugal e do Brasil no século XVIII, era mãe de dom João VI, avó de dom Pedro I e bisavó de dom Pedro II. Acusada de ter uma doença mental, foi afastada do trono em 1792. Só saía em público acompanhada de inúmeras damas de companhia, que tinham o dever de evitar que ela cometesse um gesto impensado. Hoje, essa expressão caracteriza uma pessoa que não tem opinião e se deixa conduzir por outras pessoas.

Material 2

Expressões populares

1. Salvo pelo gongo.	6. Queimar as pestanas.
2. Monstro de sete cabeças.	7. Maria vai com as outras.
3. Ave de mau agouro.	8. Ficar à toa.
4. Santo do pau oco.	9. É um elefante branco.
5. O pomo da discórdia.	10. Não entender patavina.

Material 3

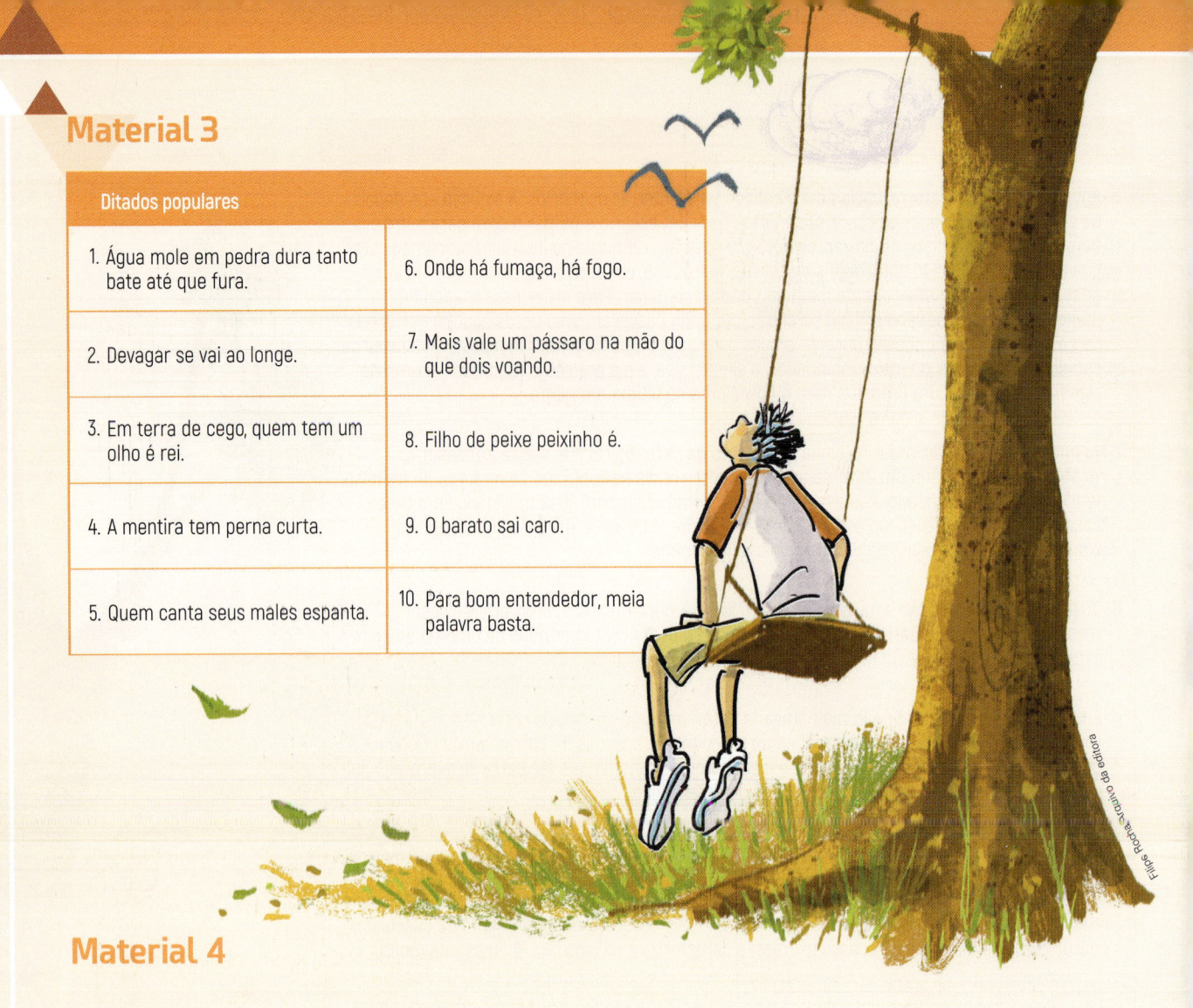

Ditados populares

1. Água mole em pedra dura tanto bate até que fura.	6. Onde há fumaça, há fogo.
2. Devagar se vai ao longe.	7. Mais vale um pássaro na mão do que dois voando.
3. Em terra de cego, quem tem um olho é rei.	8. Filho de peixe peixinho é.
4. A mentira tem perna curta.	9. O barato sai caro.
5. Quem canta seus males espanta.	10. Para bom entendedor, meia palavra basta.

Material 4

Gincana

1▸ História narrada por meio de letra de canção
Desafio: transcrever a letra para que todos possam ler a narrativa antes de ouvi-la em gravação, que deverá ser reproduzida no local da apresentação.

2▸ História narrada por imagens estáticas ou em movimento
Desafio: expor as imagens em tamanho ampliado para que todos consigam vê-las ou providenciar a projeção das imagens em sequência (por exemplo, com retroprojetor ou, tela de computador ligado a projetor). Se a narrativa for feita por imagens em movimento (filmes, desenho animado), providenciar meios de garantir a apresentação para o público e para o júri.

3▸ História narrada por meio de uma peça musical orquestrada e/ou cantada
Desafio: promover a audição de uma parte da peça musicada. Narrar o que aconteceu antes e/ou depois do trecho apresentado para que todos conheçam a história completa.

Critérios de avaliação das tarefas propostas a partir da pontuação de 1 a 5

1▸ Adequação da apresentação à linguagem em questão: clareza, possibilidade de acesso a todo o público, ineditismo do conteúdo ou da linguagem, relação com outras histórias ou outras linguagens, entre outros quesitos que o professor julgar importantes.

2▸ Efeitos produzidos: emoção, surpresa, novos conhecimentos

3▸ Pontualidade e uso adequado dos materiais necessários.

4▸ Número de desafios atendidos.

Bibliografia

___, Antônio Suárez. *Gramática mínima:* para o ___ da língua padrão. Cotia: Ateliê, 2003.

___, Marcos. *Gramática de bolso do português brasileiro.* São Paulo: Parábola, 2013.

_____. *Gramática pedagógica do português brasileiro.* São Paulo: Parábola, 2011.

_____. *Não é errado falar assim!:* em defesa do português brasileiro. São Paulo: Parábola, 2009.

_____. *Preconceito linguístico.* 54. ed. São Paulo: Loyola, 2011.

_____. *Sete erros aos quatro ventos:* a variação linguística no ensino de português. São Paulo: Parábola, 2013.

BAKHTIN, Mikhail. *Estética da criação verbal.* Tradução de Maria Ermantina G. G. Pereira. 2. ed. São Paulo: Martins Fontes, 1997.

_____. *Marxismo e filosofia da linguagem.* 16. ed. São Paulo: Hucitec, 2009.

BECHARA, Evanildo. *Moderna gramática portuguesa.* 38. ed. rev. e ampl. Rio de Janeiro: Nova Fronteira, 2015.

BORBA, Francisco da Silva. *Dicionário de usos do português do Brasil.* São Paulo: Ática, 2002.

BRANDÃO, Helena Nagamine (Coord.). *Gêneros do discurso na escola:* mito, conto, cordel, discurso político, divulgação científica. 5. ed. São Paulo: Cortez, 2012. (Aprender e Ensinar com Textos, v. 5).

BRASIL. Ministério da Educação. *Base Nacional Comum Curricular.* Educação é a base. Brasília, 2017.

_____. Ministério da Educação. Secretaria de Educação Fundamental. *Parâmetros Curriculares Nacionais:* terceiro e quarto ciclos do Ensino Fundamental — Língua Portuguesa. Brasília, 1998.

_____. Ministério da Educação. Secretaria de Educação Básica. *Plano de Desenvolvimento da Educação:* Prova Brasil — Ensino Fundamental: matrizes de referência, tópicos e descritores. Brasília, 2008.

CAMPS, Anna et al. *Propostas didáticas para aprender a escrever.* Tradução de Valério Campos. Porto Alegre: Artmed, 2006.

CARVALHO, Nelly. *O texto publicitário na sala de aula.* São Paulo: Contexto, 2014.

CASCUDO, Luís da Câmara. *Contos tradicionais do Brasil.* 11. ed. Rio de Janeiro: Ediouro, 1998.

CASTILHO, Ataliba T. de (Org.). *Gramática do português falado.* Campinas: Ed. da Unicamp, 2002. v. 3.

CASTILHO, Ataliba T. de. *Nova gramática do português brasileiro.* São Paulo: Contexto, 2012.

_____; ELIAS, Vanda Maria. *Pequena gramática do português brasileiro.* São Paulo: Contexto, 2012.

CITELLI, Adilson. *Linguagem e persuasão.* 16. ed. rev. e atual. São Paulo: Ática, 2004.

_____. *O texto argumentativo.* São Paulo: Scipione, 1994. (Ponto de Apoio).

COELHO, Nelly N. *Literatura infantil.* São Paulo: Ática, 1997.

COLL, César et al. *Os conteúdos na reforma:* ensino e aprendizagem de conceitos, procedimentos e atitudes. Tradução de Beatriz Affonso Neves. Porto Alegre: Artmed, 1998.

COLOMER, Teresa. *Andar entre livros:* a leitura literária na escola. São Paulo: Global, 2007.

COSTA, Sérgio Roberto. *Dicionário de gêneros textuais.* Belo Horizonte: Autêntica, 2008.

CUNHA, Celso; CINTRA, Luís F. Lindley. *Nova gramática do português contemporâneo.* 6. ed. Rio de Janeiro: Lexikon, 2013.

DIONÍSIO, Ângela P.; MACHADO, Anna R.; BEZERRA, Maria A. (Org.). *Gêneros textuais e ensino.* São Paulo: Parábola, 2010. (Estratégias de Ensino).

ELIAS, Vanda Maria (Org.). *Ensino de língua portuguesa:* oralidade, escrita e leitura. São Paulo: Contexto, 2014.

FÁVERO, Leonor Lopes. *Coesão e coerência textuais.* 9. ed. São Paulo: Ática, 2002.

_____; ANDRADE, Maria Lúcia C. V. O.; AQUINO, Zilda G. O. *Oralidade e escrita:* perspectivas para o ensino da língua materna. 8. ed. São Paulo: Cortez, 2012.

FAZENDA, Ivani C. A. *Dicionário em construção:* interdisciplinaridade. 2. ed. São Paulo: Cortez, 2002.

HERNÁNDEZ, Fernando. *Transgressão e mudança na educação:* os projetos de trabalho. Porto Alegre: Artmed, 1998.

HOFFMANN, Jussara. *Avaliação:* mito & desafio — uma perspectiva construtivista. Porto Alegre: Mediação, 2008. p. 57.

_____; JANSSEN, Felipe da Silva; ESTEBAN, Maria Teresa (Org.). *Práticas avaliativas e aprendizagens significativas em diferentes áreas do currículo.* 6. ed. Porto Alegre: Mediação, 2008.

ILARI, Rodolfo (Org.). *Gramática do português falado.* Campinas: Ed. da Unicamp, 1992.

ILARI, Rodolfo *Introdução à semântica:* brincando com a gramática. São Paulo: Contexto, 2001.

_____. *Introdução ao estudo do léxico:* brincando com as palavras. São Paulo: Contexto, 2002.

_____; BASSO, Renato. *O português da gente:* a língua que estudamos, a língua que falamos. 2. ed. São Paulo: Contexto, 2012.

KLEIMAN, Angela. *Leitura:* ensino e pesquisa. 2. ed. Campinas: Pontes, 1996.

_____. *Oficina de leitura:* teoria e prática. 14. ed. Campinas: Pontes, 2012.

_____. *Os significados do letramento:* uma nova perspectiva sobre a prática social da escrita. Campinas: Mercado de Letras, 1995.

_____. *Texto e leitor:* aspectos cognitivos da leitura. 9. ed. Campinas: Pontes, 2005.

KLEIMAN, Angela; MORAES, Silvia. *Leitura e interdisciplinaridade*: tecendo redes nos projetos da escola. Campinas: Mercado de Letras, 1999.

_____; SEPÚLVEDA, Cida. *Oficina de gramática*: metalinguagem para principiantes. Campinas: Pontes, 2012.

KOCH, Ingedore Villaça. *A coesão textual*. 17. ed. São Paulo: Contexto, 2002.

_____. *As tramas do texto*. 2. ed. São Paulo: Contexto, 2014.

_____. *Desvendando os segredos do texto*. São Paulo: Cortez, 2002.

_____. *O texto e a construção dos sentidos*. 9. ed. São Paulo: Contexto, 2007.

_____. *Texto e coerência*. 13. ed. São Paulo: Cortez, 2011.

_____; ELIAS, Vanda Maria. *Escrever e argumentar*. São Paulo: Contexto, 2016.

_____; ELIAS, Vanda Maria. *Ler e compreender os sentidos do texto*. São Paulo: Contexto, 2006.

_____; ELIAS, Vanda Maria. *Ler e escrever*: estratégias de produção textual. 2. ed. São Paulo: Contexto, 2011.

_____; TRAVAGLIA, Luiz C. *A coerência textual*. 16. ed. São Paulo: Contexto, 1990.

_____; VILELA, Mário. *Gramática da língua portuguesa*: gramática da palavra, gramática da frase, gramática do texto/discurso. Porto: Almedina, 2001.

KOUDELA, I. D. *Ciências humanas em revista*. São Luís, v. 3, n. 2, dez. 2005.

LAGE, Nilson. *Estrutura da notícia*. 5. ed. São Paulo: Ática, 2002. (Série Princípios).

LERNER, Délia. *Ler e escrever na escola*: o real, o possível e o necessário. Porto Alegre: Artmed, 2002.

MACHADO, Irene A. *Literatura e redação*: os gêneros literários e a tradição oral. São Paulo: Scipione, 1994.

MARCUSCHI, Luiz Antônio. *Análise da conversação*. 6. ed. São Paulo: Ática, 2007. (Série Princípios).

_____. *Da fala para a escrita*: atividades de retextualização. 8. ed. São Paulo: Cortez, 2007.

_____. *Produção textual, análise de gêneros e compreensão*. São Paulo: Parábola, 2008.

_____; XAVIER, Antônio Carlos (Org.). *Hipertexto e gêneros digitais*: novas formas de construção de sentido. 3. ed. São Paulo: Cortez, 2010.

MARQUESI, Sueli Cristina; PAULIUKONIS, Aparecida Lino; ELIAS, Vanda Maria. *Linguística textual e ensino*. São Paulo: Contexto, 2017.

MORAIS, Artur Gomes de. *Ortografia*: ensinar e aprender. São Paulo: Ática, 2000.

MORAIS, José de. *A arte de ler*. São Paulo: Ed. da Unesp, 1996.

NEVES, Maria Helena de Moura. *Gramática de usos do português*. 2. ed. São Paulo: Ed. da Unesp, 2000.

_____. *Que gramática estudar na escola?*: norma e uso na língua portuguesa. 3. ed. São Paulo: Contexto, 2008.

NOVAK, J. D.; GOWIN, D. B. *Aprendiendo a aprender*. Barcelona: Martínez Roca, 1988.

OTHERO, Gabriel de Ávila. *Mitos de linguagem*. Parábola, 2015.

PALO, Maria José; OLIVEIRA, Maria Rosa. *Literatura infantil*: voz de criança. 3. ed. São Paulo: Ática, 2003.

PEÑA, Antonio Ontoria. *Mapas conceituais*. São Paulo: Loyola, 2006.

_____ et al. *Aprender com mapas mentais*. 3. ed. São Paulo: Madras, 2008.

PRETI, Dino. *A gíria e outros temas*. São Paulo: Edusp, 1984.

RANGEL, Egon de Oliveira; ROJO, Roxane (Coord.). *Língua Portuguesa*: Ensino Fundamental. Brasília: Ministério da Educação/Secretaria da Educação Básica, 2007. (Explorando o Ensino, v. 19).

ROJO, Roxane (Org.). *A prática da linguagem em sala de aula*: praticando os PCN. São Paulo: Educ; Campinas: Mercado de Letras, 2001.

_____; MOURA, Eduardo (Org.). *Multiletramentos na escola*. São Paulo: Parábola, 2012.

SANTAELLA, Lucia. *Por que as comunicações e as artes estão convergindo?*. São Paulo: Paulus, 2005.

SANT'ANNA, Afonso Romano de. *Paródia, paráfrase & cia*. 5. ed. São Paulo: Ática, 1995.

SCHNEUWLY, Bernard; DOLZ, Joaquim. Os gêneros escolares: das práticas de linguagem aos objetos de ensino. In: ROJO, Roxane; CORDEIRO, Glaís Sales (Org.). *Gêneros orais e escritos na escola*. Tradução de Roxane Rojo e Glaís Sales Cordeiro. Campinas: Mercado de Letras, 2004.

SOARES, Magda. *Alfabetização e letramento*. São Paulo: Contexto, 2003.

SOLÉ, Isabel. *Estratégias de leitura*. Tradução de Cláudia Schilling. 6. ed. Porto Alegre: Artmed, 1998.

TRAVAGLIA, Luiz Carlos. *Gramática e interação*: uma proposta para o ensino de gramática no 1º e 2º graus. 2. ed. São Paulo: Cortez, 2005.

_____. *Gramática*: ensino plural. 5. ed. São Paulo: Cortez, 2011.

VYGOTSKY, L. S. *Pensamento e linguagem*. 4. ed. São Paulo: Martins Fontes, 2008.

2. Sites

Base Nacional Comum Curricular (BNCC): <http://basenacionalcomum.mec.gov.br/>.

Centro de Referência em Educação Mário Covas: <www.crmariocovas.sp.gov.br>.

Ministério da Educação (Secretaria de Educação Básica): <http://portal.mec.gov.br/seb/arquivos/pdf/Ensfund/noveanorienger>.

Portal do Professor: <http://portaldoprofessor.mec.gov.br/index.html>.

Revista *Nova Escola*: <https://novaescola.org.br>.

Todos pela Educação: <www.todospelaeducacao.org.br>.

(Acessos em: 25 set. 2018.)